当代农民的思与盼

RURAL GOVERNANCE IN A
GREAT NATION

赵晓峰 等著

图书在版编目（CIP）数据

大国村治：当代农民的思与盼 / 赵晓峰等著 .
北京：东方出版社 , 2025.6. -- ISBN 978-7-5207
-4306-8

I. D638

中国国家版本馆 CIP 数据核字第 20246GZ347 号

大国村治：当代农民的思与盼
DAGUO CUNZHI: DANGDAI NONGMIN DE SIYUPAN

作　　　者：	赵晓峰等
责任编辑：	江丹丹　杨　灿
出　　　版：	东方出版社
发　　　行：	人民东方出版传媒有限公司
地　　　址：	北京市东城区朝阳门内大街 166 号
邮　　　编：	100010
印　　　刷：	北京联兴盛业印刷股份有限公司
版　　　次：	2025 年 6 月第 1 版
印　　　次：	2025 年 6 月第 1 次印刷
开　　　本：	880 毫米 ×1230 毫米　1/32
印　　　张：	11.25
字　　　数：	235 千字
书　　　号：	ISBN 978-7-5207-4306-8
定　　　价：	69.00 元

发行电话：（010）85924663　85924644　85924641

版权所有，违者必究
如有印装质量问题，我社负责调换，请拨打电话：（010）85924602　85924603

本书撰写人员

赵晓峰　许珍珍　崔盼盼　赵祥云

郑永君　李莉莉　吴春来　李玲玲

李　卓　刘海颖　褚庆宜　刘　悦

陈燕梅　杨艳吉　吴雨霞　朱玉麒

杨　雯　吴义飞　韩　潇　高　帅

田时力　张振宇　李　解　马　锐

前言

中国是一个有着 5000 年文明、960 多万平方公里土地、超过 14 亿人口的大国。当前我国国内生产总值已经跃居世界第二位，工业总产值稳居世界首位，人民收入水平稳步提升，生活幸福感持续提高。与此同时，经过中华人民共和国成立 75 周年，尤其是改革开放 46 年以来的快速发展，中国农村经济社会也在发生质变，亿万农民彻底摆脱了绝对贫困过上小康生活，而村庄作为农民千百年来的生产生活单元却在逐渐解体，甚至不少村庄已经或正在走向"历史的终结"。在中国式现代化有序推进的过程中，认识村庄正在发生的变化，正确看待村庄治理的调适逻辑，透视农民的生活转型和价值变迁机制，具有重要的现实价值。

村庄作为乡村的基本治理单元，曾经是人们魂牵梦绕的地方，是人们生命意义和价值的归属之地。但是，随着人口的大规模外流和现代性的持续渗透，村庄的社会结构不再完整，农民的价值观正在解体，而这些能否重构以及如何重构又要打上一个大大的问号，人们彼此间的社会关联机制也由熟悉、亲密、感性转向陌生、淡漠、理性，人们对美好生活的期待更加丰富、多元、复杂。

大国之大，不仅体现在囊括2000多个县、66万多个行政村之量大，而且表现在乡村社会转型之迅捷、区域间差异超乎想象。在此社会转型之际，我们穿梭于阡陌之间，聆听干群的心声，观察乡村的新象，试图从细微之处捕捉乡村发展的脉动，理解它在时代洪流中的坚守与创新。2022年，笔者担任首席专家获批国家社科基金重大项目"建设共建共治共享的社会治理制度研究"。为推进项目研究，当年暑假，我们组织开展了"探寻社会治理中国奥秘"的专项调研。2023年暑假，课题组又组织开展"大国村治"调研，奔赴全国9省（广东、浙江、江苏、湖北、山东、河南、陕西、山西、甘肃）的84个村庄开展了调研，共采集了84份村情问卷和756份农户问卷，访谈了众多政府工作人员、村干部与村民。2024年春节，课题组又组织开展了"返乡观察"活动。通过这些调研，我们获取了大量一手调查资料和分析问卷，为本书的撰写提供了案例和数据来源。

《大国村治：当代农民的思与盼》分上下两编。上编聚焦于村庄党建与乡村治理、资本下乡与乡村产业发展、乡村旅游与乡村振兴、农田水利建设与农村教育等主题，对其进行详述与剖析，秉持问题导向与机制分析并重之原则，力图展现当前农村于上述主题中的基本现状与关键问题。下编聚焦于农民生活秩序变迁、农村社会人情交往、村庄生活等诸多方面，以短小篇幅呈现农民生活的真实状态，倾听其真实声音。

在大量实地调研中，我们发现乡村振兴诸多领域中的如下情况和问题。

对乡村干部调研时发现，换届后，乡镇政治生态总体向好，基层社会稳定，干部队伍干事能力突出，政策落实到位，干群关系良好。然而，亦出现若干新情况，如权力向乡镇一把手集中，班子成员内部出现分化、结构失衡现象，责任下压与形式主义工作致乡镇干部出现疲态甚至"躺平"现象。国家赋予基层更多治理责任，期望通过资源下沉提升基层治理能力，并强化自上而下之监督，同步提高基层有效履责和规范运行水平。然而，基层治理亦现能耗过高、形式主义、悬浮型"内卷"等问题。

现阶段，我国存在一定的城乡差异与地域差异，这决定了基层面临自下而上内生治理之挑战。于农民群体而言，公共服务之精准供给、公共事务参与空间、村庄发展与村民利益关联等方面，仍有较大推进空间。部分地区实行村书记、主任"一肩挑"后，党支部书记"一言堂"之治理风险增大。

在农业经营与乡村产业发展方面，我们认为中国农业转型须充分考虑乡村社会利益，实现市场资本利益与乡土社会利益之有效结合，方能使农业转型更契合乡村社会发展之需。

在乡村教育方面，我们重点关注"双减"政策实施后，政策执行完整度及其对学生和家长的影响。"双减"并非意味着全无课后作业，随着时代发展与科技进步，一些线上打卡任务亦属课后作业范畴。该政策实施以后，实践中出现了一些意外后果，线下减负的同时，线上任务增多，辅导课后作业的压力转移和增负到了家长身上。农村地区之家校关系良性建设，仍需尊重乡村家庭实际情况。

此外，我们还对农村地区婚嫁彩礼、儿童教育、节庆习俗等多方面进行了深入调研。

党的十八大以来，以习近平同志为核心的党中央高度重视调查研究，习近平总书记多次强调，调查研究是谋事之基、成事之道，没有调查就没有发言权，没有调查就没有决策权。2023年，中共中央办公厅印发了《关于在全党大兴调查研究的工作方案》。在此背景下，本书秉承实证主义研究范式，以实证研究展现新时期人口规模巨大的、东中西部有较大差异的乡村治理与乡村现代化图景，从乡村的实践探索中提炼智慧，寻找那些能够引领社会进步的火花。在传承与创新之间寻找平衡，让乡村的活力成为推动国家发展不可或缺的力量。

本书的部分研究内容是国家社科基金重大项目"建设共建共治共享的社会治理制度研究"（22ZDA101）的阶段性成果。本书由西北农林科技大学人文社会发展学院赵晓峰教授主持，许珍珍博士协助。课题组成员包括人文社会发展学院多位教师、博士研究生和硕士研究生，在此一并致谢！

2024 年 11 月

目录

上编 关键问题

01 资本下乡与农业规模经营 /003

02 资本下乡与乡村旅游 /025

03 高标准农田建设的实践与思考 /045

04 转型中的村庄治理 /067

05 党建引领乡村治理现代化 /092

06 "双减"之后的乡村教育 /124

07 党建引领产业振兴 /165

08 乡镇干部的压力与职业倦怠 /238

下编　田野之声

09　乡规民约的形式主义问题　/263

10　就地城镇化中的复合型社区治理探析　/272

11　从边缘到核心：女性在村庄治理中的崛起　/288

12　中部乡镇的产业变迁与就业之路　/293

13　乡村电视直播的"治乱"与"适老"　/300

14　农业型村庄文化建设的路径　/305

15　农村大龄男青年娶妻高额彩礼问题　/310

16　参加酒席成为农民生活新负担　/320

17　被禁锢的孩子：儿童社会化新困境　/330

18　农村儿童娱乐方式的变迁　/336

19　离乡与返乡：农村家庭的流动与回归　/341

上编
关键问题

01
资本下乡与农业规模经营

一、农业规模经营主体的更替逻辑

从资本下乡推动农业规模经营的发展历程来看，一些地区出现了明显的农业规模经营主体的代际更替现象。在调研时，经常有一些大户会强调自己是资本下乡的第几波。在这些大户看来，各类社会资本在这十多年间一直尝试进入农业生产领域，但是出于各种原因，这些资本出现了非常大的流动性。因此，呈现出一波波资本下乡的浪潮及明显的代际更替。

对于资本下乡到底有多少波，目前各个大户也都没有定论，在学界以及政策界也没有明确的讨论。但是总体来看，第一波是2008年的金融危机过后，城市工商资本过剩的情况下，大量资本寻找出路，将希望寄托于农业生产，当时大量工商资本纷纷涌入乡村，利用经济、行政等方式进行大规模土地流转。此时期的工商资本下乡快速推动了农业规模经营的发展，加速了农业规模经营的步伐。但由于资本的过快进入，规模经营发展的速度和程度与地方的社会、经济情况不完全相符，导致资本出现了明显亏损而选择退出。

此时资本下乡表现出的主要特性为，工商资本大规模、快速进军农业，进行超大规模流转土地，造成了土地租金的哄抬、行政与市场力量强干预推动农业规模经营的进程加速，农户对资本也生出了一定的抵触情绪。社会互动成本升高、交易的稳定性变弱、经营格局细碎化也导致规模经营效率下降。此时期的农业规模经营中，大户经营面积过大、不适度。伴随而来的是乡村社会中的中、小农户的发展空间被严重挤压，即二者在资本的包围下能够自主经营的土地面积减少，收益受到较大的影响。

随着第一波资本的陆续退出，外来资本下乡的步伐减慢，其进行土地规模流转的面积也在逐步减少。同时，地方社会形成了一批具有经营能力和长远经营预期的内生新中农[①]经营主体。在资本不断下乡的过程中，农户的意识也开始受到影响，农户对于农业经营的认识也开始发生改变，即由原先将农业定位为简单的自给自足、养家糊口的生存工具，转变为对农业的经营性

---

① 新中农主要是指农业税取消后，乡村社会中自发的土地流转模式催生出一批以耕种从亲朋好友那里低价流转的土地为生的在村农民群体，其种植规模介于小农户和大户之间，依靠适度规模经营获取不低于城市务工的家庭收入。在农村人口大量流出的背景下，这批在村种地农民变成村庄中的中坚力量，成为村庄治理的主体。

特性的认识，即将农业也视为一个赚取收入的重要方式。简言之，便是对农地资源资本化价值的再认识。在此情况下，地方社会的内生资本主体，尤其是一些在外打工后返乡发展的主体，也开始逐步成为村庄农业经营的主力军。而且伴随着社会化服务市场的快速发展，地方社会逐步形成了立足于家庭劳动力条件的适度规模经营主体。

因此，从此层面来看，地方社会形成了经营主体的代际更替，即第一波下乡资本退出竞争后，过滤出一波适度规模经营主体，形成了适度规模经营的新中农群体与少量小农户经营的格局。这种经营格局能够形成是基于当前以老人为经营主体的小农户经营能力逐步下降，以及围绕农业生产形成的农业社会化服务体系逐步完善，其适应了当地经济社会转型的节奏。经营主体多以本土农户为主，他们在农业生产经营管理，以及与乡村社会的关系处理方面，稳定性相对更强。

这种现象在凤阳县调研时表现得十分突出，该县某些镇、村的土地规模化流转的发展经验便呈现出上文所言的资本下乡的代际更替特性。据了解，在2010年后的一段时期，凤阳县的一些村庄也出现了大量外来资本下乡流转土地的现象，当地政府和村干部也非常欢迎，并配合资本去做土地流转的工作，但是效果并不尽如人意。这些资本都没有农业生产经营的经验，对农业规模经营的风险评估完全不足，导致这一波下乡资本很快出现亏损，纷纷毁约跑路。

这在当地造成了较大的负面影响，一方面地方政府干部为解决资本退出土地后谁来种地的问题而犯难；另一方面农户没有收到租金而利益受损，并对基层干部产生怨言，如何弥补农户损失也成为地方政府需要应对的难题。在经历第一波下乡资本大量失败而匆匆退出造成的社会负面影响后，地方政府对于外来资本下乡包地的行为更为慎重，村庄社会对于外来资本也更为警惕。

调研时了解到，当前一些村也有意控制土地流转的规模，避免将土地集中流转给某一个大户而产生过大的风险，与此同时，还设计出提交适当的土地修正押金以及提前交付租金的方法。另外，在选择流转主体时，优先考虑本乡本土，尤其是本村的村民，以保证流转主体能够稳定下来。调研团队在凤阳县的各个村走访调研时，便发现大多数村庄没有出现超大规模的农业经营面积。即使是外来资本包地的大户，其经营面积也基本是几百亩的规模，经营的主力也都是以自身的劳动力为主，呈现出家庭经营的特性。而且其种植几百亩的规模，也充分考虑了自身的经营管理能力。这些地区都呈现出适度规模经营的经营格局，表现为乡村社会自发流转，在村民小组充分讨论决议的基础上推动，这使得这些大户能够在相对稳定的社会民意基础上发展，而避免因为依靠市场和行政力量推动所产生的社会怨气，并大大降低了生产经营过程中可能出现的社会摩擦成本。

从资本下乡代际更替的视角去反思未来我国农业转型的方

向时，我们可以发现，中国的农业转型具有突出的乡土特性。与美国式的大农场发展模式不同，中国乡村社会仍旧保留着大量土著居民。在市场力量不断进入乡村的过程中，资本企图完全以利益为导向去挖掘乡村资源，乡村社会则会为了保护自身利益进而在一定程度上与市场力量进行对抗，形成一种反向保护机制，如资本在乡村社会发展中所遇到的各种摩擦，便是乡村社会要求资本承担其相应社会责任所采取的方式。总体而言，中国的农业转型需要充分考虑乡村社会的利益，做到市场资本利益与乡土社会利益的有效结合，只有这样才能够让农业转型更为契合乡村社会发展的需要。

二、农业规模经营时代新阶层的生成及其影响

此次凤阳县调研的一个整体感受是，当前农业转型正在迅速推进，大户化倾向正在当地呈现出明显态势，各类资本都在当地进行土地流转。从调研团队走访的村庄来看，除了一些以丘陵、山地为主的村庄外，一些地势较为平坦、以种植粮食作物为主的村庄基本出现了土地的规模化流转，每个小组的土地基本由一到两个人全部流转，继续种地的小农户只有几户。因此，当地农业生产的大户化倾向已经十分突出。

当地从事土地规模流转的群体，可以分为三大类：一类是村庄内部自发生产、以家庭为基本经营单位的大户。这一类大

户已在上文讨论，此处不再赘述。第二类则是具有一定职业化特性的外来大户。在凤阳地区调研时发现，在当地流转土地的外来大户，大多来自江苏省。这些大户原本在当地就从事过农业生产，那里也有着非常完善的社会化服务体系，其外出流转土地时也能够获得来自家乡的支持。而且该地的地方政府也非常支持他们外出流转土地，因此以规模流转土地来经营农业的职业化农民在当地相当盛行。

从发展形势上看，目前这些外出流转土地的大户也会采取结伴外出的形式，他们通常以某个人的名义去承包一大片土地，但是实际是由几户人家分别经营，在一定程度上呈现出同乡同业的发展特性。而且从整体上看，这种以三五百亩为经营面积的大户的发展态势也相当稳定，呈现出一种职业化大户的样态。相较于2010年前后进行土地规模流转的大户，这一批职业化的大户，在农业规模化经营的技能和经验掌握上更具优势，他们是以相对理性的方式进行土地规模化流转的。

首先，从土地流转形式上看，目前这批职业化大户通常是依托村两委或者村民小组进行土地流转。土地流转的协议是在村民自愿的前提下进行的，土地价格是按照当地的市场行情以及实际经营效益情况来确定和调整的。这种基于自愿、理性的土地流转，也使得外来资本能够以较低的成本进行土地流转，进一步降低了在实际经营过程中可能出现的社会性摩擦。

其次，在经营管理效率层面，当前从事规模经营的主体基本上是以小组为单位进行土地流转，都是在土地进行细碎化整治后进入。因此土地的细碎化和插花问题相对较小，这降低了大户的经营管理成本，管理的效率也大幅提升。同时，这些大户的发展立足于当地相对完善的农业社会化服务体系。在专业化社会化服务的支持下，大户的生产过程基本实现了机械化。这使得其监督管理成本大大下降，生产经营的组织管理问题也得到了很好的解决。在这些条件的支持下，这些职业化大户能够在地方社会实现相对稳定的发展。

第三类是以国有资本为主的大资本主体下乡流转土地。在淮南和滁州调研时，均发现国有资本正在积极下乡，尤其是国有农场和农垦资本。借助国家的政策支持和项目倾斜，这些国有资本下乡流转土地，且面积比较大。这些资本的运行模式和2010年前后大量工商资本下乡的逻辑相近，即试图通过农业经营赚取收益，同时还利用自身的身份优势去争取更多的政策和项目资金支持。另外，调研时还发现他们主要是通过分租倒包的形式来经营，将农业经营风险转嫁给实际经营者。这种资本下乡的形式，造成了地方土地流转价格的虚高，增加了土地经营的实际成本，也造成了部分国家项目资源被浪费，实际经营者艰难发展而未获得支持。

在对当前的大户类型进行简要介绍后，可以进一步讨论的是，各类资本为何会纷纷选择进入农业领域。对于此问题，比较普遍的解释是，当前我国的市场资本、国家资本正处于过剩阶段，尤其是房地产行业，原先涌入地产行业的资本面临着行业转移的问题，而当前资本投资的风险相对较大。在此情况下，过剩的城市工商资本纷纷选择下乡流转土地。这一解释逻辑确实有一定的道理，尤其是2010年前后大量资本下乡多是此逻辑主导。同时，前期的资本下乡的另一个重要动力便是获取国家补贴，这一动力逻辑在当前的乡村社会也存在。

但是，当国家相关补贴减少，并且项目资源补贴的要求和严格程度提升之后，资本仍旧愿意下乡，其背后更多体现的是一种市场性行为逻辑。简言之，便是在当前的市场环境和社会环境下，资本下乡进行规模经营还有利可得。一方面，当前小农户纷纷退出农业种植领域，资本下乡包地所面临的环境相对宽松，土地细碎化问题随着高标准农田项目的推进得到一定程度的解决。土地的平整与连片，为大户经营提供了相对优质的生产条件。另一方面，当前农业社会化服务体系愈加完善，专业化的市场服务主体不断增多，这让大户在不需要过多购买机械的情况下，就能以相对较低的成本对接到社会化服务，极大地提升了大户生产过程的机械化率，同时也提升了大户的生产效率。在没有自然灾害的年份，扣除农业生产物资成本、农业社会化服务成本以及地租后，大户也能够保持每亩500~600元的收入，此收入相对其他行业已经相当可观。如若有的大户管理能够更精细、技术把握更好或者粮食价格上升，其每亩的收益会提升更多。在此情况下，当前乡村社会的一批适度规模经营大户也逐渐稳定下来，并成为当地社会比较稳定的一个新生群体。

我们还需反思这种现象给地方社会带来的影响。其中最明显的便是，这样一批职业化大户生成并稳定存在之后，在地方社会形成了一个新群体。在当前地方政府发展乡村、落实项目、打造政绩的背景下，这一群体成为地方政府重点扶持的对象，并成为地方政绩的重要代表。

学界既有的讨论中均指出，地方政府为了治理的便利化，以及降低治理成本，有很强的大户化倾向，地方政府也因此成为推动乡村社会土地流转的重要力量。通过此次调研，我们也发现，这样一批大户形成之后，便会成为地方政府打造政绩、落实各类项目的重要承接或者配合主体，地方政府对他们的依赖性将进一步增强。

这类现象在河南某县也有所发现，为了顺利落实政策、项目以及推动乡村振兴相关事业的发展，地方政府通常会选择与大户合作，将各种项目向这类大户叠加。当地政府还出台了对大户的专门扶持、补贴政策。

总体而言，在大户化时代来临之后，地方的社会结构必然会发生变化。大户群体在地方政府支持以及自我组织化的情况下，为了共同的利益诉求在地方社会形成了一个新群体。

三、适度规模经营的新中农

在凤阳县调研时发现，小农户逐步退出农业生产经营后，当地逐渐出现了一批拥有本土人身份的新中农群体，其在地方社会实现了相对稳定的发展。这一群体的特性主要表现为，一是基本内生于村庄社会。在小农户逐步退出之后，这些主体通过拾地种来不断扩大种植规模，尤其是在土地进行细碎化整治后，这些主体的种植面积普遍达到两三百亩的规模。

二是以家庭经营为基础，即在充分利用家庭劳动力的基础上，借助农业社会化服务的支持来开展适度规模经营。之所以将其称为新中农，主要是为了强调其作为本土内生的经营主体，如何在自身家庭劳动力的基础上，结合本土的社会化服务市场和社会情境结构，来选择适度规模经营的面积。可以想见，适度规模经营的数值并非简单地由政府明确规定，而是立足于地方市场、地方社会情境等综合因素而确立的合理经营面积。

调研中了解到，在当地进行土地细碎化整治过后，这些主体基本将村庄的大部分土地进行了流转，呈现出一两个人将一个生产小队的土地全部耕种的现状，凤阳县某村便是其中的典型。该村有13个村民小组，5610亩耕地，每个生产小队的土地数量都在500~600亩，目前基本上是由3到4名55~65岁的村民在种。在2013年实现了土地细碎化整治后，该村便开始了土地规模化流转。在土地流转之初有7名大户争相包地，其中有4

名是外村的（一名是合肥的老板，其他几名则是本县的），3名是本村的村民。

当时刚刚平整土地时，大户种地的热情都相当高，一方面是土地平整后种植的便利性增强，另一方面是当时政策宣传较多，大户都觉得会有相应的种地补贴。在此情况下，大家都想流转更多的土地，最终把价格抬高到每年700元/亩，而当时农户之间相互流转土地最多也就一年200元/亩，甚至有的都不要钱。最终大多数大户的种植面积在450~500亩。在地租虚高的情况下，大户普遍面临着极高的生产成本。在经营了一年之后，由于出现了明显的亏损，2014年便有3名外来大户毁约，纷纷选择放弃。还有一名外来大户，其承租面积从700亩下降为500亩，地租也开始下降。外来大户弃租之后，生产小队中便有一些村民出来承包本小组的土地。

目前全村的土地大部分已经流转，并且大部分是以本小组内的两三户村民种植为主。这些土地的流转方式基本上是村民自发的，而且也是农户之间协商并签订协议。地租的确定与周期调整都是由村民自发商议，如从2013年开始租种土地的本村种植大户也是和村民签订具体的协议，按照每两年一调整的节奏进行。每次要调整前都会和农户协商，将自己的困难向村民展示以实现流转价格的下降。

据该名大户介绍，在2013年时，其以每年700元/亩的价格，流转了本村2300多亩地，总共涉及13个生产小组的土地。这些土地都是其私下与农户去对接并签订合同的，而且也会与农户进行地块调整，土地基本实现了连片。在2013年到2017年期间，该大户都处于亏损状态。

2013、2014年，由于管理经验不足，加上地租成本过高，连续两年出现了亏损。他自述，由于当时没有大规模经营经验，雇了七个长期工，光工资每年就要支付35万元，短期工多在收割晾晒时雇用，每天要支付工资300~400元。这样一来，人工成本非常高。而且，他们也没有雇用机械服务的经验，服务质量把控不了，导致土地减产。在此情况下他们与村民协商，在2015年将地租降低到每年600元/亩。

2015、2016年连续两年都出现了灾害——2015年时干旱，2016年发生了涝灾——导致这两年连续亏损，因此在2016年又与农户协商将地租下降到500元。在之后的几年中，其经营收益逐步稳定，但是前期的农业机械、烘干塔、厂房等投入较大，近10年便投入了130万元，基本将赚到的钱都投进了农业生产中。目前他已经将所有的机械备齐，收割机两台，无人机两台，拖拉机两三台，轮式的植保机器也有两台，还有两台插秧机。其中无人机和插秧机除了服务自家外还会为周边大户服务，但是由于他自身精力有限，能够服务的面积也相当有限。

同时，为了避免连续的阴雨天气而导致粮食无法晾晒，他还在2016年花费10多万元建成了一个小型烘干厂。该烘干厂有3台烘干机，一次能够连续工作8小时，烘干50吨粮食作物。

该烘干厂基本上只能满足自己的烘干需求，为别的大户提供烘干服务的业务并不多。此外，为了满足自家的育秧需求，他还建设了一家工厂，该工厂每年可以育秧苗1万亩，但他实际上每年只需2500亩左右的秧苗。目前他没有精力去扩大服务范围，服务的对象主要是三四个大户，大致1000多亩。除了以上投入，该大户在经营过程中还发现2300多亩的面积过大，因此逐步减少土地流转面积，并进一步降低地租。

截至2023年，其土地经营面积下降至900多亩，地租也下降到了每年450元/亩。该大户指出，村民之所以同意将地租下降，主要是因为种地的收益非常不稳定，尤其是在2016年，因为连续几年的灾害影响，当地的大户流转土地的积极性都不高。很多地都没人愿意流转，所以降低一些地租也是可以的。需要点明的是，该名大户种植900多亩地，其劳动力人数要比一般家庭多。由于父代与子代并未分家，其家庭主要劳动力有父亲加两个儿子以及两个儿媳。目前两个儿子也准备分开经营，分离后，每户的经营面积也在400多亩。因此从本质上而言，其仍旧是以家庭经营为基础的经营模式。

当前大户在经营过程中都会在自身保有少量机械的基础上，配合使用社会化服务。目前在当地比较成熟的社会化服务环节有旋耕/深翻（80元/亩），育秧+插秧（260元/亩），无人机飞防、施肥一体化（6元/亩，追肥20斤/袋，一亩需要100斤；农药，水稻一亩3~4元），植保（打除草剂、封闭药，8元/亩），收割（小麦大规模收割60元/亩，小规模收割每亩至少70元；水稻收割约100元/亩）。烘干服务当地刚开始盛行，并没有大面积铺开。对于以家庭劳动力为主的适度规模经营农户而言，全流程的社会化机械服务并不被采纳。他们通常只在无人机飞防、植保以及收割环节采用社会化机械服务，其余的简单环节则多会选择自己购买小机械进行自主管理。

从当地的情况来看，在充分利用自身劳动力外加社会化服务辅助的基础上，夫妻二人经营的土地规模在200～300亩。在此种植规模范围内，田间管理能够达到相对的精细化，种植收益也能够得到保障。在扣除地租成本以及生产过程中的投入成本后，每亩地的纯利润一般能够达到800元左右。在此利润空间下，夫妻二人在家种200亩左右的地，其收入与在外打工基本接近，他们就能够在村庄实现稳定发展。

村庄内生的适度规模经营主体之所以能够实现稳定发展，还与其作为本地人的社会身份有较大的关联。作为本地人，天然存在着熟人社会的优势，在对地租的调整以及地块的协调方面，其所需花费的成本要远低于外来资本主体。正如上文的案例所示，在面临亏损时，本地的大户可以以较低的沟通成本实现地租的调整，而且当地农户的反对意见也相对较少。同时，在生产经营过程中，大户还可以通过私人关系与不愿流转土地的农户协商，进一步降低土地的细碎化问题。在本地大户的经营过程中，并未出现如外来资本所面临的各种社会性摩擦现象。

此外，本地大户与地方政府互动的成本也相对要低，尤其是在地方政府经历了外来资本依靠政府力量下乡包地，面临亏损时又不顾社会后果迅速退出之后，地方政府对外来大户存有戒心。凤阳县有的村及社区便是其中的典型，它们都经历过外来资本以高价流转土地，又在很短的时间内退出。这一方面造成了土地面临抛荒的问题，乡镇干部以及村干部只能匆忙应对，另找老板来接手，这给地方政府带来了很大压力；另一方面，外来资本为了与地方大户竞争而选择哄抬地租，扰乱了地方社会的土地流转市场秩序，导致地方社会的规模化经营发展受阻。在此情况下，地方政府对外来资本的态度也开始由原本的欢迎、无条件支持，转变为相对客观、保守观察。

据凤阳县某村的大户介绍，对于外来大户，村干部以及乡镇干部都要在对他们进行两三年的观察后才会给其办理土地流转证，而本地的大户流转土地则不需要经历这一流程。土地流转证是大户获取政府项目补贴的凭据，没有此证书相当于没有正式的身份。在此背景下，这些本地大户拥有的另一个重要优势便是，在地方社会中的合法性地位获取成本比外来资本要低。在经历资本下乡热潮到退潮的周期后，地方政府的目光也发生转向，对于本土资本的支持力度也在不断增大，尤其是在一些种植示范项目的落地过程中，更加倾向于与本地的大户合作。地方政府的项目资金支持，也构成了本地大户稳定发展的重要资源。

总而言之，在经历了外来资本融入、退出的周期后，乡村社会也出现了一批本地大户，其依托村庄社会、村社集体以及地方政府的力量获得了相对稳定的发展。这些本地大户结合地方社会的农业转型节奏、农业社会化服务市场的发展情况以及自身劳动力充分利用等方面的因素来调整土地流转的经营规模，并以适合本地市场经济情况的价格流转土地，进而让自己能够在获得适度利润空间的基础上实现相对稳定的发展。最后需要进一步点明的是，之所以将这一部分群体称为新中农，主要是为了体现随着农业社会化服务市场的发展，农业各生产环节专业化、精细化分工时代的到来，大户适度规模经营的面积需要根据社会化服务市场的情况进行调整。而且随着服务环节的高度细分，大户本身所需要的管理环节也逐步清晰化，即田间管理的过程需要大户实际操心，而在其他环节则可以依托专业的农业社会化服务主体进行管理。而且在各个管理环节细分的情况下，生产利润也在不断被分解，大户所能赚取的利润也是田间管理环节的补偿。本地大户要想通过种地获得与在外打工相近的收益，就需要不断扩大种植规模。因此，新中农的"新"是立足于当前农业产业的高度分工，以及农业生产经营主体、经营行为的转变。

四、社会化服务体系转型下的老人农业的弱化

调研发现，随着农业社会化服务市场的发展，以老年人为

经营主体的小农户经营模式在不断减少，这与中央政策所提倡的利用社会化服务来带动小农户的现代农业转型相悖。从当前的现实经验来看，社会化服务的发展，更多是面向大户的经营模式，反而在某种程度上是对小农户经营的一种排斥，即服务越来越市场化、服务成本提升，对老人农业形成挤压。

在讨论社会化服务对老人农业发展的影响之前，我们首先需要对当前以老人为经营主体的小农户经营行为进行基本的分析与认识。在打工经济盛行的当下，小农户家庭已经形成了以工为主、农为辅的家庭收入构成形态，农业经营对于小农户家庭的再生产作用逐步下降。在年轻劳动力外流的情况下，留在农村的老人承担起了农业生产的任务，形成了一定数量的老人农业。这看似对农业生产没有很大影响，但是从农业生产对于小农户家庭的重要性，以及老人农业的生产经营逻辑来看，以老人为经营主体的老人农业已经基本脱离了经营面向，其社会面向进一步增强。从事农业种植，对于大多数老人而言，是一种娱乐消遣，就当锻炼一下身体，在村里面不干活儿，人老得快，还容易生病。能动的话就种点地，锻炼一下，也不指着这几亩地挣多少钱。感觉身体不行了，不想种就不种了。

从当前老人的心态来看，其对农业生产处于两可的状态，因此从本质上而言，老人农业已经不再是传统意义上不计劳动边际效益的"内卷化"的小农户经营模式。在此心态以及经营逻辑下，这种两可的小农户经营模式，随着生产经营难度的提高而逐步退出农业经营。尤其对于一些高龄老年群体而言，其在经营过程中往往需要子代放下城市的工作返回村庄辅助，他们需要在子代的支持下才能完成相应的生产活动，而让在外打工的子代返乡务农的成本也相对较高。

在实地调研中发现，当大户给予一定的地租，老人往往会很快选择退出农业生产经营的行列。总体而言，当前老人农业的特性在于，生产经营过程越来越依赖外部的农业社会化服务经营主体，其对农业生产的定位多是社会化的、生活化的。调研团队在淮南的潘集区和滁州的凤阳县调研时均发现，这些地区已经出现了明显的规模化经营倾向，尤其是在进行了小块并大块的土地细碎化整治过后，当地农业规模化经营的进程大大加快。在淮南调研时便发现每个生产小组中种地的农户都不到一半，凤阳地区在没有进行土地整治前，小组中从事农地经营的主体每个小组不超过十户，农户间私下流转或拾地种的情况非常普遍，有的村民通过拾地的形式能够种上少则几十亩多则一百多亩的地。在土地细碎化整治之后，以小组为单位进行集中流转的现象更为普遍，愿意将土地流转的农户占了大多数，每个小组仅剩下少数老人在坚持从事农业。

因此，从现实经验来看，以老人为生产主力的小农户经营模式已经逐步消失，我们经常说的小农户韧性和土地对农民的意义问题需要进行重新考察。在此情况下，老人农业基本没有很强的经营动力，在外部环境变化如土地流转价格提升、社会化服务体系转型等的作用下，老人农业便会逐步消失。

随着地方社会规模化经营转型的不断加快，原本围绕着小农户服务的社会化服务体系也在发生迅速转型，老人农业逐步陷入缺乏低成本、高效率的社会化服务的发展困境。在农资市场中，厂商—代理商—零售商的三级销售服务市场发生变化。以前在各乡镇都存在着数量可观的零售店为其服务，老人种地能够享受到非常便捷且低成本的农资服务和技术服务，如小农户可以直接与各零售店对接获得送货上门、技术指导等各方面的服务，而且小农户还可以进行赊销。但是随着大户逐渐增多，小农户的数量逐步下降，原有的三级经销体系被削弱。一方面，大户利用自身在量上的优势，可以直接对接代理商甚至是生产厂商，这导致零售商的市场份额被挤压；另一方面，小农户数量的下降也导致零售店面临着发展困境，原本分布于乡村各地的零售店逐步减少，也反过来进一步加速了老人农业的消失。

在农机服务方面，原有的新中农＋小农户社会化服务模式也发生了转型。在新中农还保有一定数量的情况下，小农户能够在新中农的带动下获得相对低成本的社会化服务。新中农带小农户，主要表现为：一方面新中农在拥有一定机械的情况下，可以在为自身服务的同时，闲暇之余为小农户服务；另一方面，一定数量的新中农存在时，会主动与社会化服务主体进行对接。总之，在保证一定工作量的情况下，专业化的服务主体也会愿意为新中农服务，小农户也能够顺带获得相对低成本的服务。

但是，随着新中农逐步消失，大户不断增多，小农户将难以再获得地方性的社会化服务，同时也难以以较低的成本对接服务市场。具体而言，在大户化的背景下，大户即使保有一定农机，基本也是为自身的耕种服务，往往难以顾及小农户的服务需求。同时，与大户对接的专业化服务主体在面对亩数很少的小农户时，出于经济效益的考虑，往往不愿意为小农户服务，这便导致小农户需要以非常高的成本去对接社会化服务市场。以小农户对接收割机服务为例，小农户在与机手对接时，一方面会面临远高于大户的价格，另一方面机手通常会优先选择大户的地块进行收割，而且机手一旦在其他地方接到大的订单就会离开，进而导致小农户的收割机使用很难获得保障。从整体上看，小农户在对接机械化服务的过程中基本处于非常被动、没有保障的状态中。

在河南调研时，一名小农户如此说道："每年找机子都要去路上拦，给人家说各种好话人家才来。叫来了之后，没干多久，人家有更好干的活儿，又会走。你不让他走，人家半夜偷偷开车走，你也没办法。所以只要有机器来我们都要守着，别人收了我们也要抓紧收。要不然这个机子一走，就再也找不到机子了。"小农户对接机器难的现象，在遇到连续雨天时更甚，2023年河南地区的烂场雨便表现得尤为突出。在此次灾情中，笔者观察到，小农户在面临灾情时非常被动，基本难以联系到机器，大多数农户只能冒着危险到高速路口或者国道、省道拦收割机。

即使如此，也未能及时联系到机器收割。相对于小农户，本地种植上千亩和几百亩地的大户都购买了机器，基本可以自救。同时这些大户尤其是上千亩的大户，与外地的机手都保持长期的合作，在小农户未能联系到机器时，大户也能够及时联系到收割机抢收。因此，在此次河南烂场雨灾害中，小农户的损失要比大户重许多。

在此次的灾害现场观察中，笔者印象比较深刻的一点是：当前在家种地的小农户都是一些上了岁数的老农，一般都是60岁以上，更有甚者达到了70多岁。其身体基本难以承受高强度的农业体力劳动，因此这批老人对社会化服务的依赖度非常高。而且，在习惯依赖社会化服务的情况下，这些小农户已经难以接受以体力劳动投入去完成农业生产，这在灾情期间表现得尤为明显。笔者下地去观察农户们如何应对灾情时，发现大多数农户都是站在地头看，感叹天灾的无情。基本上没有自行抢收小麦的，即使自家只种了三五亩地，三五个人一天也能够抢收完，他们也没有动手，而是一直在企盼外地的农业机械能够快点儿过来。

据了解，当地农户从2000年年初开始就不进行人工收割了，当时的收割机只能负责将小麦割倒在田中，然后由村民运回家中，在自家的空地上晾晒、脱麦粒。因此，从2000年年初开始，以劳动力高密度投入来实现增产的农业生产方式在粮食作物的种植中已经发生了根本性的变化，机械化的农业生产模式已经逐步替代劳动力的投入。因此，在讨论当前以老人为生产主体的小农户经营模式时，需要理清的一个背景是：当前的小农户生产经营模式早已高度市场化，而且与农业社会化服务体系的发展紧密关联。当农业社会化服务体系发生明显的大户化倾向时，小农户的生产处境将进一步恶化，其退出农业经营行业的进程也会加快。

总而言之，在原本主要围绕小农户服务的社会化服务体系转型的情况下，小农户在生产经营过程中对接各类社会化服务的难度加大、成本也在提高，这直接导致了以老人为经营主体的小农户经营模式被适度规模经营主体所取代。

02
资本下乡与乡村旅游

第七次全国人口普查数据显示,截至 2020 年年底,我国城镇人口已占总人口数量的 63.89%。大量城市人口催生了新的需求,一部分城市居民对观光旅游、度假休闲、乡村体验的需求上涨,乡村旅游的发展空间被大幅拓展。在乡村产业振兴的背景下,乡村旅游逐渐从单一的产业发展向与乡村振兴战略全面衔接转变,从点状化开发转向全域化布局,并成为促进农村经济发展、调整农村产业结构、推动乡村产业变迁和带动农民增收致富的重要方向。

2022 年年底,笔者前往中部某省份,围绕乡村旅游业发展中的资本下乡现象开展了为期一个半月的深度田野调查。笔者调研的 C 县地处长江两岸,地跨江南江北,位于山地向平原过渡地带,地势西北高、东南低,西、北、东三面环山,东南一面临平原,境内地形呈西北向东南梯级倾斜下降的趋势。由于处于地形过渡地带,C 县形成了山地、丘陵、河谷等多种地貌,境内地形地貌为七分山、两分丘陵、一分平原，丰富的水资源和特殊的地形地貌造就了本地多元化的产业样态。C县总面积为3400平方千米，总耕地面积439平方千米，常住人口约56万，下辖1个街道、9个镇和2个乡。C县气候温和，光照充足，雨量充沛，得天独厚的气候条件适宜柑橘生长，柑橘构成了C县的主导产业之一。最近几年，随着旅游消费市场的扩大，C县的旅游产业发展迅猛，旅游资源以山水观光为主，集名山秀峰、奇特地貌、珍稀生物、历史遗迹、民俗风情于一体，是中部地区著名的旅游强县。

一、乡村旅游发展现状

C县的H镇是全县发展乡村旅游业的重点乡镇，而H镇的乡村旅游以J村和A村最为典型。J村属于城郊镇的镇郊村，位于H镇东侧，紧邻集镇，距省道仅有1千米，距Y市北高速公路入口1.5千米，距城区13千米，距Y市中心城区20千米。村域总面积18平方千米，林地面积20456亩，耕地面积3585亩。现有5个村民小组，1015户3216人。全村600多人在外打工，村里就业的300多人，基本是四五十岁及以上的人。J村先后被评为C县美丽乡村、Y市生态文明村、省绿色示范村、省宜居村庄、省文明村、全国文明村。J村有个蓝莓园是当地远近闻名的蓝莓采摘园，老板是Y市人，姓王，通过在J村租地种植蓝莓。

王老板向调研团队介绍道，他的蓝莓品牌在整个Y市都有一定的知名度，但由于小众水果并非常规消费，因此销售总量不大。考虑到区位优势，王老板将蓝莓园定位为采摘，采摘占到了总销量的五成。相比于卖到市区超市，采摘的利润率更高。但目前采摘还没做起来，主要因为配套设施没有跟上，蓝莓园的接待能力有限。另外，采摘还受天气等影响，这都在一定程度上增加了产业经营的风险。再加上Y市政府的项目投入重点集中在柑橘和茶叶，像蓝莓这样的小众水果很难对接到政府项目，因此蓝莓园可以获得的政府支持相对有限。

目前，最让王老板头疼的是土地经营权的问题。王老板经村书记介绍来J村承包土地种蓝莓，但是他流转的这块地是几年前来J村的武汉老板曾流转的。第一年，王老板将土地租金直接付给村里，另外还付给村里一笔管理费。后来村里让王老板将租金付给武汉老板，但他找不到武汉老板本人。同时王老板也不想把租金付给武汉老板，因为这样会增加很多经营风险。付了土地租金，但是王老板没有拿到土地经营权，这成为王老板开展经营的一个"不定时炸弹"，导致他不敢放开手脚发展。

A村位于H镇西北部，辖54平方千米，共2154人，劳动力1200人，60岁以上人口700多人，在外务工820人，2019年A村成为市级美丽乡村示范村，项目总投资100万元。

A村的奇潭景区是当地的一个3A级景区，除了做旅游，还是Y市的研学点，主要内容为科普地方民俗以及山水文化。景区目前的发展重心在康养地产，奇潭规划了50亩的康养小镇，正在建设中。这50亩地的土地性质为一般农业用地转建设用地，采用增减挂钩的方式，将50亩水田改为了建设用地，另外需要复垦50亩水田；腾退了30亩宅基地，在另外一个景区种了稻子，补了20多亩。2019年通过了招挂拍程序，售价990万元，除上缴金额，乡镇得到了200多万元作为财政收入。规划的一期工程当中，除了住房，还要建设一个3000平方米的旅游接待中心，提供住宿、办公和会务服务，并配套其他基础设施。奇潭景区的舒总指出，康养小镇建成以后，A村的人口将增加，这有助于提升景区人气，并带动地方经济发展。

围绕奇潭这一景区，当地的农家乐和小水果采摘也得到了相应的发展，在村书记的带领下，将村庄原来就种植的樱桃树进行调整，沿着村主干道形成了一条通往村内和奇潭景区的"樱花长廊"。樱花盛开时节，吸引了很多游客前来观赏游玩。在核心景区的带动下，再加上村级组织的积极作为，A村的旅游业是当地发展较好的。景区开发后，带动了周边村民就业，增加了村集体经济。而且村民在村里的收入也较为多样化，除了打工、种菜，还可能出租土地、开办民宿和农家乐、摆地摊出售自家的蔬菜、水果等农产品。景区还租了320亩土地做配套，流转农民土地1000多亩发展现代观光农业示范区。景区与村集体并非一次性买断的关系，由于目前还处于投资开发期，尚未赢利，景区承诺每年给A村3万元，等景区赚钱后按5%的股份给村集体分红。

此外，景区与村庄还可以共享荣誉。A村是美丽乡村，也是清洁文明村，还是党员活动教育示范基地，以上名誉称号对景区具有积极的带动作用，也为景区创建4A提供了条件，为景区的发展和影响力的扩大提供了氛围。另外，村庄主干道的环境整治也是出于为景区做配套的目的而开展的，村书记认为，"景区做好了，我们也受益"。

二、开发旅游业过程中的土地及其性质问题

H镇的旅游开发涉及的土地大多是点状供应，其中游客接待中心、道路和旅游设施等都是永久性的土地征用，而山林、耕地等属于土地流转。首先看林地，Y市的很多景区都是依托山林而建，其中很大一部分景点都是自然风貌和山水体验。景区的山林用地分为建设用地和背景山，其中建设用地需要立项进行林地审批，拿到土地用地批准书，而背景山可以与村委会协商租用，即经营权流转，价格不等，比如三峡大瀑布，与村里签的合同是1500元/亩，合同年限为40年，一次性付清，这个费用相对低。对于流转的耕地，若是集体土地（山林）则租金归村集体，若是承包地，则租金归村民。流转的土地，老板只享有经营权，景区开发时，老百姓的收入来源是土地租金。其中山林流转费用为每亩20~30元，耕地流转费用一般为每亩800元左右，也

有每亩400元的。

由于旅游产业投资大，很多开发旅游的老板都希望能够永久性地流转土地，但旅游用地属于商服用地，永久性流转土地在法律上不符合要求，而且流转土地进行旅游开发本身也不符合法律规定，因为耕地不能直接进行旅游开发。山地可以流转用于旅游开发，比如三峡大瀑布和奇潭就涉及大量山地，而农用地必须经过招拍挂出让程序转为村集体建设用地后才能进行开发。

旅游开发的用地协调不仅涉及法律上的相关规定，同时还面临着村民的"不同意"，H镇林业局每年都要处理几十起林权纠纷，且原因多种多样。以小峰河大凉山风景区的开发为例，有耕地的农民不愿意征地，因为地被征了就没有土地了，况且以征地的方式流转土地（6万元/亩），对农民来说不划算。另外此地的开发还面临其他复杂情况，比如同样是修高速占地，其补偿标准存在差异，同一个村的村民有不同的补偿标准。

在用地协调过程中，该地曾遭遇了群体阻工与上访事件。当时小峰河村同时开展高速项目和旅游开发项目，老百姓认为同样是征地，应该按照相同的标准实施，而乡镇在做工作协调的时候，也承诺采取同一个政策，但是后期区委巡察组指出征地必须区和省一级通过才可以实施，导致当地的旅游开发不能采取征地政策，只能流转。采取流转的方式，老百姓和老板都不同意，老百姓认为补偿太低且补偿标准不一致，老板认为流转土地既无土地永久使用权,更无所有权,不敢大规模投资。目前乡镇政府处于两难境地,正探索让村民以土地使用权入股的方式来解决此问题,但是大多数在村的老百姓更加看重眼前利益,同时乡镇干部也不能保证旅游开发最终可以赚钱,如果亏本,最后仍然是老百姓的利益受损。此外三峡大瀑布与当地村民之间也有一些林地(土地)纠纷,但相比较而言,本地老板开发的奇潭景区和三峡富裕山,类似的反映到乡镇的矛盾并不多。

三、乡村旅游开发过程中的产业体系建设

旅游业属于第三产业,在乡村开发旅游还涉及产业体系建设的问题,其中最主要的问题表现为乡村第三产业发展过程中的产业体系不完备。传统农业社会本身就有一套与农业生产相配套的产业体系,包括道路、沟渠等,这些基础设施是根据农业发展的需要和特点逐步建设完善的,在此背景下,乡村社会进行农业生产就具有便利性。而第三产业产业体系与第一产业产业体系是两套不同的体系,当前农村发展第三产业,就必须重新建立一个第三产业的产业体系,比如原来修建的乡村道路已经不能满足旅游发展的要求,需要重新修建规格更高的旅游公路,此外还需要配套旅游厕所、停车场等基础设施,需要村庄社会有配套的服务供给,比如农家乐、农家美丽庭院等。再比如J村的蓝莓采摘园,有游客来了,才发现接待能力十分有限,村里

既没有停车场，也没有旅游厕所，基础设施不到位。

另外，产业内部之间如何有机衔接？比如蓝莓园采摘结束后，想去农家乐吃饭，有没有农家乐？想去参加户外活动，乡村有没有配套的设施？从第一产业到第三产业需要市场主体的参与，其中就涉及运营和管理，以及产品如何与市场对接，如何开拓市场等。

综上，产业体系建设涉及四个重要因素：一是基础设施建设，包括道路、停车场、旅游厕所、休闲娱乐场所、餐饮服务、乡村的村容村貌提升等，这些既要求市场主体投入，又涉及政府的配套项目和农户的配合，比如农家乐的卫生和质量能不能达到基本要求等；二是产业间的衔接，一、二、三产业如何实现融合，农旅、文旅如何融合等；三是市场主体的参与，如运营管理以及与市场对接；四是市场开拓，市场主体及地方政府对景区的宣传等。可见，美丽乡村建设与乡村旅游融合发展的战略方针的实践是一个复杂的过程。

农村产业想要发展起来，离不开四大要素：一是产业与农村社会和农民、土地之间的关系；二是产业与政府支撑，即政府配套项目，政府需要考虑到产业体系的建设；三是产业与市场，即如何销售、如何打开渠道，这些都是非常重要的问题；四是产业技术，产业发展需要一定的技术支撑，而农业的相关技术不存在技术壁垒，大多数可以从市场购买到。所以，对于农业产业来说，最为关键的是前三个要素，其中涉及四组关系，即产业发展与村庄社会的关系（空间）、与农民的关系（人）、与乡村资源的关系（地）、与市场的关系（农民如何进入市场，如何对接市场），核心是乡村要素的重组。

四、项目制角度看乡村旅游

伴随着基层治理重心的转变，产业发展成为基层工作的重点，国家匹配的产业项目的使用过程也在发生变化。项目制在项目投放理念、政府官员的注意力、项目资源分配和项目配套几个机制上发生了转变，其共同导向是项目资源向乡村旅游倾斜。最后带来的一个直观结果是，旅游产业对项目资源的吸纳。

具体而言，首先，政府官员的观念发生了变化，除了着重于生产建设，还将美观纳入考虑当中。但是对农民来说，他们最关心的是道路建设，而非美化的环境。可见，基层干部对农民真实的需求缺乏了解，基层干部与农民之间出现了悬浮，基层治理对象成为那些可以做出亮点的大户和项目执行中的难缠户，政府对于普通农户的了解和接触减少。

其次，项目资源的投入和政府官员注意力的投放都会有所调整，如政府会将美丽乡村和美丽庭院投放在主要旅游路线上，进行节点打造。对于旅游景点所在的村庄，公路维修等更加及时，安保设施也更加完善。

最后，项目分配上的马太效应凸显。过去，项目会分配给那些可以弄到项目的村庄，因此项目向一部分村庄聚集。现在，项目往往会集中到那些村干部能力强，做事情积极，且能够把事情做好的村庄，项目分配的马太效应进一步凸显。对做得好的村庄，政府会积极地帮助其整合项目，通过项目捆绑，做出亮点。以H镇的A村为例，A村因乡村旅游做出了成绩，乡镇便集中力量将资源投放到A村，借助乡村旅游的发展将其他部门的项目整合进来，促进村庄发展。

不过其发展涉及乡村社会与以旅游为主导产业方向的资本以及农民三者之间的关系。政府通过产业振兴推动乡村振兴，产业振兴又以产业项目和产业资金为重要手段，产业资金可以对接给村级组织，也可以对接到市场主体，却很少对接到农民，而且产业资金也受项目制的约束，比如规定多少亩以上的橘园才能申请精品果园的项目。在实践中，我们也很少看到产业资金给了村级组织，即使有，也需要与市场主体结合起来，所以产业资金最终还是用在了市场主体的自我发展上。无论是政府、村级组织还是村民，大多会认为政府的政策和资金支持可以让市场主体做大做强，进而带动村庄和地方社会的发展。从在J村的调研来看，资本很愿意与政府和村级组织打交道，如某养殖场的老板就会经常到村里，与村干部进行沟通交流，在此过程中让村里知道他的需求，在有项目的时候，希望村里能够支持等。

那么在村的市场主体与村庄是怎么关联起来的呢？一方面，

正如上面提到的，村庄寄希望于在村的资本可以带动乡村振兴、产业发展，这是村庄想要利用资本的一面；另一方面，资本利用村庄，实现与政府项目和政策的对接，以及与村庄共享荣誉，进而获得更多的资金支持。比如 A 村是美丽乡村，乡村建美丽了，也可以为来奇潭游览的游客提供更好的游玩体验，这时村庄与景区是一体的，也是共荣的。村庄与景区是相辅相成的关系，村里有活动，吸引了人气，自然会来景区看一看；来景区的人，也会到村里的农家乐消费。

从纵向的维度看，过去资本下乡经营农业，面临着资本嵌入地方社会的问题，其中涉及土地流转和外部性问题；现在资本下乡发展乡村旅游和农旅融合，资本与村庄之间的关系发生了变化，二者成为发展共同体，相互依存、相互结合。村级组织依靠与资本的合作完成自上而下的项目任务和治理目标，资本利用村庄获得有利于自身发展的项目资源。这背后反映出基层治理转型的一个面向，即资本在基层治理中的作用凸显，从过去不依赖资本到现在较为依赖资本，其中资本与项目制之间的亲和性，基层治理任务的项目化、刚性化和指标化（基层治理空间被高度压缩），基层治理行政化面向（以完成上级治理任务为导向）是理解这一转型的核心机制。

具体来说，资本可以在基层治理中发挥如下作用：一是帮助政府和村级组织完成它自身完成不了的任务，比如 H 镇的黄花菜项目和公墓项目，这些任务都无法依靠组织和动员农民来做，但是可以依靠资本；二是项目配套和项目的顺利落地过程中，资本成为基层政府和基层组织行为策略中的一个重要选择；三是地方政府需要工作亮点和政绩，资本可以帮助政府打造亮点工程；四是资本成为村级治理过程中应对治理问题的选择之一，村级组织可以动员农民，也可以依托自己掌握的资本，但是动员了资本，村级组织可以更高效率地解决治理问题，在这个过程中，资本不是必要项，而是一个重要的选择项，资本使村级治理变得更加便利化，尤其是在中西部人、财、物外流的农业型地区，资本越来越成为村庄治理过程中非常重要的治理资源。

资本主体在村庄治理中发挥的作用不仅体现在具体的项目实施和产业发展等"大事"上，还体现在村庄常规治理的"小事"中。首先，资本下乡流转土地，可以为农民提供一定的租金收入，同时还能创造就业机会；其次，资本可以在村庄的公益性建设过程中提供资金支持和帮助，尤其是在农民有迫切需要，同时村里又申请不到项目时，涉及一些利民的基础设施，比如挖水池、修一条简单的道路等；再次，患有重大疾病的村民，下乡老板可以伸出援助之手；最后，常规治理中提供一些便利，如A村的奇潭景区，会在村里打疫苗、选举的时候，无偿提供车辆服务，派车接村民到乡镇卫生院和村委会；村里选举时，借用茶厂老板的场地等。A村书记指出，"村里差钱了、有困难了，就找景区老板，比如修广场的资金支持，会议室、空调等物资支持等"。

由此可以进一步尝试解释资本在基层治理中作用的变化。一是基层治理任务的变化，当前有众多治理事务仅仅依靠基层传统的治理资源难以完成，比如项目配套；二是从项目制的角度看，项目安全已成为政府部门最注重的目标，而资本能够帮助基层政府实现项目的顺利落地；三是基层政府组织和动员农民的能力减弱，动员资本就成了一个重要选择。过去基层治理任务，比如收农业税费、发展产业等都可以通过动员和组织农民实现，一方面当时的任务不刚性，另一方面基层组织还有调地和调动义务工的权力，农民可以被充分动员起来，但是现在这些条件都发生了变化。政府对资本依赖性的加强可以进一步概括为两个面向：一是自下而上地看，治理体系难以进入村庄社会内部，治理任务得不到农民的配合，因此需要依靠资本来配合；二是自上而下地看，基层治理体系和治理生态也发生了变化，整个基层治理行为是靠上级来推动的，基层治理体系的指标化、程序化，使基层干部要想完成各项考核任务，很大程度上需借助资本。

五、乡村旅游发展中政府与资本的关系

乡村旅游的发展包含两套逻辑，一是乡村旅游与旅游本身的关系是什么？二是乡村旅游与"三农"工作的关系是什么？

首先是乡村旅游与旅游本身的关系，从当前乡村旅游发展的角度来看，旅游是地方政府带动农村发展和乡村振兴的重要抓手。其背后的逻辑在于，传统产业难以带动乡村振兴，但可以依靠乡村旅游，只是在农村发展乡村旅游也出现了一些问题：引进资本发展景区游，背后是资本的力量，景区缺乏带动乡村发展的机制，而且乡村旅游本身的市场空间有限。由此带来的结果是，旅游的地产化、区域内旅游的无序竞争、社会资源的浪费、折腾乡村、挤占其他产业的发展空间以及村庄分化的加剧和不公平。

其次是乡村旅游与"三农"工作的关系，一方面涉及乡村旅游发展过程中的乡镇政府与村级组织的角色。本地的乡村旅游总体上仍然是一种自发式的发展，政府希望借助资本开发景区来带动乡村旅游业的发展。从本地乡村旅游发展的状况来看，政府主要发挥了协调、管理、服务、规范和监督的作用，在项目资源的投放上，政府也会有侧重地将项目资源放到可以做出亮点的村庄，其中以 A 村为代表的旅游村是乡镇的亮点村，所以村级组织在乡村旅游发展过程中的作用不容忽视。

另一方面是资本与政府的关系。这里要对政府进行区分，至少要把乡镇政府与区及区级以上的政府区分开来。乡镇政府的资源并不多，主要集中在区及区级以上的政府层级。H 镇的乡镇副镇长指出，田园综合体是一个大型项目，要进入国家、省一级的项目笼子里去，也只有国家级和省级的资源才能支撑起这个项目。同样，也要对资本本身进行分类，如规模大小，规模不同，其与政府之间的关系就存在差异。乡镇一级往往只掌握一些小项目的分配权，大项目的分配权在区以及区以上级别的政府。大资本下乡的过程中，乡镇成为协调型和边缘型主体，而一些规模小的资本对乡镇政府的项目依赖性更大，乡镇的小项目对小资本具有一定的吸引力。因此，乡镇可以借助这些资本来完成自己的工作任务，打造政绩亮点，达到其治理目标。小资本与乡镇之间有着更为丰富的互动关系。

　　为什么在乡镇治理过程中，资本的作用不容忽视？仅从产业项目落地的角度看，资本与产业项目落地之间有亲和性。项目下乡的背景下，乡镇的目标是实现项目的安全落地，比如在规定的时间内规范地完成项目，在此基础上，乡镇希望项目可以发挥锦上添花的作用，即借助项目资金打造乡镇的工作亮点。那么，哪个主体可以代替乡镇完成此项任务呢？乡镇可以选择的对象包括村民、村级组织和资本。调研中发现，资本是乡镇在落实项目中非常重要的一个选择。之所以如此，是因为资本具备以下几个条件：一是资本实力雄厚，可以做到项目配套，实现项目的顺利落地；二是资本具有经营能力，会核算成本收益，市场敏锐度高，具有规避市场风险的能力，靠资本来承接产业项目，成功的可能性更大；三是资本更加灵活，也更有效率，可以规避项目制的僵化，并做出亮点。这些条件都使得资本成为政府落实产业项目的不二选择，尤其是对比村级组织，资本的优势更加明显。村级组织本身的经营能力、发展能力、人力资源等都十分有限，在项目落地的过程中可能会遭遇更多风险。从产业发展本身来看，政府想要打造一个产业，也需要依靠资本的力量。比如要建设一个精制茶出口加工基地，需要投资几个亿，但是政府没有这么多钱，因此需要依靠资本。

此外，尽管资本与政府有着十分密切的关系，但是在区分不同的资本之后会发现，政府的逻辑与资本的逻辑之间还存在一定的错位和张力。比如在产业项目落地的过程中，政府打造亮点的逻辑和行政逻辑凸显，需要扶持一个主体去对接项目，以求大求新，确保某地有一个亮点。但是资本是一种营利导向，受经济逻辑支配，与政府的逻辑相背离，这会导致产业资金的低效率甚至无效率。因此，这种项目投入的方向需要警惕。

不过，在政府与资本的关系中，还存在一个互利共赢的空间。在乡村产业发展过程中，政府的意图是通过产业发展来促进乡村振兴和共同富裕，而产业发展必须嵌入市场体系，但是在当前产业政策执行过程中，政府在产业发展中的主导地位尤其明显，比如通过制定产业政策来引导产业发展方向和产业发展目标，乡村旅游就是典型例子，美丽乡村建设与乡村旅游融合发展更为典型。再比如政府通过产业资金的输入来扶持产业发展主体，尤其是引入资本承接项目。政府的产业政策，可以在短期内为产业发展赋能。但是要警惕政府主导的一些产业发展，行政逻辑压倒社会逻辑，自上而下的规范化和标准化逻辑渗透到社会内部，而社会层面的需求却未能有效反馈到行政体系当中，产业项目的设施和产业资金的使用并未真正反映和满足广大农民的发展需求，最终也难以达到政策目标。

在中西部传统农业型村庄的乡村经济发展和乡村产业振兴中，国家项目和资本力量是非常重要的因素。笔者在陕西阎良调研时发现，村干部将政府的项目当作"第一桶金"，有了这"第一桶金"，产业发展才能跨出第一步。在H镇调研时，乡镇干部认为，"现在农村要发展，没有项目，没有资本，光靠政府呐喊是没有用的。政府很欢迎资本下乡，资本来了，对农民有带动作用，可以发展地方经济。企业可以增加地方税收，带动区域的基础设施建设，带动农户思想观念的改变和农民就业、农产品销售"。

六、新一波的资本下乡以及资本形态

基于C县的调研，笔者发现乡村社会已经出现了新一波的资本下乡。简单来说，新一波资本下乡进行旅游资源开发，大多是本地的老板，因本地老板比较了解本地资源的情况。同时，这些老板主要来自两个行业：房地产业和矿业。新一波的资本下乡主要进军的领域是特色种养殖业和乡村旅游业，其中乡村振兴是重要的政策导向。

从资本下乡的历程看，资本下乡有一定的政策背景。2008

年开始大规模土地流转，农村出现第一波资本下乡种地，在2015年左右开始撤退。2014年左右，房地产和矿产两大产业出现资本过剩，资本市场的变化导致资本开始转型。2017年，党的十九大提出乡村振兴战略，2018年，党的中央一号文件要求构建农村一、二、三产业融合发展体系，大力发展休闲农业和乡村旅游，实施休闲农业和乡村旅游精品工程，建设一批设施完备、功能多样的休闲观光园区、森林人家、康养基地、乡村民宿、特色小镇；利用闲置农房发展民宿、养老等项目；发展乡村共享经济、创意农业、特色文化产业；积极开发观光农业、游憩休闲、健康养生、生态教育等服务。

关于乡村旅游的发展，早在2018年之前就已经出现在政策文件当中。2009年，《全国乡村旅游发展纲要（2009—2015年）》首次对乡村旅游产业发展方向做出系统性、全局性指导。2014年，《国务院关于促进旅游业改革发展的若干意见》专门指出大力发展乡村旅游。2015年，发展乡村旅游被写入中央一号文件《关于加大改革创新力度加快农业现代化建设的若干意见》的第二部分，即"围绕促进农民增收，加大惠农政策力度"，提出农村产业发展和乡村旅游融合。随后，农业部（现农业农村部）联合财政部等11个部门印发《关于积极开发农业多种功能大力促进休闲农业发展的通知》。

2016年，《"十三五"旅游业发展规划》首次将旅游规划列入国家重点专项发展规划，同年8月，国家旅游局（现文化和旅游部）发布《关于印发乡村旅游扶贫工程行动方案的通知》，将乡村旅游与农业现代化、精准扶贫深度结合，提出"深入实施乡村旅游扶贫工程，充分发挥乡村旅游在精准扶贫、精准脱贫中的重要作用"。2017年，乡村旅游发展提质提档，中央一号文件《关于深入推进农业供给侧结构性改革加快培育农业农村发展新动能的若干意见》要求壮大新产业新业态，拓展农业产业链价值链。继2018年中央一号文件《关于实施乡村振兴战略的意见》之后，2019年中央一号文件《关于坚持农业农村优先发展做好"三农"工作的若干意见》，提出社会力量积极参与，将农村人居环境整治与发展乡村休闲旅游等有机结合。

2020年7月，农业农村部印发《全国乡村产业发展规划（2020—2025年）》，针对休闲农业和乡村旅游，要聚焦重点区域、注重品质提升、打造精品工程和提升服务水平。2021年，中央一号文件《关于全面推进乡村振兴加快农业农村现代化的意见》要求构建现代乡村产业体系，开发休闲农业和乡村旅游精品线路，完善配套设施；推进农村一、二、三产业融合发展示范园和科技示范园区建设。

与第一波资本下乡相比，这一波下乡的资本体量更大，开发旅游所需要的资本要求也比较高，如乡镇干部所说，"一般的小老板搞不了乡村旅游，吃不消"，又如山西省某村的村书记所说，"随便一个景点没有几个亿下不来"。笔者调研的C县的几个景区，富裕山截至2021年已经投资8000万元，三峡大瀑布为创 5A 投入了 2.8 亿元。可见，伴随着社会结构和市场结构的变迁，资本下乡的过程也在发生变化。认识和理解资本下乡的结构背景、动力机制和可能带来的政治社会后果，将有助于我们更好地把握当前乡村社会的发展趋势。

03
高标准农田建设的实践与思考

高标准农田是指一定时期内，通过土地整治形成的集中连片、设施配套、高产稳产、生态良好、抗灾能力强、与现代农业生产和经营方式相适应的基本农田，其基本特征为旱涝保收和高产稳产。实施高标准农田建设工程，是党中央和国务院有序推进农业农村现代化的重要战略举措，强调要突出抓好耕地保护和地力提升，坚定不移抓好高标准农田建设，提高建设标准和质量，真正实现旱涝保收、高产稳产。习近平总书记指出，"中国人的饭碗要牢牢端在自己手里，而且里面应该主要装中国粮"。2004年中央一号文件首次提出"建设高标准农田"以来，国家和地方层面制定落实了一系列指导文件以及相关配套政策，通过科学合理地设置相应目标任务、建设内容和实施标准，有力引导高标准农田建设工作从初步探索阶段过渡至快速发展和全面建设阶段。2006年选定116个种粮大县实施高标准基本农田示范工程，国家层面的政策方针由此转化为地方层面的具体行动。此后,中央一号文件和政府工作报告多次强调加快高标准农田建设,但是地方的示范建设实践缺乏规范性的指导文件。直至 2012 年农业农村部颁布出台《高标准农田建设标准(试行)》,高标准农田建设工程才开始拥有可供参考的行业标准。2013 年国务院批准实施《全国高标准农田建设总体规划》,地方政策实践自此有了统一的建设目标、任务和内容。

2017 年,党的十九大提出了实施乡村振兴战略的重大历史任务,党的十九届五中全会要求全面推进乡村振兴、实施高标准农田建设工程。确保重要农产品特别是粮食供给,是实施乡村振兴战略、加快农业农村现代化的首要任务。2019 年中央一号文件提出"修编全国高标准农田建设总体规划,统一规划布局、建设标准、组织实施、验收考核、上图入库"。2020 年中央一号文件强调加快"修编建设规划"。2021 年中央一号文件要求"实施新一轮高标准农田建设规划"。2021 年 9 月 16 日,《全国高标准农田建设规划(2021—2030 年)》(以下简称《规划》)正式对外公布。《规划》明确,到 2025 年累计建成 10.75 亿亩并改造提升 1.05 亿亩、2030 年累计建成 12 亿亩并改造提升 2.8 亿亩高标准农田;到 2035 年,全国高标准农田保有量和质量进一步提高。

高标准农田建设事关国计民生,具有战略性定位。粮食安全论指出高标准农田建设是保障国家粮食安全的基础[1]，面对我国粮食需求和资源禀赋相对不足的矛盾，以及复杂多变的国际环境[2]，大规模建成高标准农田能够增强农业抗灾能力，提高粮食综合产能[3]。农业现代化理论强调建设高标准农田是实现由传统农业大国变为农业强国的内在需求[4]，土地细碎化严重、农田灌排设施薄弱、耕地质量总体不高等因素长期制约农业高质量发展[5]，建设高标准农田有益于提高农业规模化、机械化和社会化服务水平，推动农业全面转型升级[6]。

从国家对高标准农田建设项目的定位及其效果评估中，可以看到国家对此抱有极大的期待。为此，近些年来，政府不断加大对高标准农田建设全过程的重视力度，实施机构改革、农田建设职责整合、考核监督强化措施逐步实现建管结合。值此现实背景，部分学者专门聚焦高标准农田建设监督管理机制建构、监督管理体系优化与模式选取等方面的研究。有学者强调政

---

[1] 王珂、李玲、黎鹏：《基于生态安全和粮食安全的高标准农田建设研究》，《生态与农村环境学报》2021年第6期。
[2] 何秀荣：《高标准农田建设：提高粮食综合生产能力的重要举措》，《群言》2022年第7期。
[3] 吴海洋：《高要求与硬任务迸发新动力——谈如何推进农村土地整治和建设4亿亩高标准基本农田》，《中国土地》2011年第10期。
[4] 陈美球、洪土林、刘桃菊：《高标准农田建设的"困"与"解"》，《中国土地》2017年第7期。
[5] 孙春蕾、杨红、韩栋等：《全国高标准农田建设情况与发展策略》，《中国农业科技导报》2022年第7期。
[6] 韩杨、陈雨生、陈志敏：《中国高标准农田建设进展与政策完善建议——对照中国农业现代化目标与对比美国、德国、日本经验教训》，《农村经济》2022年第5期。

府主导高标准农田建设,基于功能适当原则科学设置相关职能部门以实现效能优化。[1]有学者注意到市场主体与社会群体具有弥补政府监管不足的优势,从资金保障、主体责任、机制体系、激励方式四个方面构建了全过程监管机制[2],基于多中心治理角度构建起多元社会主体参与的监督管理体系[3],以及"县级政府主导,乡镇负总责,村为主体"的建后管护机制[4]。另有学者指出有必要创新运用数字技术,建立高标准农田全过程与全周期智慧监管体系。[5]在具体管护模式创建方面,有学者总结了生产经营主体管护、第三方机构管护、保险公司管护等五大建后管护模式。[6]

然而,虽然国家持续在此项目上投入了大量资金,并制定了明确的建设规划,但项目的实际落实情况与国家的美好希冀还有一定距离。学界相关研究指出,高标准农田建设属于一项复杂的系统性工程,全过程包括前期立项规划、中期实施验收和

---

[1] 赵谦、陈祥:《领导小组功能适当化:高标准农田建设机构建制条款的规范要义》,《中国土地科学》2019年第3期。
[2] 师诺、赵华甫、任涛、齐瑞:《高标准农田建设全过程监管机制的构建研究》,《中国农业大学学报》2022年第2期。
[3] 同上。
[4] 韩杨、陈雨生、陈志敏:《中国高标准农田建设进展与政策完善建议——对照中国农业现代化目标与对比美国、德国、日本经验教训》,《农村经济》2022年第5期。
[5] 龚剑飞、张宜红:《推动高标准农田提质升级:实践困境与破解路径》,《中州学刊》2022年第11期。
[6] 朱少华、陈正、孙妍等:《关于高标准农田建后管护模式的探讨》,《中国农业综合开发》2022年第1期。

建后管护维修。当前高标准农田建设项目实施过程中，地方政府和项目落实主体重视建设前的规划而忽视建设后的检查与维修[1]，建成区域内工程设施的维护及机械设备的调度与养护工作，相较于建设过程较为薄弱[2]。

为了深入了解高标准农田建设项目的落实情况，2023年，西北农林科技大学黄河流域乡村振兴研究与评估中心课题组成员，对全国各地乡村的高标准农田建设项目情况进行了整体考察。课题组在全国各地的调研中发现，一些地区围绕高标准农田建设项目的落地进行了许多在地化创新，如利用高标准农田建设项目推动农地细碎化整治的"小块并大块"探索，以提升农业生产经营效率；以村集体为组织单位负责高标准农田建设项目的落地工作，以提升项目实施效果，降低项目落实成本。与此同时，当前各地的高标准农田建设都存在不同程度的问题，比如项目资源浪费、项目资金落实不到位、项目落实难以与民众的生产生活需求相契合、乡村干部参与能力有限、项目建设质量不达标、项目建设设施缺乏后期管理等。

---

[1] 曾福生：《高标准农田建设的理论框架与模式选择》，《湖湘论坛》2014年第4期。
[2] 孙春蕾、杨红、韩栋等：《全国高标准农田建设情况与发展策略》，《中国农业科技导报》2022年第7期。

一、高标准农田建设的在地化创新与探索

基于实地调研，课题组发现，在具体的基层实践中，一些地区结合本地实际对高标准农田建设模式进行了创新优化，有效提升了农业生产效率，解决了当地农业生产过程中面临的各方面问题。安徽省天长市和湖北省沙洋县便是其中的典型代表，两地均尝试将土地细碎化治理与高标准农田建设结合起来，力图改变土地细碎化格局，分别解决了工程建设的效率问题和土地集约利用问题，回应了小农户的生产需求，保障了小农户的经营权。

第一，安徽省天长市高标准农田建设的核心经验是以土地平整为契机合并细碎地块，并在此基础上调整土地权属关系，配套农田设施，其具体做法如下。

一是立足基础设施建设与土地细碎化治理相结合的基本原则，厘清高标准农田建设的重点与方式。天长市以丘陵地形为主，土地细碎化问题非常严重。天长市的高标准农田建设遵循"先急后缓"的基本方针，主抓土地细碎化治理，形成了相对明确的建设任务。2021年时，高标准农田建设的资金投入只有1500元/亩，天长市重点实施土地平整，之后再清理水塘、修建水渠和机耕道，建立高标准农田的基本框架。

二是实行"整村推进"模式，强化高标准农田建设的区域整体性、统一性。天长市统筹水利工程建设、高标准农田建设、农

电改造等项目资金，合理规划高标准农田建设的工程布局，加强农田建设的协调性。基于此，天长市以一个或多个行政村为基本单位，对区域内农田进行统一规划建设，坚持"先平整再配套"的建设方案，以行政村或村民小组为单位进行土地平整，从物理层面解决土地细碎化问题。与此同时，开展土地权属调整工作：一方面，村民小组通过村民自治的方式决定土地分配方式和确权形式，形成"分数字不分地块""按户分田"等土地分配方式，以及"确权不确地"的土地确权形式；另一方面，村集体通过动员农民流转土地经营权、划片分配土地等形式，克服土地产权分散问题，实现土地经营权集中，推动土地连片规模经营。每个村都有一本自己的账，既有助于保障农民的土地权利，又便于土地连片。

三是高效持续地开展高标准农田建设。天长市坚持"有多少钱做多少事"的原则，利用高标准农田新建项目进行土地平整，建立高标准农田的基本格局，在此基础上争取资金持续建设，包括电线整改、迁坟和机耕道硬化等。同时，也鼓励村集体利用集体经济承担部分建设费用。

四是创新高标准农田建设的管理体制，创立"双业主"模式，赋予基层更多自主权，让乡镇政府、村级组织和农民充分参与建设过程。为充分尊重群众意愿，天长市将高标准农田建设项目实施情况和乡镇绩效考核挂钩，明确镇、村两级在做好协调工作的同时，全面履行业主单位职权，形成"双业主"管理机制，互相监督、互相促进，市、镇、村、组、户拧成"一股绳"，齐心协力抓项目。项目建成后，设立乡镇—村—组三级管护网，并将其纳入政府绩效考核，定期进行督导，强化各级主体的管护责任。乡镇为一级管护主体，负责监督、检查高标准农田工程设施管理维护的落实情况；村民委员会为二级管护主体，负责各村民小组公共设施的养护和管理；村民小组为三级管护主体，负责对本组范围内的高标准农田设施进行巡查，引导受益农户爱护工程设施并自觉管护。一旦出现人为损坏工程设施的情况，各级主体需要承担管护责任。与此同时，管护资金采取市县财政、自筹资金、社会资本相结合的方式筹集，每个村配备有劳动能力管护人员1至2名，实行合同管理，避免因管护机制不健全，出现高标准农田建设"重建轻管"的现象。

第二，沙洋县的核心理念是立足于小农户的生产需求，将土地细碎化治理与高标准农田建设结合起来，在实施高标准农田建设的过程中尽可能实现土地"按户连片"，便于小农户连片耕种。从实践效果来看，在高标准农田建设过程中实现"按户连片"的区域，绝大多数农户的地块实现了集中连片，形成了"一户一片田"的经营格局，同时农田设施的利用效率较高，小农户的耕种条件明显改善，具体做法如下。

一是动员和组织农民流转土地，以小农户的土地细碎化治理为目标实施高标准农田建设工程。沙洋县要求，申请高标准农田建设项目的行政村，应当将土地细碎化治理与高标准农田建设结合起来。在充分尊重农民意愿的基础上，鼓励农户将土地流转到村级组织，村级组织对土地进行统一规划布局，通过田块整治打破土地细碎化格局，形成面积为2~5亩的大田块。同时，配套农田生产的基础设施，包括修建机耕道、排灌沟渠和泵站，提高农田宜机化程度，改善农田水利条件。

二是"按户连片"分配高标准农田，保障农民的土地经营权。实施高标准农田建设工程后，各村以村民小组为基本单位，按照"按户连片"的原则将土地重新分给农户。一方面，村民小组依据农田建设后的实际面积，对农户的土地面积进行"同增同减"；另一方面，村民小组通过抓阄或自主协商的方式确定分田顺序，将土地全部分到农户手上，同时确保每户的土地基本连片。

二、高标准农田建设项目落实过程中存在的困境

（一）部分项目资金被变相克扣或挪用，项目资金落实不到位

关于高标准农田建设的项目资金配套与落实情况，受访的村庄中有46%的村干部表示中央专项资金和地方配套资金能够落实到位。有约30%的村干部表示地方配套的项目资金很难落实到位，同时有约25%的村干部认为高标准农田建设的项目资金很多被承接项目的公司自主截留。而且不同省份间也存在一

定的差异，在江苏、广东等经济较为发达的省份，高标准农田建设时间早、地方政府财政支持较多，基本不存在项目资金不到位或被挪用的现象。而在中西部欠发达地区，由于地方政府财力较弱，高标准农田建设的地方配套项目资金难以及时到位。在此情况下，部分项目承接主体为了节约成本而偷工减料，导致高标准农田建设项目质量不达标。

在县、乡政府财力较弱的情况下，项目资金被挪用的情况较为普遍，这也导致各类项目由于缺乏资金配套而出现落实不到位的问题，甚至出现一部分项目完全没有落实的情况下，项目资金却被挪用的现象，导致项目制的运行模式受到挑战。尤其是当前有些公共设施的配套项目难以落实，出现了偷工减料问题，直接影响了生产生活。

（二）项目建设过程中地方社会意见难以被采纳，部分项目落实未能与农户实际生产需求相契合

课题组调研过程中了解到，目前高标准农田建设项目的直接业主单位一般是县农业农村局或水利局。项目的落实也是由农业农村局出面对外招标，项目执行的监督与验收也都由其负责。项目的业主单位和项目的具体落实主体都将乡镇和村庄排除在外。在高标准农田建设项目的运行模式下，乡镇和村庄的主要职责被定位为配套落实项目，做好村庄在土地调整、村民意见等方面的协调工作。在此情况下，乡镇和村庄虽然在项目

协议上有一定的监督与管理权力，但是实质的项目资金管理方是农业农村局，这便导致乡镇和村集体都对落实项目的公司没有实际的制约，村庄的意见难以被公司吸纳。

课题组对落实了高标准农田建设的村庄进行的问卷调查结果显示，有21%的村干部表示落实项目时没有任何主体咨询过其意见，25%的村干部表示不清楚是由谁落实的项目。对于高标准农田建设项目的实际效果，有20%的村民表示对当地的农业生产帮助比较大。在广东、河南、安徽、湖北等省调研时亦了解到，在高标准农田建设过程中，村干部都会在一定程度上参与到项目的具体设计过程中，但是村干部所提的意见很难得到重视。各地基层干部反映，负责项目施工的公司通常都是按照施工方便、降低成本来设计高标准农田的建设方案，而很少顾及村庄实际的生产需求。同时有村干部反映，项目的施工公司设计的施工方案，很多都不科学，如设计的渠道直接从有农户住宅的地方流过、设计的路也和原有的路重合，若按照这样的图去实施，便会面临极大的协调和落实成本。在这种不合理的设计之下，反复修改设计图的情况较为普遍，这也大大耗费了村干部的精力，导致其不愿参与其中。此外，也有村干部表示，目前的工程设计图都非常专业，但大多数村干部没有相应的专业基础，连图都看不懂。一名30多岁的村干部表示，他也是在认真琢磨了一两周之后，才把公司的设计图看懂。在此情况下，村干部很难参与其中。

在乡镇和村庄都不能对承接公司实现有效监督的情况下，县业务部门又难以持续跟进监督，便导致高标准农田建设项目处于弱监管状态。湖北某县农业农村局干部认为，"高标准农田建设的一期项目往往会涉及很多村庄，最近一批落实的项目便牵涉了 30 多个村庄，项目建设的范围非常广，涉及的主体非常多。县农田建设中心的工作人员完全监管不过来"。而且，虽然项目落实的规定中有明确要求，项目落实需要与当地实际情况相结合，但这一要求具有模糊性。在此情况下，项目的落实以及高标准农田建设的实际规划依旧主要由公司自行把控。因此，一些高标准农田建设很难做到与实际情况相结合，修建的设施也与农户的农业生产需求不相适应，进而造成设施的闲置与荒废。

（三）乡村干部专业能力不足，村集体承接高标准农田建设项目难度大

在当前的高标准农田建设中，一些地方政府也在积极尝试探索以村集体为主体承担高标准农田建设项目的落实，以降低项目招投标以及落实过程中的成本，进一步提升项目建设与村庄生产生活需求的契合度。但是在实际的实践过程中，完全由村集体承担项目的落实，则出现了较大的难题。

首先，村集体资金不足，导致高标准农田建设相关的工程建设进度被拖慢。75% 的受访干部表示，村集体缺乏必要的资金支持项目落地。当前高标准农田项目建设的前期资金，一般情况下需要落实项目主体承担，在完成一定的项目工程量之后才会有后续的项目资金拨付。因此需要承担项目的主体有一定的资金实力，这对于当前大多数地区的村集体而言有很大的困难。湖北省某县农业农村局干部表示，当地村庄的村集体经济都非常薄弱，大部分村集体难以垫付资金，导致在以村集体为承接主体推动工程时，经常出现项目逾期的问题，而且让村集体承接项目容易带来村集体负债的风险。一旦项目落实不到位、不达标，项目资金便难以及时到位，村集体的负债风险亦会随之提升。为此，这些地区在尝试过后都纷纷转变方式，倾向于与一些资金实力较强的大公司合作。

其次，村干部专业能力有限，难以承担项目落实、验收等相关工作。一方面，高标准农田建设项目的落实，需要有专业知识的支撑，村干部在没有相应技能的情况下，很难对其聘请的施工单位进行有效监督与管理，这便会造成项目落实不到位或者项目落实的标准出现偏差等问题；另一方面，当前项目制的管理模式已经相当规范、严谨，要完成项目的验收，需要提供大量的材料。如此繁杂的、专业性极强的材料准备工作，村干部难以胜任。在一些试点地区经常出现，由于缺乏专业能力，村干部将一些论证材料丢失，进而造成项目验收出现问题。湖北某地的一名干部表示，他们前几年让村干部去承担高标准农田建设项目落实的时候，因为村干部缺乏这方面的技能，只能请专业的团队来帮忙做材料，但也会出现材料不足、漏洞百出、材料的规范性差等方面的问题。

最后，项目落实的范围较大，村庄之间的协调管理成本较高。当前高标准农田建设项目通常会同时落地在几个村庄范围内，如若让村集体自行承担项目的落实，便会出现村庄之间的管理协调问题。一方面，村庄之间的利益难以协调，有些村庄会为了自身的利益而不愿意让步，导致项目落地的成本增加；另一方面，当项目分包给各个村庄时，会加大项目主管单位的监管难度。某地县农业农村局干部直接反映："项目分包的主体太多，监管不到位，项目落实的质量也会受到影响。"

由此可见，当前在村干部能力不足的情况下，村集体难以承担起落实高标准农田建设项目的责任。在没有相关配套制度支持的情况下，以村集体为单位去落实项目也会带来一系列的问题。

（四）部分项目落实不到位，出现了应付式执行问题

课题组在调研过程中了解到，当前在高标准农田建设项目的落实过程中出现了项目落实不到位的情况。具体表现为偷工减料导致豆腐渣工程出现，以及监管和验收都相对随意，出现了应付式执行的现象。

首先，课题组在调研中了解到，项目具体对外招标，公开的信息与实际落实之间存在差异，高标准设计、展示，低标准落实的情况较为明显。虽然高标准农田建设项目中都明确列出

了建设标准体系，有的地区还明确了每亩建设的费用标准（普遍在每亩 1000~1200 元），但是在实际的政策落实过程中却是另一套执行指标。此外，为了降低成本，在落实高标准农田建设项目时，公司主体还会选择性执行，即选择某一方面作为建设重点。

其次，高标准农田建设过程中存在做表面工作的倾向。为了满足考核要求，地方采取核心区模式，将建设重点放在基础设施建设上。他们将高标准农田建设项目中的土地分为核心区和非核心区，在核心区开展土地平整并配套各种设施，而非核心区只是完善基础设施。占比 10%~20% 的核心区的基础设施非常完善，建成了现代农田，但是占比很大的非核心区的基础设施不完善、土地细碎化，仍然保持了传统农田格局。课题组在东部和中部调研的 7 个县市中，有 5 个采取了核心区模式，高标准农田建设效果总体不佳。

（五）部分高标准农田建设未与土地细碎化治理相结合，对于提升农业生产效率作用有限

从多地调研发现，当前有些地区的高标准农田建设投入标准达到了亩均 2000 元，有的发达地区甚至达到了亩均 4000 元，且很多地区高标准农田建设基本实现了全覆盖。但是部分地区高标准农田建设只是对既有的农田设施进行小修小补，小块、分散的农田经营格局并未发生根本变化，也就没有带来农田经营

方式和效率的根本变化。从问卷调查的结果来看，有 20.74% 的农户表示高标准农田建设项目落实后对其生产帮助特别大，有 43.70% 的农户表示有些帮助。这使得部分地区高标准农田建设项目难以落地。

基于多地调研，发现高标准农田建设效果不佳的一个很重要的原因是未将基础设施建设与土地细碎化治理结合起来。当没有进行土地细碎化治理，小块、分散的农田格局就没有改变，农田设施的使用率就很低，现代农业经营方式也就较难形成。有的地区的农民向基层干部指出，"如果只是做基础设施，不进行土地平整，宁愿不做高标准农田建设项目"。

（六）部分地方管理主体缺失，农田设施荒废，使用年限缩短

课题组在各省调研时发现，目前有些高标准农田建设的设备缺乏维护，损坏之后基本没有主体愿意主动维修。高标准农田建设完成之后，缺乏完备的后期管护安排，目前高标准农田建设项目修建的机井、道路没有专门的组织进行维护，也缺乏用于维护高标准农田建设成果的专项资金。有 46% 的农户指出当地的高标准农田建设项目缺乏后期管理，87% 的村庄存在高标准农田建设设施缺乏维护的问题，44% 的村干部表示目前并没有专门的单位和部门对高标准农田建设的设施进行维护，发现设施损坏找不到对应的管理部门。陕西一名村支书反映："高标准农田建设完成后，就交到了村上，所以维护管理工作只能村上负责，这些设施有啥问题都是村上出钱进行维护和修缮，至于说专门的维护资金，我们这里没有。"课题组在一些地方调研时发现，有些地方政府尝试将高标准农田建设中的设施都交付给村集体，作为村集体的财产，并要求村集体进行维护。但在实际运行中，依旧难以解决设施维修的困境。

综上，根据多地的调研，当前高标准农田建设项目难以顺畅运行，并且未能实现国家对其的预期效果，原因之一在于当前项目的落实过程将乡村社会中的实际使用主体剥离开了，导致基层社会参与的积极性不高，对于该项目的实际认可度不强。由此，我们需要深刻反思的是，为何政府投入了大量资源进入乡村，得到的反馈却是大部分村民的不理解，或者完全不关心。

从深层次来看，高标准农田建设出现目前的问题，与当前基层社会的实际运作体制相关。尤其是在项目制的运作模式之下，项目的分配及落实与乡村社会不相关，虽然项目落地的地点在乡村社会，但是实际的建设却将村庄排除在外。村庄成为被动接受的客体，这一方面容易导致项目的落实难以准确回应当地居民的实际需求，进而造成资源的浪费；另一方面这些项目资源为政府以及承接项目的相关主体所吸纳，围绕项目形成的分利秩序格局依旧存在，并且影响了项目的落实，这也造成了当前国家项目资源的浪费。如果要从整体上解决这方面的问题，则需要从体制机制层面进行一定的调整，须给予乡村社会更多的权力与信任，让乡村社会参与到项目的设计、发包、落实以及验收的全过程中，以激活乡村社会的活力，让乡村社会的力量为项目完成保驾护航。

三、进一步提升高标准农田建设项目落地效果的政策建议

基于多地调研中发现的典型经验做法与一系列问题，课题组就进一步提升高标准农田建设项目落地效果，提出如下几方面建议。

第一，要重新研判高标准农田建设的整体情况，加强对高标准农田建设项目的监管与评估工作。高标准农田建设项目的顺利实施对于保障我国粮食安全具有重要影响，各级政府部门近些年来持续在此方面投入了大量资金。如何让项目资金落实到位，让项目实施与基层农业生产实际需求相结合，是我们需要着重应对的问题。党中央、国务院以及各级政府部门需要组织多部门、多层次以及多种形式的实地调研，对当前高标准农田建设项目落实的具体情况与效果进行综合性、整体性研判，针对各地出现的普遍性问题展开评估分析，并在此基础上设计相应的监管政策，进一步减少高标准农田建设项目资金被浪费、流失的情况。同时，还要通过自查、交叉检查、多层级暗查等多种监督形式，加强对各地落实高标准农田建设项目行为的规范，将高标准农田建设项目资金被截留或挪用的可能性降到最低，让这种违规行为被扼杀在摇篮中。

第二，需要加强部门间的协同，整合多部门的资源进行系统性和持续性的高标准农田建设。高标准农田建设具有系统性和持续性，不是一次性完成的。高标准农田建设的系统性指负责高标准农田建设的农业农村局与水利局、交通局、电力局等进行沟通协调，将高标准农田建设项目与其他部门的农田建设项目有机结合起来，最大化发挥财政资金的作用，避免项目资金的不协调问题和重复建设问题。高标准农田建设的持续性指其主要定位是构建现代农田格局，未来再配套农田设施。比如，后期有资金，可以硬化道路和水渠，还可以移电线杆和迁坟。只有经过若干年的持续建设，才能建成真正的高标准农田。

第三，要对高标准农田建设项目落实的方式和路径进行调整，提升乡村两级组织在高标准农田建设项目落实中的话语权与监督权。当前高标准农田的建设之所以难以发挥实质性效能，与高标准农田建设项目的落实方式高度相关。在项目的落实过程中，基本是上级政府自上而下施加压力推进，乡镇以及村集体组织在其中处于被动的接受状态。虽然在高标准农田建设项目中也明确指出需要乡镇以及村集体组织的配合与监督，但乡镇政府与村两委对于项目资金的分配与拨付没有干涉权，这导致他们均没有制衡承接项目公司主体的有力抓手。而县一级主管部门又很难到每个项目点进行监督与考察，这导致承接项目的公司主体通常以自身利益诉求为出发点，难以与地方实际生产需求相结合。解决此问题的关键在于，通过制度机制设计，进一步提升乡镇政府以及村两委组织在项目中的实际管控权，构建自下而上的需求反映渠道，让地方社会实际生产需求的意见能够更好地落实到项目的具体实践中。

第四，要进一步加强对乡村干部的业务能力培训，提升乡村干部及群众参与高标准农田建设项目的能力与积极性。当前高标准农田建设过程中，乡村干部缺乏相关工程设计与建设的专业性知识，导致乡村干部的实际参与度非常有限。为此，在某地区落实高标准农田建设项目前，地方政府应当组织乡村两级干部进行培训与学习，针对高标准农田建设可能出现的问题设计相应的课程，以进一步增强基层干部的能力。同时，在落实高标准农田建设项目之前，还需要通过召开村民代表会议等形式听取群众实际的生产困境与需求，让群众的意见能够得到充分反映，以进一步提升项目落地与基层实际的契合性。

第五，要严格把关高标准农田建设项目的落实质量，对偷工减料的行为进行追责与严惩。当前在多地调研时均发现，高标准农田建设项目存在偷工减料现象。而这类行为出现的主要原因在于，当前高标准农田建设项目的验收工作未进行或者以走过场的形式来完成，这使得偷工减料的行为难以被及时制止，进而造成项目资源的浪费与流失。为此，当前需要做的首要工作便是，要对高标准农田建设项目的评估与验收模式进行及时调整，通过多层级部门、政府干部加人民群众共同参与评估等形式来加强对高标准农田建设项目落实质量的监督，做到实事求是。

另外，还需要完善相应的法律法规，对承接项目公司的偷工减料行为进行严惩，防止公司为了利益而套取和浪费国家资源。

第六，要重视高标准农田建设项目的后期管理与维护工作，坚持建设与管理并重。俗话说农田建设三分建、七分管，当前高标准农田建设项目存在重建设轻管理的情况，这造成了高标准农田设施的有效使用寿命被极大缩短，以及项目资源的浪费。而出现此问题的原因有三：一是各地在落实项目时基本没有预留相应的管理经费，导致后期维护缺乏资金支持；二是当前高标准农田设施的维护主体不明确，往往会涉及农业农村局、水利局以及电力局等多个单位部门，维护过程中的部门协调成本较高；三是高标准农田建设过程中群众参与度不高。

为此，首先要在项目整体框架的设计中，预留后期的设备维护资金，并将此专项维护资金交由乡镇或村集体组织进行分配，让设备维护工作能够及时推进。其次要明确高标准农田设施维护的部门责任主体，明确各部门的责任分工，并建立统筹协调小组，防止推诿扯皮现象出现。最后还需要加强对基层干部群众的动员，尤其是要激活群众的积极性，让其能够主动承担起设施维护的责任，使设施得到更好的爱护。

具体而言，其一，立足村庄社会层面，充分挖掘村庄内部的本土资源，培育村庄社会自主获取和自主统筹管护资源的内生秩序。基层政府将管护职权下放至村庄社会后，农村基层组织发挥自主性盘活乡村社会的组织资源、财力资源和人力资源，鼓励和引导农民群众亲自参与资源的整合配置过程，并对该过程进行民主监督，建立取之于村庄、用之于村庄的日常管护资源内部循环取用机制。同时最大化地调用职能部门的专项管护资源，将国家行政资源与乡村内生资源有机结合。其二，注重农民群众的参与，灵活运用群众熟知的村庄社会机制激励少数人，发挥少数人带动多数人的组织效应。高标准农田建设后的管护工作归根结底是农民组织化问题，行之有效的组织形式并不是组织所有群众广泛参与后续管护，而是吸纳集体意识强烈、群众基础良好、做事认真的少数人担任管护员职务，经由少数人对接协调其他大多数人，形成以点带线、以线串面的农民组织化状态。在实践中，既要避免只强调管护意识和管护责任而忽视构建利益关联体的思路，还要通过群众动员、集体议事等社会机制对少数人进行组织激励和社会激励，如此方可强化少数人的参与积极性和主体自觉性。总之，只有坚定不移地统筹利用乡村社会资源，才能夯实筑牢高标准农田建设的社会基础，进而有力支撑农业农村现代化进程。

| 04 |
转型中的村庄治理

一、村干部视角下的村庄治理

(一)日常事务行政化与基层负担问题

第一,村庄治理事务行政化、案牍化倾向导致村干部压力倍增。近年来,大部分村庄内生性村级治理事务不断减少,而外来型的上级治理事务不断增多,并伴随着数字化、案牍化倾向,这些导致村级治理任务和压力增大。有些村干部认为当前的农村治理事务中,很多小事和琐事都需要留痕和应对上级检查,但是村庄内部又没有大事需要村干部们去做,有些时候都是上级安排下来的各种事务。

调研期间,不断听到有村干部说现在事情很多,也很烦琐,"上级在群里一说就要把台账、报表交过去,工作量增加了很多。我们的资料都是专门找打印店做,有时候会打印几千张,一年要花 4000 元左右"。村干部的大部分精力被做材料和各种考核报表占据。

第二，行政坐班制度与兼职型村干部的生活不兼容。村干部职业化以后，从拿误工补贴转变成了每月领取固定工资，部分地区工资水平从每月几百元上涨到每月几千元。不过中西部地区各省份村干部工资水平不一，基本在 1000~3000 元之间。村干部工资上涨以后，对他们的要求也逐渐增多，其中一个就是执行坐班制度。李某作为陕西某村党支部书记，平时的日常工作压力较大。我们了解到，李某日常工作中共加入了 23 个微信工作群，涉及安全生产、环保、党务、警务、便民、计生、民政、房产、退伍军人等多个方面，其中七八个群非常活跃，需要及时回复，日常上报信息。乡镇党委政府正常每半年就会对村党支部书记进行考核，考核内容涉及工作安排、人居环境、合作医疗、土地合同和工作能力等多方面，且对村干部的日常工作纪律有明确要求，需要村干部坐班。

第三，村干部的工作动力更多来自村庄外部而非村庄内部。中西部以农业型村庄居多，面临着较为严峻的人员流失问题。许多农村年轻人外出务工，留守的大部分是老人、妇女、儿童等。如陕西某镇户籍人口为 4.1 万人，可实际居住在该镇的只有 2 万余人，很多青壮年都在城里买了房，村里只剩下一些老年人，他们参与村级社会事务管理、社会公共服务以及维护村集体利益的意愿不强、能力不足。相比于城区，农村地区在社会治安防控网络的人力、财力、物力上的投入要更少，比如监控探头少、投入警力少，导致一些事件发生后村一级无法及时有效处理。

对于这部分村庄，村书记主要由村庄里的能人来担任，他们大多具有在外经商经历，视野开阔，具有一定的发展思维和经营能力，具备承接自上而下行政事务的能力，能够对接项目，争取资源，带动村庄产业发展，是对上对外的角色。而副书记则更多是生活在村、生产在村、关系在村的新中农，常年的村庄生活经验使得他们对村民较为熟悉，能够有效回应村民的日常需求，处理村庄内部的矛盾纠纷，维持村庄治理的日常秩序。值得注意的是，本地的村干部维持了中西部地区兼业化的特点，书记的工资在3000元左右，副职则根据实际参与治理的情况拿1000~1500元不等的补贴，主职干部一般经营自己的产业，副职干部也有相对固定的工作和收入来源。

本地主职干部的动力主要来自两个方面：其一，做干部代表一种社会认可，只要被村民选上就代表一种认可，且本地没有笼罩性的血缘结构，社会权威需要在具体工作中积累，因此只要被选上，干部就会在任期内积极把事情做好，从这个意义上讲，一般选举产生的干部是具有公心的；其二，做村干部也有获得资源的机会，包括项目资源、体制关系资源等，随着乡镇的发展性增强，自上而下的项目增加，村干部既可以争取承包项目，也可以通过村干部身份积累人脉资源，为自己的事业发展助益。

能人干部登台回应了治理转型的要求，顺应了当前乡村振兴的需求；新中农干部与小组长能够作为基础的治理资源维持村庄内部的秩序。"能人+新中农"的搭配形成了稳定有效的基层治理结构，为维持转型期的村庄秩序提供保障。主职干部能人化是中西部地区村治主体变更的一种趋势。从积极的角度来看，能人干部的产业发展和带头致富能力能够更好地回应当前的治理需求，给村庄发展带来新的思路和可能。但从消极的角度来看，能人干部并不是通过传帮带的方式培养起来的，在群众工作方法上可能有所欠缺，他们更多地将村庄社会看作自己干事创业的舞台，可能会为做出成绩不顾村庄的实际情况，造成村庄项目落地与村庄实际需求不匹配，从而导致资源浪费和需求错配。

第四，农村工作中的迎检工作繁忙，存在形式主义问题。以人居环境整治为例，本来是解决农民日常生活环境脏乱差问题的一个举措，但是现实中成为当前乡村工作的一个检查与考核重点，随之带来了形式主义和不符合农民生活实际等问题。据中西部某村干部介绍，上级经常会有环境卫生的检查或暗访，会看有没有乱堆垃圾，还会拍视频通报，3次以上还不整改就会在大会上批评。因此村委会要做好相关工作，包括安排公益性岗位打扫卫生，维护卫生基础设施以及做好垃圾清运工作。以某村为例，一年清运垃圾的费用大概3万元，这笔费用由村里出面向每户收取，一共能收4万元左右。秸秆禁烧也与村庄环境有关，这项工作是各村的中心工作之一，有严格的监管和处罚，村委不仅要日常宣传，还要随时巡查。此项工作还有一名专门的巡查员，每天都会全村巡查。

村干部行为模式的变迁是国家行为逻辑变迁在村庄的投射。在税费时期，村集体基于提留、义务工等汲取性纽带保持着对村民的资源性动员，也构建了村民和集体的强互动关系；而在当前，国家不需要从村庄汲取资源，反而向村庄输入资源，输入的资源需要分配，分配的动员面向较弱，因此村集体和村民缺乏互动。

（二）干群关系与组织建设

当前干群关系出现的问题集中表现在三个方面：第一，村级治理行政化导致村干部忙于处理上级事务，而疏于做群众工作和思考村庄内生型事务。这样容易造成干群关系的疏离，村民认为村干部每天都在忙，但是不知道他们在忙什么。

第二，上级的亮点项目和重点项目进村之后，若与村民利益关联性不高，容易造成村民对村干部的不信任。硬性的指标式任务容易引发村民的抵触心理。指标的存在很大程度上会改变基层政府行为的性质，改变的一个重要影响是将一些原本基于群众自愿的工作变为基层需要强制性完成的工作。

第三，群众动员困难。乡村振兴战略中有大量的惠农资源下乡，给予农民许多实际上的政策优惠和经济补贴。然而，乡村社会是一个分化的社会，村落社会仍然有不患寡而患不均的朴素公平观念。但是，如果将所有资源平均分配，也会导致养懒汉的现象。那么，如何分配资源就成为一个重要难题，其中最为关键的是如何动员农民群众以及提高农民群众的参与度。农民作为乡村振兴的主要服务群体，他们的组织和有效参与至关重要。但从调研情况来看，有部分农民群体难以被吸纳进村庄组织之中，甚至养成了"等、靠、要"的心理，村干部也很为难。

(三)乡村联结方式的新变化

1.东部地区的松散联结。

过去不少乡镇对管辖范围内的农村下派包村工作组、联村干部等，以加强乡村两级之间的联络与沟通，方便乡镇政府随时掌握各个村庄的情况。如今，包村干部、联村干部、下派工作专班等组织形式依然存在，但是其内涵已经发生了变化。

以浙北地区为例，课题组调研发现，当地联村干部经历了一个从实到虚的过程。在当前乡村治理中，联村干部主要起到上传下达的联络作用。联村干部可以协助乡镇分担具体工作，向村庄施压。

联村干部的虚实作用受以下几个因素的影响：第一，乡村治理事务的密集程度。当一个乡镇治理密度高，例如山东省的乡村多是大镇小村的格局，乡村内部治理事务很多，管理规模较大，所以设立治理层级管区。各项公共基础设施和公共服务都需要依靠村支书及乡镇干部的力量帮忙协助解决，农民个体难以直接对接市县职能部门。因此，联村干部的工作就比较实在。而那些乡村内生治理事务密度较低的地方，农民需要依靠乡村体制内人员解决的事务很少，因此联村干部的工作就会虚一些。浙北地区的乡村基础设施建设和公共服务需求，依靠当地丰厚的财政实力便能够满足。因此，比起中西部地区，浙北地区非常看重基础设施建设和公共服务供给，村民们对乡村水、电、路、环境等方面的基本需求也可以满足。所以，村内治理事务密度较低，村民与乡村干部的关系比较松散。

第二，乡村治理任务的强度。2014到2017年浙江省开展"三改一拆"工作，当时应该有包村负责人和联村干部，因为要求严格、标准规范、执行弹性很小，工作推进难度很大，联村干部基本是驻村，一户一册，进行拆违工作。他们需要了解村内各户的情况，经常与农户沟通，此时联村干部的工作就很实在。2017年后，"三改一拆"工作已经完成。浙北的一些留守型农村，即山林地区人口大量进城、在村常住人口多是老年人的农村，其内部治理事务主要是提供一些养老等公共便民服务，治理方式也大多比较柔性，此时联村干部的工作就会虚一些。

第三，村庄权力结构的复杂程度。当村庄权力结构较为复杂时，乡镇政府为了维持村庄秩序稳定，也需要派驻包村干部经常去村里调解各种矛盾。此时，联村干部的考核任务以及各项工作内容都会比较实在一些。而当村庄权力结构较为简单时，联村干部更多的只是起到一个上传下达的作用，不需要过多介入村庄内部的事务，可以将更多精力放到完成上级治理任务上。

第四，地方公共服务的完善程度。浙北地区的乡镇治理偏向精细化的管理模式，而中西部地区的乡镇则是一种运动式治理常态化的模式。以浙北某县为例，上级各个职能部门，如宣传部门、林业部门、城管部门等，都有自己直插基层的人员队伍，在每个村庄内部都可以单设一个网格员、文化员、护林员、保洁员等，专人专责，并且发放固定工资。而在中西部地区，由于财政资金紧张，上级职能部门主要依靠乡镇政府和村组干部来完成工作，没有多余的财政资金来专门供养一批体制之外的工作人员。大部分行政事务需要从乡镇政府分发出去，乡镇政府为了完成上级职能部门对自己的考核，就要想办法调动乡镇政府内部工作人员干事情，因此设置了包村干部、包片领导、管区干部等职位，其核心要义就是把整个乡镇的所有村庄划分成几个片区，让乡镇中流砥柱型干部各自分包分管。这样一来，上级职能部门下派的各项乡村工作，都可以通过包村机制，直接责任到人。乡镇领导们抓住了这些包村干部，也就有了工作抓手。包村干部每天下村，督促、协助村组干部完成各项工作。如此，上级职能部门的各项任务，就可以依靠乡村干部的力量来完成了。因此，中西部地区包村干部工作非常实在，经常要下村督查，而东部地区依靠精细化的条线治理就可以完成上级工作，联村干部名大于实。

2. 中西部地区的紧密联结。

对于乡镇的大部分普通村庄，镇政府会通过下派包村干部等方式将村级治理事务更多地吸纳到国家事务中来，督促和劝导村干部积极完成国家任务。但当这种行政力量过于强烈的时候，就会对村庄自治空间造成一定的挤压。

繁重的任务导致村干部没有时间思考村庄集体经济的发展道路，没有时间处理村庄内生治理事务，例如宅基地纠纷、耕地纠纷、村庄养老纠纷等。

以中西部某村为例，一个村干部每天要干多少上级政府分派的活呢？据了解，第一类是对村干部能力培训、锻炼类的比赛和会议。第二类是收缴各项费用，包括商业保险、灵活就业险、养老保险、水费、卫生费、电费等。第三类是县里各委办局下派的任务，主要是各种材料和报表工作。第四类是镇政府自主划定的任务，如镇里对村里人居环境的检查等，乡镇会根据每月的实际情况，自主划定每天的工作重点，虽然其中主要是上级委办局安排的各种任务，但是乡镇自己也会有一个权衡和轻重缓急的区分。第五类是迎检工作。

乡镇对村里的考核非常精细，按照主要任务的完成率进行排名，每月一排名，并给一份排名通报文件。每年把十二份文件放在一起进行总算。排在最后一名，村干部绩效工资全部扣除，倒数第二名扣除50%~70%，第一名奖励8000~10000元。

复杂而繁重的乡村工作也容易挑战兼业村干部们脆弱的神

经，引发他们的离职。管区治理对村干部的解放，只在材料性和行政性、信息传达方面帮助了村干部，减少了沟通成本，但是也正因为如此，才将村级治理吸纳到乡村治权建设中来。

（四）基层公共服务供给现状

基层公共服务供给可以区分为公共品供给和公共服务供给。乡村振兴战略实施以来，国家资源下乡的力度越来越大，并由地方内生型自筹为主的公共服务供给转变为由国家自上而下的转移支付来完成。村级组织的许多新生治理任务也由此增加。

当前国家为村庄提供的公共服务包括教育、医疗、养老、法律援助、社会救助、扶残助残、优军优抚、公共文化服务等，村庄的公共服务供给现状如下。

第一，养老问题是当前农村普遍面临的重要问题。全国农村基本形成了低龄老人自养、中高龄老人自养混合其他形式的养老格局，其中最值得关注的是农村高龄失能老人的照料问题。

低龄老人主要呈现出一种自养秩序，互助养老尚未形成。所谓自养，指老人主要通过自己存钱或者劳动供给自己的日常生活开支。自养秩序得以维系的原因主要是农村普遍存在的老人农业，以及乡村社会中的非正式就业市场。某村干部曾讲道："子女都没有时间回家照顾父母，父母手里多少有点钱，只要不生大病，一般可以自己养自己，存下的钱甚至还要帮助后辈，毕竟结婚买房压力都很大。"

针对高龄失能或半失能老年人的照料问题，乡村出现了诸如互助养老、半托管式养老院等养老方式。其核心是借助乡土社会的人情网络和信任关系，进行低成本高成效的农村养老。

第二，农村环境卫生整治正在成为大部分农村的中心工作。但是，由于采用了行政方式，没有激活农村村民的内生主体意识，致使有些地区的农村环境整治停留在应付阶段，甚至引起了村民的不满。尤其是农村垃圾分类，其实施方式仍然存在一些漏洞。

一方面，垃圾分类作为现代生活系统的衍生物，与以老年群体为主的空心化村庄存在较大冲突。调研中有村干部讲："留在村里生活的大部分是老爷爷老奶奶，耳朵不好使，记性也不好。你跟他说哪些垃圾属于可回收垃圾，哪些垃圾属于有害垃圾，他今天记住了，第二天就又忘了，还是得村干部自己去帮忙分拣垃圾。"平时老人在村子里，每家基本都养猪，吃剩的饭菜就直接拿给猪吃了。至于其他易腐垃圾，保洁员来的时候会收走。村干部也反映："垃圾分类的规则一直在变化，村干部需要每天早上4点到5点去翻垃圾桶，帮助大家垃圾分类。"

另一方面，行政检查和行政指派式的工作方式，容易造成下级的敷衍应对和浪费治理资源。垃圾分类的背后有一系列分拣、回收、再加工、销毁的过程，这样才能保证被分类的垃圾有序、有类别地被处理掉，而且被处理掉的垃圾才是真正发挥了保护环境的作用。但是这个链条非常长，中间涉及的环节和人非常多,所以位于垃圾分类前端的农户无法立刻感知到垃圾分类的作用。而且,在垃圾处理过程中,保洁员会把分类好的垃圾混合倒在一个桶里,有时候被农户看到了,农户会觉得垃圾分类没有意义,所以不再积极分类。这也是因为垃圾分类是一个运作整体,中间涉及的环节很多,"乡转运、县处理"的原则之下很多环节无法做到标准化监控。因此对于农民生活场域而言,垃圾分类脱离了日常生活视野,不在农户的"注视"之中,因此也不在村庄公共生活和公共舆论谈论、议论的范畴之中。即使几家农户没有垃圾分类,也很难被发现、被追踪。不像工厂污染废水排放,如果排放了会立刻在一定范围内造成不良影响,并且被所有农户感知到,而不履行垃圾分类不会有这样的后果。为了保证检查的时候看不出垃圾分类没有做好,干脆把所有垃圾全部清理完。县里还会寻找第三方来暗访,村里不知道第三方什么时候来,就让保洁员把所有垃圾桶都清理干净,而保洁员每人每年工资1万~2万元,一个村庄一年就需要十几万元的保洁员工资支出。

第三,村庄基础公共品供给存在一定的地域差异。从全国范围来看,东部发达地区已经率先实现了乡村现代化基础设施建设,例如水、电、路、网等设施建设基本实现了全面覆盖。村庄公共服务要求政府兜底,基于生产生活需要的基础设施建设和矛盾纠纷极少,加上空心化村庄,导致当地的治理事务很少,治理密度极低。例如,浙江省从2014年至2017年开展"三改一拆"工作，从2017年开始进行污水共治，即使是偏远山区的污水管道也实现了全覆盖。村庄的水、电、路、气全部由上级财政全款负责，因此村民对于公共基础设施建设的需求基本可以得到满足。而中西部部分地区还存在基础公共品供给不足的现象，有些村庄现在的道路还是以土路为主，除了国家的村村通项目实施时将村内和村外的交通干道修了水泥路以外，村庄内部都是土路，风一刮就是一层土落身上。这些问题一方面需要上级资金的支持，另一方面涉及村庄内部矛盾纠纷的调解和向村民进行占地补偿的协商。

第四，民生保障。就村两委来说，主要指落实一些上级的民生保障政策，这方面的工作主要对接的是卫健委、民政部门、农业农村部、人力资源和社会保障部以及妇联等部门。具体而言，民生方面的主要工作事项有："两癌"筛查、民政补贴（低保、五保、残疾等）统计发放、妇女老人儿童权益保障、特殊人群关爱、养老服务、教育补贴、公墓建设、"人社"补贴、农业补贴、退役军人事务等。不同的村庄负责该项工作的具体人员不同，由于需要统计的信息较多，一般由较为年轻的干部负责。这方面的工作主要是统计数据以及上报数据，但有时候也需要入户走访，比如一些特殊人群需要经常去关心慰问。

（五）信访维稳问题

信访问题是村内比较重要的一个问题，因为信访者不仅影响政府治理成效的展现，也影响着村内的和谐氛围。那么，信访对于村庄来说意味着什么？村干部又是如何解决信访问题的呢？

农村信访治理主要包括两部分：线上治理和线下治理。12345 是农村信访问题的一个主要来源，市长热线制度是一个较为便利的投诉渠道，为群众反映问题提供了极大的鼓励，尤其是随着信息化程度的提升以及村民维权意识的提升，很多村民开始通过打市长热线进行信访投诉。在中西部某个村庄，村治保主任告诉笔者，近半年来一共有四个市长热线的投诉，主要是因为土地方面的事情。

市长热线的制度设计主要包括"属地管理"和"限时办理"。所谓"属地管理"，指哪里出现的投诉依然返回哪里处理，其具体过程为：投诉—市级部门接访—下派到县—下派到乡镇—下派到村。所以最后处理问题的依然是村干部，在规定的时间内处理完后向上反馈，上面进行回访并收集满意度。

虽然最后都是村干部解决，但通过该渠道可以给予他们一定的解决问题的压力：其一，该渠道需要限时办理，只能在规定的时间内解决问题，这就给了村干部尽快解决问题的压力；其二，满意度和投诉数量都能反映出村级治理的水平和情况，从而影响上级政府的考核，如果投诉数量过多，则会引起上级政府的注意，主职干部还可能会被点名批评。总而言之，线上信访治理是基于机器理性的一种治理形式，它在干部和群众之间搭建了一条特殊的沟通路径，而这条路径总体来看是倾向于保护群众的。

但这种制度设计也给村级治理带来了影响。首先，诉求回应规则和干群互动规则是有差异的，因此形成线上治理和线下治理的双重治理形态。一方面，线上治理更加注重程序性回应，线下则更注重事务治理，这会给村干部带来一定的工作负担，比如守时、拍照等；另一方面，村干部不能推诿、忽视村民的诉求，而必须及时处理和回应，这也是一种和村民被动的制度性黏合。

其次，虽是技术理性主导，但也具备一定的可控性，在干群之间制造冲突的同时也给予了平衡的空间，因为一是该制度也遵循一种硬指标和软考核的过程，体现为允许解释，不是绝对刚性的；二是既保护投诉人，同样也尊重回应者，对那些恶意投诉的还是以事实为基础。

(六) 空心化村庄的内生治理问题

空心化村庄的治理事务密度很低，然而当前数字治理和技术治理被大范围运用到乡村社会治理中，容易导致治理资源浪费、治理手段与需求不匹配、数据造假等问题。

空心化的村庄本身治理事务密度极低，不符合网格化的治理背景。浙北某村辖区面积20.89平方千米，方圆50千米，分10个村民小组，56个居民点，全村255户，人口826人。山林面积25780亩，耕地面积153.2亩，茶叶面积300余亩，山核桃面积4560亩，年产值为500余万元，笋干销售产值200余万元。该村常住人口只有400多人，村干部讲道："村两委都是有数的，哪些地方会发生什么问题，可能发生什么基本是知道的。"

指尖工作替代了群众工作，导致政府对基层社会的回应减弱和回应不足。首先，容易产生数据造假。事件上报和事件分类技术上可以涵盖社会的方方面面，但是实际生活中的真实社会无法被全部纳入技术系统。例如有一户残疾人需要进行残疾认定，他找到村干部，村干部让会计送他去县城做残疾认定。认定结果该农户不满意，认为自己的残疾级别可以更高一些，所以在巡察组下来巡查的时候他就说村干部不作为，不给自己办残疾证，并且阻止自己办残疾证。这种属于信访案例，但是村会计会有选择性地填报一些好处理、跟本村村干部利益纠纷不大的问题，例如占道经营、路边垃圾没有打扫、养老食堂碗筷消毒不到位、营业牌子被风吹倒、灭火器没有摆放好、垃圾桶破损等小事件，而不会上报上述处理不了的问题。

其次，会消耗治理资源。大部分村务村庄内部就可以解决，网格员说："村民真的反映了什么事情，其实找村干部解决更快一些，因为大量的村务纠纷还是需要村干部亲自来协调解决。"以矛盾纠纷案为例，某村民反映村里施工方开路的时候石头把自己的山核桃树打掉了，希望老板可以赔偿，老板出价500元一棵，村民要价2000元一棵，后来找村里协调，给双方开会商定按照村集体的赔偿标准 1500 元一棵来赔，最终达成协议。这件事情网格员重新在系统上报，把现场处理照片、双方身份证号、手机号等信息上传。这种事情其实村民自己报村干部处理即可，其他如垃圾桶破损等事件，直接通知人修补即可，通过网格上报，"事情还是同一件事情，但是多了一道程序"。

二、村民视角下的村庄治理

（一）公共服务供给与农民需求匹配难精准

当前很多乡村建设资金以专项形式下乡，缺乏灵活调整的空间，而农民的实际需求却千差万别，导致公共服务供给下乡时难以精准匹配农民的实际需求。以浙北地区为例，山区农民生活不便利，因此大部分村民愿意接受下山移民的政策，但是资金的使用需要等待专项拨款，可当前县域内的重点项目是农村基础公共设施建设，而不是下山移民，因此下山移民政策拨款比之前几轮要少，村民对此就有意见。

当前下山移民政策处在摸查意愿阶段，如果有 90% 以上的同意率就可以执行。具体政策如下：第一，可以享受政策的必须是整村搬迁的农户。整村搬迁的意思是必须连片 5 户以上，或者自然村内 80% 的农户同意搬迁。第二，不给现金，折合成购房券。宅基地、房屋等的补偿都是折合成购房券。房屋建筑根据砖混、砖木、泥土等情况有不同的补贴标准。除此之外宅基地收回每人给予2万元补贴，同意整村搬迁的农户每人给1.5万元补贴，这些都是折成购房券。如果购买商品房，给30平方米的购房券补贴，到一般乡镇购房的每平方米补贴1500元购房券，到中心乡镇购房的每平方米补贴2000元购房券，到县城购房的每平方米补贴3000元购房券。这些购房券无法折现，只能买商品房用。领现金补贴只是口头许诺，如果按期搬走，每人给1万元现金补助。

那些家里有余钱买得起房子的农户，早已在城里买了商品房，购房券对他们来讲没有多大用处。而那些没能在城里买房的农户，除了搬迁补贴的购房券，仍需自己出资才买得起房子。大多数村民反映，如果不是要求必须以购房券的形式买，村民是愿意搬迁的。第一次下山移民的时候，一个人搬迁费只有1.2万元，2007、2008年的时候又给了村里更好的政策，即可以到中心乡镇或县城置换商品房，但还有一些村民决定观望。如今村支书也说他们必须搬了，所以一直跟乡里干部谈判，希望政策更好一些。

（二）公共事务参与度不高

乡村治理中面临的主要问题是村集体和村组织形式化，村庄公共事务无人问津，村庄矛盾纠纷也不会在村一级解决，村务基本由村两委班子解决，普通村民没有参与感，且没有主动参与的意愿，导致村民代表大会没有商讨或推出过有益成果。对于苏南地区而言，村庄内部缺乏密切的公共事务交流，村民普遍倾向于关起门来过好自己的日子。大多数人认为，选谁当村书记跟自己无关，村民参与度不高，甚至不参与。

例如江苏某市的各个村都存在明显的村集体经济福利，村庄在处理一些事情的时候更多体现出一种福利政治的逻辑。所以村民最关心的是自己每年可以领到多少福利，无论是谁来当村书记，只要他可以把村集体经济搞好，让村民的福利增多，那么村民就会拥护和认可这个村书记，即使村书记是外村的也没关系。所以很多外村书记来村之后，第一件主抓的事项就是增加村集体经济收入，在年终分红、发福利的时候，可以给村民多发一点，以增加自己的公信力。

（三）上级项目与农民利益关联度不足

当前一些被顶格执行的治理任务与农民自身利益关联度不高或者有冲突时，农民的反抗心理和冷漠态度会加重。以当前农村人居环境整治为例，由于部分地区采用最高标准、最严要求、最快速度的顶格管理办法，基层政府对农村人居环境检查工作开展得又多又严格，实践中产生了一些和农民实际生活、实际利益相悖的行为。砖瓦堆是非常多的一种物料，因为村里农户盖房子剩余物较多，这些砖头一般散落在地边或者堆在自己家院外。为了不占用村内道路，把这些砖头清理到院墙下是很容易做到的。但是为了不让这些东西被看到，把它们清理到农户自己家院子里或者让农户拿去卖掉是非常困难的。

因此，对于砖堆的清理做法有以下几种。第一，找挖掘机将其填埋到村庄沟里、路边等地，这就需要出挖掘机的费用，而村民不一定同意村干部动自己的土地，所以还有土地的协调成本。如此一来，这种方式就涉及协调成本、挖掘机费用、人工填埋费用。危害是砖堆被填埋到了土地里面，占用道路边地，后期如果需要进行一些施工，里面填埋的砖块等建筑垃圾会对施工作业造成麻烦。而且，路边沟底本身是做排水沟用的，这样一来就占用了排水沟地。第二，把砖垒成村民院墙的形式，制造宅院，这样就不算是砖堆了，也不算是残墙断壁。

土堆的清理办法有：将小土堆就地摊平，把原先成堆的东西变成一摊成片的东西。因为检查要求是"每发现一处土堆要扣分"，但是没有说"每发现一片土要扣分"。这种做法只是用迎检的逻辑来应对上级的检查要求，因为土堆的消除在农村是不可能的，农民铺院、下雨铺路、院里盖房都需要土，如果只是为了不占用道路，把土堆移到墙根底下就可以了，但是检查要求是不能看见任何一处，所以就会采取成本最低的方式，即把它们铺平，如果不铺平，就把土堆挪到农户院子里，但农户不愿意去挪，那村干部就去挪，可农户也不愿意，还对村干部挪的位置不满意。环境检查频率高、力度大，村干部自然不愿意选择这么耗费人力的事情，所以大多数情况下村干部选择把土堆推平。这样一来，不仅没有起到清除土堆的作用，也没有节省占用道路面积，更没有减少扬尘扬沙的危害。此外，秸秆堆处理、小广告清理，都要求以表面上看着干净和美观为主，至于是否方便群众的生产生活则有待探讨。

浙北山区乡镇，平原少、山地多，有些乡镇受生态功能保护区的影响，农户建房审批会更加严格。而且农民的房屋是没有院落概念的，房子连着房子，都是一栋一栋的，没有如北方地区的院墙和门前的空院落。因此，农户大多选择将做饭、取暖的柴火堆放在门口、路边。山林地区柴火充足，既可以取暖又可以烧火做饭，就地取材非常省钱，所以很多农户家里都有堆柴的需求。但是，即使放在门口、路边，整整齐齐地靠墙码好，也不符合环境整改要求，必须不能看见这些东西。如果农户把柴火放到屋子里，或者放到一楼仓库里，又容易返潮，非常不方便。这就导致检查的时候村干部或动员农民或自己动手帮农户把柴火搬到家里，之后农户就又把柴火搬出来。

三、对策建议

（一）培育农村内生型力量和农民主体性

乡村建设与乡村振兴要坚持农民的主体地位。当前部分地区存在乡村建设而农民不动的现象，究其原因是没有把农民作为乡村建设的主体。坚持农民主体性需要从制度保障、治理机制、利益分配、责任划分等方面统筹设计。

首先,需要坚持党委领导、农民主体、社会参与的良性运作机制。其次,在制度设计方面,需要设立能够保护农民利益,激发农民参与的协商议事机制。成都公共服务资金的使用,就是较为成功的案例。如果有一笔属于集体的资源,规定这笔资源只能用于村庄公共事业,必须经由民主程序,主要是经由村民代表讨论决策。这种模式的好处是可以充分表达农民的公共品需求偏好,让自上而下的资源与农民自下而上的公共品需求偏好对接,避免资源落地的偏差。同时,这样一种对接调动了农民的参与积极性,使得资源落地建设公共品的事情不再只是国家的事情而变成农民自己的事情,从而可以防止资源落地时的浪费与不负责任。村民可以通过民主程序来决定如何使用集体资源以及各种自上而下、自外而内的资源。最后,在治理任务的执行中,需要注意和农民的利益连带作用,适当向农民让渡部分利益,激发农民的参与热情。例如山东某村的人居环境整治运动中,采用积分制的方式激发村民的内在参与动力。

(二)注重新型集体经济的政治属性和组织影响

新型集体经济不仅具有集体资产的管理和经营这一经济属性,更涉及党组织、村集体与村民等多个主体的行为,涉及不同主体的合作和利益博弈,因此它蕴含着政治与社会含义。如果无法在发展集体经济的过程中强化基层组织能力建设，无法实现对群众的组织和动员，那么村民往往是被动的"福利享受者"，难以成为有主体性的建设者。在这种情况下，村民与村集体之间容易产生"利益共享"关系，却无法形成"风险共担"的责任。只有在发展新型集体经济的过程中将群众组织起来，使群众参与其中，集体经济才能有可持续的发展动力，而对群众的组织和动员主要依靠基层组织发挥作用。因此，在集体经济发展过程中，强化基层组织建设和壮大新型集体经济具有同样重要的意义，即集体经济发展的"过程"和"结果"同样重要。

在沿海地区的一些资源密集型村庄，村集体经济收入不菲，但由于村民只是接受福利分配的对象，因此村庄只是处于低度组织化的形态，集体经济收入的增长并没有相应地带来村庄治理能力的提升。在税费改革以后，村集体亟须重建一种能与村民建立密切互动的机制，而新型集体经济的发展正好可以成为一种途径。集体经济的发展与集体所有制密不可分，集体所有制的实践又与村庄治理，尤其是村民自治不可分割，因此，对集体经济的讨论应包括对农民组织化机制的分析。只有在村集体经济组织与农民建立了利益关联、村民自治被激活的情况下，让农民自觉组织起来，对村庄公共设施、村庄人居环境进行自觉维护，上述改善才是可持续的。

（三）加强信访队伍建设，解决初信初访

信访工作的核心就是为群众解决问题，而做好工作的关键因素在人。要配齐配强信访工作人员，关心对信访干部的培养、使用和交流，不断增强信访队伍的活力。在信访工作中，要始终牢记"群众利益无小事"，始终把为老百姓排忧解难作为自己的职责，问题再小也要尽心尽力地去办，努力使群众信访案件事事有结果，件件有回音，在第一时间给群众一个公正的交代。信访问题处理得越早，难度越小，成本越低，效果越好，否则，小矛盾极有可能会变成大问题。

加强教育引导，规范信访秩序。要做好政策宣传工作，特别是对一些群众普遍关注或已在群众中产生误解的问题，要及时解释，以正视听。以社会主义核心价值观为主要内容的社会主义荣辱观教育活动，与教育引导广大干部群众正确处理国家利益、集体利益与个人利益的关系，正确对待在改革发展中遇到的困难和问题结合起来，理解并支持党和政府的工作，学会在改革发展中用法律手段维护自己的合法权益，在全社会形成知法、懂法、守法的良好氛围，推动信访工作的健康发展。

加强组织领导，抓好综合治理。新形势下不少信访问题是社会各方面矛盾的综合反映，关联全局性工作，仅靠信访部门是难以处理的，各级党委、政府和领导要切实担负起做好信访工作的责任，牢固树立科学的发展观和正确的政绩观，把信访

工作摆在更加突出的位置，列入重要的议事日程，从根本上消除社会不稳定的诱因。要从源头上解决信访问题，必须特别重视提高政策水平，认真解决好出台政策不及时、不连续、不落实的问题，防止因政策因素导致信访问题的发生。

制定和出台政策，既要从实际出发，量力而行，珍惜民力，降低压力，减少对立，又要防止政策前后不衔接，忽高忽低、忽上忽下造成不同时期、不同部门的政策"打架"和群体之间、地区之间的相互攀比。要通过必要的民主程序和听证会等形式，充分听取群众的意见和建议，避免决策失误。政策一旦出台，就要不折不扣地抓落实，取信于民，防止因政策不落实或落实不到位而引发的信访问题。要关心群众的生产生活，对困难企业职工、失业下岗人员、农村受灾群众等特困群体，要认真解决他们的实际困难，保障他们的基本生活。

05
党建引领
乡村治理现代化

  党的领导是推进基层治理体系和治理能力现代化的关键和保障。2021年国务院颁布《关于加强基层治理体系和治理能力现代化建设的意见》，提出要全面完善党建引领基层治理机制。党的二十大报告也进一步指出，实现中国式现代化要在党的统一领导下进行。党建引领基层治理并不仅仅是一句空话，真正发挥党建在社会治理中的作用，有其内在逻辑与机制。2023年，西北农林科技大学黄河流域乡村振兴研究与评估中心课题组成员，对全国各地乡村的党建情况进行了基本了解。在此基础上，课题组成员从党建如何引领乡村治理现代化、党建引领乡村治理现代化的现状、党建引领乡村治理现代化的问题与现实困境、党建引领乡村治理现代化的对策建议四个方面对全国村庄党建的基本情况与发展现状做出回答。

一、党建如何引领乡村治理现代化

当前的党建工作已经从过去的小党建转变为现在的大党建，从开党会、党建活动扩展到党建引领基层治理、党建引领产业振兴等方方面面，各行各业、各个领域都突出"党的引领"作用。那么党建是如何引领乡村治理现代化的？在课题组对村民和村干部的访谈中，他们各自说出了自己对"党建引领"的理解，这形成了我们理解党建引领乡村治理现代化的基础。

（一）农民视角下的党建工作

在问到"本村的党建工作做得如何"时，访谈的756个农户中，有52.91%的人认为做得非常好和比较好，有30.69%的人认为做得一般，有7.01%的人认为比较差和非常差。

在村民眼中，党建工作做得好，离不开下面几个要素：一是要做好群众工作；二是要引领村民致富；三是要提供良好的公共服务，提供村级福利；四是要按时开党会，开展党建活动。

群众路线是我们党的生命线和根本工作路线，是我们党永葆青春活力和战斗力的重要传家宝。走群众路线、做群众工作是党建的基本要求。在湖北宜昌的一个山区村调研时，村干部正是靠着经常做群众工作，与群众多交流、多开会，做到村务公开透明，自觉接受群众监督，最终改善了干群关系紧张的局面，获得了村民的信任和认可。

在调研的中西部地区，当问村民村里党建做了什么时，他们的第一回答都是开党会。党建活动只在几个亮点村一年做几次，而普通的中西部村庄，是没有专项经费来做党建活动的。但是在东部发达地区，因为资源比较多，党建活动开展得就比较频繁。在调研中，仍有 9.39% 的人表示不清楚或不知道本村的党建工作做得如何，进一步询问，他们对党建引领的理解就是，村里能够带大家致富，给大家多发一点福利，多提供一些公共服务。

（二）村干部视角下的党建工作

村干部是基层治理的行动主体，是落实国家各项政策的行动者，也是夯实基层党建的根基。发挥党建引领乡村治理的作用，关键是靠村干部的真抓实干。在陕北地区的一个偏远山村，村干部通过多次外出考察，为村里引进苍术中药材种植，帮助村民致富，真正发挥了党建引领共同富裕的作用。在苏南地区，村里因为拆迁等问题而利益密集，为减少村庄派系斗争、维持治理秩序，通过聘请外村干部来当村书记的方式推动了乡村的有效治理。在村干部眼中，基层之所以要做党建工作：一是因为有政策要求和考核任务，因此他们必须去做；二是因为做党建工作可以改善村庄面貌，改变村庄风气，因此他们愿意去做。

村干部视角下的党建引领，主要包括四个方面：一是基层党组织建设；二是党员管理；三是党建考核；四是党建品牌的打造。湖北省西南部的一个少数民族村庄，从之前的党组织软弱涣散村变为如今的乡村振兴示范村，其发生转变的关键在于基层党组织建设的加强。村书记对村委班子进行清单化治理，把具体工作任务进行目标分解，责任到人，而且每周开例会汇报各自的工作进度和下一步的工作计划。如此，不仅可以把工作目标分解与量化，提高工作效率，而且可以明确工作职责，避免同一件事多人做带来的推诿扯皮与低效。

在江苏省调研时，一名组织委员跟我们讲道："一个村党建做得好不好，关键要看班子强不强，团不团结。"党员管理是基层党建的基础性工作，村干部每个月要开展主题党日活动，每年要发展新党员。除此之外，党建被纳入考核范畴，其占比在年终考核中达到了 40%~60%，所以村干部很重视党建工作，毕竟党建工作的好坏和他们的年终绩效、奖金、晋升、排名都紧密相关。每年年初，村干部都要列一个"党建工作责任清单"，明确到每个月要做哪些工作，并且会在村务公示栏上公示。为了进一步推动党建工作的有效开展，上级组织部还会要求每个村和社区都打造党建品牌。党建品牌的打造，是党建考核的加分项，也是基层治理创新的一个突破口，很多村干部会花时间去因地制宜地打造党建品牌。

二、党建引领乡村治理现代化的现状

全国各个地区由于地理位置、资源禀赋、发展进度的差异，党建工作开展的基本情况也五花八门，党建引领乡村治理现代化的方式和进度也有差别。整体而言，乡村党建工作存在明显的区域差异和类型差异。从区域上看，东部发达地区的党建偏重文娱类的活动，党建经费比较充足，有专项经费支持，而大多数中西部地区的党建则侧重议事类的活动，党建经费由村里自筹，比较紧张。从类型上看，目前村庄的党建活动大致可以划分为两种类型：创建型党建和治理型党建。创建型党建注重对工作创新点的挖掘与宣传，具有明显的政绩导向性。治理型党建则通过办事、治理，来把党建做实。乡村党建工作需要在实践中呈现，下面将对党建引领乡村治理的情况进行描述和分析。

（一）村庄党群关系情况

在党群关系方面，访谈的 84 个村庄中，有 89.29% 的村干部认为本村党群关系非常好和比较好，10.71% 的村干部认为一般，没有人认为比较差和非常差。在 756 个农户的访谈中，有 58.99% 的农户认为所在村庄党群关系非常好和比较好，有 8.47% 的农户认为村庄党群关系比较差和非常差。所以整体上看，村庄内党群关系很和谐。

在党支部和党员服务群众的职能发挥情况方面，调研的 756 个农户中，有 56.35% 的人认为职能发挥得比较好和非常好，33.33% 的人认为情况一般，有 10.32% 的人认为比较差和非常差。

（二）党支部书记及"一肩挑"情况

党支部书记是基层开展党建工作的主要领导人和带头者，在乡村治理中发挥着至关重要的作用。一个党支部能否形成坚强的领导核心，能否起到战斗堡垒作用，与党支部书记作用的发挥有着直接关系。村党支部委员换届选举与"一肩挑"政策的实施，呈现三种状况。

1. 换届后党支部书记学历提高但年龄仍偏大，平均年龄在50岁。

党支部书记是村庄发展的"领头羊"，在乡村治理现代化中至关重要。首先，从性别来看，调研的84个村庄中，89.29%的村庄党支部书记由男性担任，10.71%的村庄由女性担任党支部书记。

其次，从年龄来看，调研的84个村庄中，年龄最小的党支部书记24岁，只有1人，占比约1.19%；年龄在30~39岁之间的党支部书记有12人，占比约14.28%；年龄在40~49岁的党支部书记有25人，占比约29.76%；年龄在50~59岁的党支部书记有35人，占比约41.67%；年龄在60岁及以上的党支部书记有11人，占比约13.10%（见图5-1），其中年龄最大的70岁，有2人。整体来看，党支部书记的年龄偏大，平均为49.44岁。

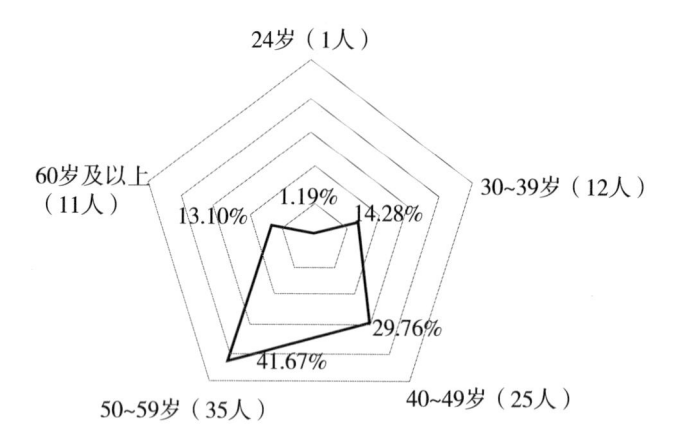

```
                    24岁（1人）
                      1.19%
60岁及以上                      30~39岁（12人）
（11人）  13.10%        14.28%
                       29.76%
              41.67%
       50~59岁（35人）    40~49岁（25人）
```

图 5-1　党支部书记的年龄分布

在村干部年轻化的政策要求下，很多中西部的空心村出现无人可选、无人愿意担任村干部的情况，因此村干部老龄化的情况改善不明显。虽然年纪大的村干部经验比较丰富，比较会做群众工作，但是村干部老龄化会导致村庄发展活力不足，缺乏创新性。在东部发达地区，由于经济待遇好，村集体经济发达，很多年轻人愿意返乡或者留在乡村，村干部的年龄偏年轻化一些，很多村干部都在 40 岁以下。

最后，从学历来看，调研的 84 个村庄中，初中学历的党支部书记有 9 人，高中学历的有 22 人，中专学历的有 5 人，大专学历的有 35 人，本科学历的有 12 人。换届之后，村党支部书记的学历普遍提升了。

2. 近九成村庄完成了"一肩挑"，村党支部书记的工作量明显增加。

在调研的 84 个村庄中，最早开始实行"一肩挑"的村庄是在 1999 年，大多数村庄是在 2018 年政策出台之后开始实施的，截至 2023 年 8 月，86.90% 的村庄完成了"一肩挑"。"一肩挑"之后，由于村党支部书记和村主任意见不合而导致的村庄矛盾大大减少了，很多工作在"一肩挑"以后也比较容易开展。但是村党支部书记的工作量明显增加，工作压力也增大了，广东省某村的党支部书记说："现在'一肩挑'之后，基本上一提出来，开会通过之后就能做，很畅通。但是，'一肩挑'让我们做书记的压力太大了，责任重大多了。"

3. 村党支部书记和驻村第一书记互相配合，做好村务工作。

从脱贫攻坚时期，就开始实行驻村第一书记制度，选派机关单位中的年轻干部、企业单位中的优秀人员到村里指导工作，开展驻村帮扶。到了乡村振兴时期，依然延续了这个传统，向脱贫村、易地扶贫搬迁安置村（社区）等重点乡村持续选派驻村第一书记和工作队，做好脱贫攻坚成果和乡村振兴的衔接工作。

在调研中，我们访谈了十多名驻村第一书记，他们讲到刚开始到村时都面临该如何融入的问题。有的驻村第一书记通过给村里介绍项目或给帮扶资金，来体现自身的价值，从而让村干部重视他们；有的驻村第一书记通过经常走访村民，和大家聊天的方式，与村民增加熟悉度；有的驻村第一书记是帮助村里做一些文字材料工作。由于驻村第一书记是外派来的，跟当地的村民和村干部都没有利益冲突，工资和补贴也不从村里拿，所以在村里做一些工作时，大家对他们都客客气气的，也比较相信他们可以公正处理。在处理村庄矛盾纠纷和复杂事务时，驻村第一书记会利用外来人的身份优势来协助村党支部书记，在这个过程中，他们"一个唱红脸，一个唱白脸"。一个被评为"广东好人"的驻村第一书记告诉我们："做事情既要站在村民的角度，也要站在村党支部书记的角度。"

（三）基层党组织建设情况

基层党组织具有双重身份，既是国家政策的执行者，又是群众的代言人，是连接国家和群众的中间桥梁。基层党组织也是开展党的活动的基本单位，担负着教育管理党员、执行党的纪律、组织和服务群众的职责。基层党组织的战斗力和凝聚力关系到村庄能否实现现代化。

1. 基层党支部实现全覆盖，功能性党支部开始发展。

在调研中，无论是少数民族村庄，还是偏远的山区村庄，都建立了党支部，实现了基层党支部全覆盖。党员人数50人以下的小村庄，基本上只有一个党支部，党员人数50~100人的村庄，会成立党总支，党员人数超过100人的会成立基层党委。调研中，遇到的一个最大村庄，村里常住人口有7400多人，共有党员218人，在村党员183人，一共设立了11个党小组。这个村庄是由周边的四个村合并而成的，人员众多，成立了基层党委,来管理这11个党小组的工作。

对于党小组来说,由于人数少比较好协调时间,平时组织开会、学习"三会一课"①,容易叫到人。但是对于大型的基层党委来说,党员人数众多,平时组织开会和开展党建活动的难度比较大。江苏省某村的党支部书记说:"我们村一共有党员100多人,党支部就有8个,平时开一年一度的党员大会,通常会提前两个月开始准备,协调好大家的时间,确定参会人数。"

功能性党支部在城市社区比较常见,原本是针对城市社区党员结构复杂分散、流动性强、兴趣爱好差异大、组织活动开展难等实际问题探索建立的。近年来,随着乡村空心化加重,大量人口外流,很多农村基层党组织也开始探索建立功能性党支部,以便于开展工作,且这个比例在不断增加。在苏南的一个城郊村调研时发现,针对开会找不到人、"主题党日"活动参与人数少的情况,村里专门成立了两个老年党支部。老年党支部由村里年龄偏大且经常在家的老党员组成,他们大多数是村里的志愿者,对村庄事务比较关注,所以村里遇到开会或搞活动等情况,经常会请他们参加。Z市某村的党支部书记说:"现在年轻人白天都去上班了,周末有的还要加班,有的要在家带小孩,没有时间参加我们村里组织的活动,更不要提开会了,所以我们就让村里这些老党员来发挥余热。对于开会这些事情,我们去请他们,

---

① "三会一课"指的是定期召开支部党员大会、支部委员会和党小组会,按时上好党课。

他们还是比较开心的，觉得自己受到重视，比较愿意参加。"

2. 整改党组织软弱涣散村，村两委班子的战斗力和凝聚力增强。

村两委班子是村庄治理中的主体性力量，也是基层党建的组织支撑。村两委班子的战斗力、凝聚力直接关系到一个基层党组织的建设成效。2021年换届前村两委班子的建设，呈现出明显的两极分化现象，2021年换届后国家对基层党组织软弱涣散村的整治力度不断增加，差距渐渐缩小。过去在市场化的冲击下，很多农村人选择外出务工，村庄空心化严重，特别是广大中西部农村，出现村干部老龄化，甚至村干部无人可选的局面，再加上村两委班子软弱涣散，导致没有一个强有力的领导队伍带领村庄发展。而东部沿海经济发达的农村地区，特别是利益密集的村庄，由于存在利益争夺与冲突，村庄选举中出现拉票、贿选等情况，基层党组织被少数富人或有家族势力的人把持，村两委班子内部为了利益而有了派系斗争，最终导致村两委班子不团结。

无论是中西部，还是东部，基层党组织建设都在一定程度上存在村两委班子凝聚力不强的问题。习近平总书记在党的十九大报告中指出，"着力解决一些基层党组织弱化、虚化、边缘化问题"。广东省委组织部专门印发了《广东省整顿软弱涣散村（社区）党组织工作方案》，提出了常态化整顿软弱涣散基层党组织的要求。对于党组织软弱涣散村，通过动态排查、源头治理、分类施策、验收奖惩等方式进行整改提升。各个省市的组织部，也将消灭党组织软弱涣散村作为重点工作来抓，并纳入考核内容之中。2021年村两委班子换届后，大部分村庄完成了"一肩挑"，加上国家在党建方面的建设力度增大，村两委班子的战斗力和凝聚力明显增强。

（四）党员发展与管理情况

发展党员、教育党员、管理党员是基层党组织的一项重要工作，也是党建的重点内容之一。党员先锋模范作用的发挥，能够为乡村振兴和乡村治理现代化提供人才支持。

1.基层有入党意愿的人增多。

在调研中了解近几年新发展党员的数量与比例时，经济发达地区的村干部普遍反映：当前村里愿意入党的人很多，每年能收到十几份入党申请书。在广州调研的5个村，每个村申请入党的人数都远远超过各村被分配的指标，其比例大概为10∶1。对于有产业且在村人数多的村庄，发展党员的指标竞争十分激烈，特别是江浙等地，发展党员有时又成了派系之间争夺的焦点，因为村里的大事都需要开党员大会和村民代表大会投票。在浙江中部的一个村庄，村书记说道："为了避免大家产生矛盾，我们一般有指标的时候，两派各给一个，要是只有一个指标那就轮着来。"

2. 加强党员管理，多地实行积分管理与奖惩制度。

加强党员管理是党章的要求，也是发挥党的组织优势和政治优势的要求。现在全国各个地区对党员的管理都很严格，并且朝着精细化、可量化的方向发展，多地推广积分管理制度，对党员的日常表现进行量化打分和排名。在浙江省某市的一个街道，组织部和纪委2023年上半年就查处党员违法违纪事件100多起，并全部实施了党内严重警告、党内处分等惩罚措施。

此外，该市下辖的各行政村都实行了党员十二积分制考核。党员积分项目大致分为三个部分：一是基础达标分，具体为参加支部"5+N"主题党日活动、"三会一课"等必须履行的义务或动作；二是日常积分类，具体为参与公益事业、开展义务帮扶；三是负面扣分类，具体为违反党的"六大纪律"等内容。基础达标分单独计，不与另外两项积分混合计算，日常积分与负面扣分可互相抵扣。每个月都对党员的日常活动和行为进行打分和排名，做到实时监督、动态检查，有利于把党员管理由虚变实，由难变易，解决了党员考核评价机制不健全、党员教育管理难、党员表现难评价等问题。

3. 设立党员中心户，发挥示范带动作用。

党员中心户是指通过党员自荐和群众推荐相结合的方式，在基层党组织所辖范围内选出若干户党性观念强、积极热心、乐于奉献的党员家庭，负责联系党员、服务群众等日常工作。江苏省某市建立农村（社区）党员中心户联系群众制度，构建"村

(社区）党组织+党员中心户+群众户"的工作网格，形成横到边、纵到底、全覆盖的网格化组织体系，解决基层党组织组织力不强、支部活动难开展、党员作用难发挥等问题，实现党的工作对农村（社区）的高质量覆盖，广大党员对基层群众的高效服务。

以高村为例，其党员中心户在村庄治理中真正发挥了作用，这主要是因为：其一，党员中心户选的都是村里比较有威望的人，其自身有影响力；其二，通过在党员中心户家中开会商议村庄事务，真正发挥了议事的效果；其三，通过在党员中心户家中设立报刊亭，为村民参观交流讨论提供了一个公共场所。

（五）党建活动开展情况

党建活动是党建引领的重要抓手，党的引领作用正是在一次次活动中得到展现和实践的。当前基层的党建活动，除了常规的"三会一课"之外，在党建考核的要求下，还有很多创建活动，如党建品牌的打造、党建结对、区域化党建等。整体上看，基层党建活动形式多样、类型丰富、创新性强。

1. 主题党日活动类型多样。

全国各地的主题党日活动五花八门、种类丰富多样，有开展党员志愿服务、走访慰问老党员、参观警示教育基地、政策宣讲、重温入党誓词等多种形式。山西省某村结合"不忘初心、牢记使命"主题教育开展党员志愿服务活动，将全村划分为6个党员清洁责任区，全村 26 名党员带头，120 余名群众参与，每周开展清理卫生活动，使村容村貌发生了很大改变。

主题党日活动的开展质量和次数，与基层党组织的活动经费紧密相关。一般村集体经济实力较强、活动经费充足的党组织，其主题党日活动开展的次数更多、质量更好一点。那些没有充足经费的党组织，其开展主题党日活动通常以政策宣讲、观看纪录片为主，外出活动和交流的机会很少。调研发现在东部和中西部发达地区，主题党日活动的内容更丰富、形式更多样，党员参与的意愿更高。

2. 党建品牌打造成为亮点。

党建品牌是对一个党组织各项党建工作的有机整合和高度提炼，打造党建品牌，不仅可以使外界对党组织形成一个清晰、直观的认识，而且可以使党建工作实现从零散到系统、从特点到特色的转变。在湖北省调研时，一位政法委书记给我们讲了党建品牌打造的意义："党建品牌可以形成集聚效应和引导效应，让一个地方的发展插上翅膀。有品牌就有优势，支部品牌形成后有影响力，不仅对村庄发展、乡风文明的改善有作用，而且在政策争取上对村里也有优势，最重要的是能吸引外面的人、相关企业来投资。"现在全国各地开展党建引领，都强调要打造党建品牌。在浙江省某市，每个城市社区都要求打造一个党建品牌，农村地区根据自己的条件来决定是否打造。在江苏省某市 2023 年度党建工作重点中，有十个党建品牌要打造，涉及各行各业，各个群体。整体上看，党建品牌的打造需要在摸清村庄/社区基本情况的前提下，突出发展的特色与亮点，展现发展的优势所在，并进行高度凝练和升华。

值得注意的是，并不是每个村都适合打造党建品牌，目前打造的党建品牌，一般都在亮点村、重点村。

3. 区域化党建兴起，党建结对、联建成为新趋势。

调研中发现，党建工作出现联合化、统筹化倾向，党建范围扩大，从之前单一点位党建品牌的打造扩大到现在区域化党建的兴起。区域化党建通常是指在一个特定区域内，由当地党组织领导并整合驻区单位、居民区和辖区各类组织，形成的一个区域性共建共治共享同盟。区域化党建的兴起，是为了解决基层党建边缘化和基层社会治理碎片化的难题，通过改革基层党建活动方式和体制机制，以组织内联动带动组织外整合，共同解决区域性的公共治理难题。

在浙江省调研时发现，其区域化党建的创新实践主要是把党建联建和党建结对摆在重要位置，通过以强带弱、以城带乡、优势互补等方式，因地制宜推行各具特色的联建方式和工坊组建模式，推动组织共建、产业共兴、资源共享、治理共抓。通过区域化党建，把区域内有共同愿景、共同需求的各类党组织联合起来，常态化开展党组织联建共建，可以统筹一定区域范围内的资源，优势互补，延长产业链，增强发展实力。调研中发现，浙江省某街道打造的"莲韵果香共富工坊"党建联建品牌，以该街道一个村庄为核心，将周边种植无花果的村庄纳入进来，共享发展资源，延长产业链，共享市场信息，实现共同富裕的发展目标。此外，山东省某市探索党支部领办合作社的发展模式，通过多村联建、强村独资、村企合作等模式，首创"乡村公共资源+共富公司"促新型农村集体经济发展机制。在市镇村三级成立共富公司117家，以党组织领办合作社为基础，把乡村各类资源整合起来直接与市场对接，全面强化党组织、村集体和村民的利益联结。目前江苏省、浙江省、甘肃省、陕西省等省市都开始探索"共富公司"式的村集体经济发展新模式。

（六）党群服务中心阵地建设

党群服务中心是基层开展党建活动、服务党员群众的窗口阵地，它是面向党员、基层干部、入党积极分子、群众，开展党务政策咨询、办理党内业务、传播党建理论知识、提供党员政治生活的场所，具有提供便民服务、受理社情民意、推动党群服务等作用。

1. 建设党群服务中心，提供便民服务。

党的十八大以后，政府开始注重党群服务中心的建设，现今各级政府部门都将建设党群服务中心纳入党建考核。党群服务中心的建设对于新时代全面巩固基层党建、密切联系服务群众、引领促进基层治理具有巨大作用。在高村的党群服务中心设有医疗柜，村民可以直接从里面购买常用的感冒药、消化药等，而且可以直接和村医视频连线，进行网上紧急会诊。此外，还通过技术手段实现了网上通办相关事务，开发微信小程序，可以直接在上面享受场所预约、租房管理、盖章预约等服务。在山西某县城，差异化设置党群服务中心的功能模块和服务项目，推行"党群服务＋养老医疗＋便民食堂＋爱心超市"模式，打造了一批特色服务项目。

2. 党群服务中心作为一站式综合服务平台，有利于推动基层治理现代化。

党群服务中心有七大功能：党务服务、政务服务、网格化服务、法律援助服务、热线服务、流动人员登记服务、文体服务。各个村/社区建立的党群服务中心，不仅是办公场所，也是为村民提供一站式综合服务的平台，可以办理各类资质证明文件、进行流动人口登记、转接党员组织关系、协商议事、提供法律援助服务、开展文体活动等。党群服务中心的建立和使用，有利于深化"放管服"改革，提升政务服务标准化、规范化、便利化水平，推动基层事务的集成化办理，实现"一件事一次办"，推动基层治理现代化。在调研中，村民们提到"以前交社保我们要跑到县里的民政局，现在手机上就能交，我们不会操作村里专门有人教我们，方便得很……现在弄个证明材料、盖个章，基本上在村里就行，不用跑那么远"。在江苏省某市，乡镇的工作人员也说，现在上面实施行政审批改革，把一些审批权限和事项都下放到乡镇和村里了，很多事情村民在当地就能解决。

此外，在调研中还了解到，很多党群服务中心都安装有电子监控，有些数字乡村的试点村还建有数字治理平台和微信小程序，实现了基层治理的可视化呈现、动态化监测、数字化应用。与此相配套的就是网格化管理制度，目前每个村庄/社区都有网格员、网格长，都在严格实行网格化管理。网格化管理将乡村按照片区划分，每个片区都设有专门的网格长、网格员，进行日常巡查、问题上报、事件处理，推动了基层治理的精细化。

三、党建引领乡村治理现代化的问题与现实困境

调研中发现，当前基层党建的发展仍面临一些矛盾与挑战，主要表现在以下几个方面。

（一）"一肩挑"之后党支部书记"一言堂"的治理风险增加

"一肩挑"之后，村党支部书记和主任由同一个人担任，导致在基层治理中村党支部书记"一言堂"的风险增加。具体而言，一是因为"一肩挑"之后，村党支部书记实现了党务、村务一手抓，容易造成其个人意志凌驾于集体意志之上。村党支部书记负责为村庄发展谋划，签字拍板重大决定。在村庄发展建设过程中，尤其是在能够出政绩的亮点项目打造中，村党支部书记拥有决定权。虽然村党支部书记的决定要通过村民代表大会、党委会的表决，但是一般来讲，村干部和党员都不会轻易投反

对票。村监会的监督也只是程序上的监督，并不能对村党支部书记本身决策的正确性进行有效监督。所以，一般村书记提出一个发展规划，大概率会通过并实施。

二是因为基层党支部书记的平均年龄过大，思维定式严重，在发展中更加看重稳定，心态上缺乏闯劲。当选的村党支部书记年龄偏大，他们受传统思维习惯的影响，缺乏对新事物和新技术的敏锐度，对新事物的接受度也不高，而且比较注重稳定，在其带领下基层党组织活力不足。

三是因为"一肩挑"之后对党支部书记自身的治理能力提出了更高要求，但实际上党支部书记的治理能力与实际治理需要之间并不是完全适配的。调研中，有些村党支部书记反映，"一肩挑"之后他们身上的担子更重了，需要处理和协调的事务更多，相对应地犯错误的概率也在增加。组织部门负责人事考核与选任的工作人员告诉笔者，"一肩挑"之后，他们对村党支部书记人选的考虑会更加慎重，会综合考虑很多因素。村党支部书记也感到现在的村干部不好当，经常要参加培训和业务考试。

（二）基层党组织队伍人才储备不足，干群关系疏离

当前，基层党组织队伍建设过程中，存在人员结构不合理、人才储备不足、干群关系疏离的问题。一是从党组织的人员结构来看，各个党组织的党员结构都呈现出老龄化、男性化、中等学历化的特征，年轻党员少、女性党员数量不多、高学历党员人数少。在此情况下，发展年轻党员是当前基层党建的重要着力点，也是现实困境所在。因为年轻人都外出务工了，很少有愿意返乡的，即使回乡，过一段时间还是会出去，流动性很大。在湖北一个村，近三年发展了四名党员，现在只有一名党员留在村里当后备干部，剩下三名或外出务工，或考事业编转走，或自己出门做生意。

二是从党组织的人才队伍来看，人才梯队出现断层，后备干部储备不足。无论是党建引领还是乡村治理，人才都是关键性要素。但是目前基层党组织的人才梯队出现了断层，具体表现为：有能力的优秀党员和村党支部书记人数很少，年轻党员人数不多且增长缓慢，大多数党员年纪在50~70岁。一些空心村选举时，甚至出现无人可选的现象。因为现在选举村党支部书记的年龄要求在45岁以下，调研中甘肃、河南的一些村庄甚至选不出45岁以下有能力的人来当村党支部书记。此外，后备干部的培养也是充实基层党组织队伍的重要方式，但是目前的后备干部培养面临合适人选少、流动性高、投机性强的现实困境。后备干部对年轻人的吸引力在于：有基层工作经历，方便以后考公考编，或者是为以后进入村两委做准备，但是一般当两三年就会走人，很少有留在村里一直当的。粤北的一名村干部讲道："我们希望年轻人回来，作为储备干部培养，但他们都不回来。因为第一我们保证不了薪酬，第二缺少发展前途。"

三是基层党组织中的干群关系疏离，群众工作流于形式。当前基层治理中，村庄行政化、村干部科层化倾向比较明显，导致村干部和基层工作人员大多坐在办公室里做行政化工作，较少入户做群众工作。即使村干部入户，大多也是开着车去转一圈，有的简单和群众说几句话，填完表格收集完信息就走了，导致干群关系疏离。调研中，一名有46年党龄的老党员说："现在的村干部不入户和村民深入交流了，看一圈就走了。我们那时候必须到农户家里了解情况，还和他们一起吃饭。"群众是基层党建的主体之一，群众工作是基层党建的重要组成部分，当前群众基础不牢固，群众工作流于形式，也是基层党建的问题之一。

（三）流动党员难管理，组织管理活动难开展

在调研的多个村庄了解到，村里有三分之一甚至一半的党员外出务工了。这部分党员一年到头基本上不参加村里组织的党建活动，导致村干部很难管理这些流动党员。流动党员因为在外务工，会经常更换打工地点，很难集中起来统一管理。村干部也尝试建微信群，通过在群里发学习文件、开线上会议的方式来组织流动党员开展日常党建活动，但是线上参与的人很少，很多人以工作太忙为由不发言不学习，效果不好。流动党员的管理困境，是当前基层党建的一大难题。这些农村流动党员，大多是村庄的精英或致富带头人，但是在村庄发展和村庄治理中发挥的力量和作用是有限的，这是一种资源浪费。

调研中，村干部反映当前基层党建的难点在于组织文化建设。一是每月的主题党日活动，党员参会率连80%都不能保证，一些党员由于农忙或者距离远而不来参加。二是新发展的党员留不住，老党员不太服从管理。新发展的年轻党员大多在家一段时间或几年，就会选择外出务工或做生意，很少有一直留在村里的。老党员认为自己很懂国家政策，有些事情村干部还没有自己想得周全或者做得好，所以经常向村干部提意见甚至唱反调，导致基层党组织建设的纪律性不强。三是对于一些不守纪律、具有破坏性的党员，村级没有权力也不容易处分，导致他们往往成为村级治理和基层党组织建设中的潜在破坏性力量。四是反对力量在村里话语权大，导致有事情民主决议通不过。调研中有村干部反映，一些老党员自身在村庄很有影响力和威望，他们又容易提反对意见，而且经常就是那三五个老党员来提，导致开党员大会讨论村庄事务的时候，很多事情民主决议通不过，造成工作的不畅通。五是发展党员的指标化，村里党员的指标是逐年缩减的，但是又不能不发展党员。调研中，有村干部反映，要是村里两年没有发展一名党员，是会被上级领导约谈的。所以对他们而言，发展党员具有一定的指标化导向。

（四）精细化党建考核带来形式主义问题

当前党建是基层治理的重点，各个部门和层级政府都将党建考核纳入年度绩效考核和目标责任制考核的目录之中，并且占到30%～40%的比例。最开始的党建考核只考核基层党支部的工作完成情况，随后对党员也提出了明确的考核细则。党建考核的内容越来越精细化：一是对党支部建设情况、活动阵地建设情况、党员发展情况的大框架式考核，细化到对每项考核条目的具体内容都制定了考核细则，党建考核从一级指标细化到了三级指标；二是对每项考核内容的指标权重都进行了详细说明；三是考评方式更加多样化，除了年度考核之外，还有季度考核、月度考核，日常检查、督查、巡查不定期穿插进行；四是考核更加规范化和程序化，有专门的工作台账，也会在党建平台上进行信息录入和综合排名。精细化的党建考核，有利于明晰基层党建的各项工作内容和工作重点，但是也在一定程度上制约了基层干部和党员的主体性与行动灵活性，带来了一些形式主义问题。

精细化的党建考核之所以带来形式主义问题，一方面是因为考核指标制定得过于详细，有些指标要求百分百完成，不符合基层的实际情况；另一方面是因为考核结果与村干部的工资、村书记的晋升、村集体申请项目资金的难易程度等多种因素紧密挂钩，由此基层形成了紧密联系的利益共同体，村书记、村干部、党员都十分重视党建考核结果。党建的核心不应只是达标式完成考核任务，因为只关注考核结果，只按照考核指标走，积极性、主体性和创造性没有得到发挥。

（五）党建基础设施投入成本高，日常活动经费保障不充足

当前，在开展基层党建活动时，存在一个方向性的误区：过于重视基础设施和活动阵地的建设，投入上百万元、上千万元打造党群服务中心和各类党建活动场所，但是只重建设而轻维护、使用、管理，由此造成了资源浪费。在日常党建活动开展等真正需要用钱的地方，乡村党支部又没有专项经费支持，都是村里自己出钱，因此面临活动经费保障不充足、形式多样的活动没钱难开展的困境。也就是说，开展党建工作，没有把钱用在刀刃上。在一些基础设施上投入了大量资金，但很多闲置不用，日常的党建活动又缺少经费支持，由此造成基层党组织动员能力不强的问题。

调研中，我们看到各个村的党群服务中心都建得很好，基本上是两三层大楼。在浙中一个动迁安置的村改居社区里，准备建一座16层的办公大楼，有3层用来做党群服务中心，有1层用来做办公室，其余用来出租。党群服务中心的建造成本无疑是高昂的，在调研的84个村庄里，最少的花费了90万元，最多的花费了2000多万元。建造费用50%是由上级政府拨款的，剩下的都是村里自己来承担。党群服务中心建有活动室、展厅、老年食堂、日间照料中心、图书阅览室等，但是调研发现，不少党群服务中心的这些功能服务区是关闭的，不对外开放的。村干部表示，不是不愿意开放，是没有钱开放。因为开放使用，

就要产生水电费，日常的卫生打扫还要专门聘请人来做，基本上每月最少花费5000元。那些正常开放的党群服务中心，每个月的日常开支都在1万~3万元。浙江省某地的数字乡村试点村，村干部反映，使用费用太高，每年电费都需要3万元，所以不经常开，只有有人来参观的时候才开。建造党群服务中心本来是用于服务群众的，是用于开展党务和政务服务的，但是因为日常维护成本高，很多地方选择闲置不用。

乡村开展党建活动，面临经费保障不充足的问题。村里没有党建专项活动经费，需要自筹自用。因此，党建活动经费的多少与村集体经济的收益紧密挂钩。村集体经济发展好的村，其党建活动经费相对多一点，村集体经济薄弱的村，党建活动经费很少，有些甚至没有。因为经费不足，所以在开展党建活动时，经常会选择开会、参观革命烈士陵园等传统的、不花钱的项目，有些党员不太愿意参加。类似外出参观学习、去红色基地研学这类活动，因为花费高，有些村不会选择。另外，在报销的时候，是没有党建活动这项的，因此村干部在报销党建活动经费时，会发生审批不通过的情况。很多村干部嫌报销麻烦，就自己垫钱开展活动，有的干脆不开展。所以，党建的动员能力不强。

四、党建引领乡村治理现代化的对策建议

针对上述存在的问题，为了更好地发挥党建引领的作用，切

实推动党建引领乡村治理现代化，提出以下几个方面的改进和提升建议。

（一）加强基层干部队伍的素质建设，进行村党支部书记的典型培育

党建引领的核心在于基层干部队伍建设，一个强有力的基层党组织是开展好党建工作的前提。因此要以村党支部书记的典型培育为核心，切实提升基层干部队伍的工作能力和素质。具体而言，一是要对党支部书记进行专门的业务培训，多去参观学习优秀村庄的发展模式与经验，开阔村党支部书记的视野，拓展村党支部书记的治理思维。二是要搭建学习交流的平台，如江苏省某市创设的"书记讲给书记听"平台，山东省某市举办的"头雁领航"竞赛比武"村党支部书记论坛"，通过"书记带领书记学""书记提问书记答"等方式，在经验共享、问题共研的过程中引导村党支部书记之间照着学、比着做，激发他们干事创业的热情。三是提高后备干部的薪资待遇，拓展其职业晋升通道，让后备干部能够留下来、留得住，专心建设乡村，建立健全村级后备干部的"梯次"培养储备机制。四是要进行村干部的体系化培育，对村干部的选拔任用和日常管理要规范化，对村庄中的主职干部、一般干部、后备干部实行分级、分类全覆盖培训，提升他们的履职能力，从而达到推进农村基层治理能力提升的目标，助力乡村治理现代化的实现。

（二）加强功能性党支部建设，进一步发挥党支部的引领功能

功能性党支部是充分考虑基层党员和党组织的多样性与复杂性，对党员进行重新分类管理、分类组织开展活动的党支部。与一般党支部相比，功能性党支部更加聚焦，更有针对性，能够精准提供服务和开展活动。在党建引领的过程中，要加强功能性党支部的建设，分类施策开展党建引领活动。一是在党建引领乡村产业振兴方面，应该加强区域党建联盟的建设，把区域内发展相同产业的党组织、个人联合起来，发挥各自特长，通力配合，延长产业链，拓展市场。比如江苏和浙江的乡村党支部，几个村联合起来创一个共富公司，用于发展村集体经济。二是在党建引领基层善治方面，要重视志愿者、乡村能人的作用，组成志愿者服务工作室或者百姓议事会，让他们在基层治理中发挥作用。湖北省某市在党建引领下设立工作室，帮助乡村老年人交话费、修手机，假期给小孩儿辅导作业，推动乡村三治融合。三是在党建引领城乡融合方面，要重视网格化管理的作用，江苏省某市的村改居社区推行海棠微网格管理，将数字化技术与网格化治理相结合，推动社区有序运行。

（三）数字化赋能党员管理，破解流动党员的管理难题

当前数字技术、数字平台已经嵌入乡村治理中，通过网上政务、村民微信群、移动议事厅等方式，为乡村治理赋能，使得

村民和村干部可以直接在手机上进行业务办理和需求反馈，提高了乡村治理的便捷度和效率。针对基层流动党员难管理、组织管理活动难开展的现实困境，可以尝试探索数字化赋能党员管理的新路径，具体而言，一是搭建党建工作云平台，把线下不容易聚齐的人、不好办的事搬到线上进行，给他们提供一个线上参与村庄治理、学习政策文件精神的场域，让他们有在场化的体验，始终保持与村庄社会的联系，并灵活充分地发挥其作用。这样不仅可以让他们找到党组织，有归属感，还可以改善基层党组织建设的软弱涣散情况，增强基层党组织的凝聚力。二是建立互联网党群服务站，做优党群服务云矩阵，实现群众点单、村社派单、党员接单，开展专业化、精准式服务。浙江省的未来乡村建设，致力于打造"15分钟党群服务圈"，集聚教育、发展、治理、执法等50多项精细化、精准化服务，使民众在15分钟内就可以办理相关业务，享受相关服务。

（四）优化党建活动的制度机制建设，避免精细化考核带来的制度僵化

一是在制定党建考核指标的时候，应该改变自上而下的方式，采用自下而上的方式，由基层来列出主要工作内容和考核指标，相关部门在此基础上进行丰富和细化，从而使党建考核指标与基层实际工作开展的契合度更高。二是在开展党建活动的过程中，应该给基层预留灵活弹性的调整空间。基层治理具有复杂性、多变性等特征，要给基层预留一些弹性空间，要有容错机制，要激发基层人员的干事创业热情。三是要提高基层党组织的动员能力，完善基层党建活动的动员机制。当前的党建活动开展，基层干部和网格员是主力军，群众参与的积极性不高。群众既是基层治理的服务对象，也是基层治理的重要参与主体，要重视老年人、乡村能人、志愿者在乡村治理中的作用，多途径、多手段动员群众参与到乡村治理之中。

（五）注重党群阵地建设的投入产出比，做好规划，减少浪费

党建活动阵地和党群服务中心的建设，是党建的基础性工程。党建活动的开展，需要一个合适的场所与阵地。针对当前党群服务中心高成本投入、高闲置率、高成本运行的现实困境，需要探索如何进行低成本的维护与运行，如何让党群服务中心既能真正服务于群众，又不给基层造成财政负担。基于此，可以尝试让志愿者负责党群服务中心的卫生清洁工作，可以尝试把老年食堂外包给餐饮公司进行配餐服务，既兼顾成本问题又兼顾质量问题。此外，要做好党建活动的顶层规划与设计，每个村、每个地区因地制宜，根据实际情况，有节制地进行党建活动阵地的建设，相邻的村庄可以共用一个党群服务中心。在开展相关活动的时候，也可以把街道内的各个社区、乡镇内的各个村庄联合起来一起做活动。通过良好的规划设计，在理性考虑投入产出比的情况下，减少党建活动经费使用过程中的浪费现象。

综上所述，通过实地调研和访谈不同群体对乡村党建工作的整体性理解，了解党建引领乡村治理现代化的现状、问题与现实困境，提出相关对策建议之后，得出以下结论。

第一，不同群体对党建引领的了解程度和理解角度是不一样的。村民认为党建引领就是要做好群众工作，提供良好的公共服务，带领村民致富；村干部认为党建引领的关键是加强基层干部队伍建设，做好党员管理，完成党建考核。

第二，党建引领乡村治理总体上群众的满意度比较高。村党支部无论是在基层党组织建设、党员管理还是党建活动的开展中，都在积极作为，发挥自身服务群众、开展基层治理的作用，党群关系良好。在党组织建设中，进行清单化管理和目标责任制考核，提高基层干部队伍的凝聚力。在党员管理中，严格落实"三会一课"制度，做好工作台账，对党员进行积分制管理考核。在党建活动开展中，积极进行党建结对和党建联建，提高党建引领乡村治理的效能。

第三，党建引领乡村治理现代化是一项长期任务，需要在解决问题中前进，不可能一蹴而就。党建引领的过程中，不可避免会出现一些现实问题和困境，比如流动党员难管理、基层党组织人才储备不足、党支部书记的能力有待提升、活动阵地建设投入成本过大、党建考核中出现形式主义等问题。这些都是伴随着发展过程而产生的，也是阶段性的问题。

第四，发挥党建引领作用，实现乡村治理现代化，需要转变治理思维，进行整体性、数字化建设。新时代党建引领基层治理现代化，要以党支部书记的典型培育为抓手，夯实基层干部队伍建设，要以乡村治理全网格覆盖为基础，实现整体性治理，要以功能性党支部的建设为核心，开展精细化服务，要以数字赋能党员管理为手段，解决党员管理难题。整体而言，党建引领乡村治理现代化，要构建以规范化党建为主导的治理秩序，要打造以网格化管理为基石的组织体系，要推动以数字化赋能为引领的观念变革，要夯实以精细化考核为助力的政策执行。

06
"双减"之后的乡村教育

在当前全球化和知识经济迅速发展的背景下,高素质的人力资本成为推动经济转型和实现高质量发展的核心动力。教育作为培养和提升人力资本的基石,其作用不容忽视。其中农村教育尤为关键,它不仅关系到农村地区孩子的成长和发展,也是缩小城乡差距、促进社会公平的重要途径。尽管近年来我国在缩小城乡教育资源配置差异方面取得了明显进展,如办学条件、校园设施、体育用品等硬件设施的改善,但在教育质量方面,城乡之间仍然存在差异。这种差异不仅影响了农村学生的学习效果,也制约了农村地区人力资本的提升和经济的发展。

为了深入了解农村教育的实际情况,发现问题并提出有效的对策建议,2023年西北农林科技大学黄河流域乡村振兴研究与评估中心课题组成员开展了一项具有里程碑意义的研究。课题组成员赴全国多个省市的农村地区,通过实地调研,搜集了大量关于农村教育的第一手资料。通过对这些资料的深入分析,课题组成员从乡村教育现代化的现实支柱、现实困境与原因以及振兴农村教育的对策三方面，对农村教育情况进行了全面而深刻的剖析。

一、乡村教育现代化的现实支柱

乡村教育现代化是推动社会进步和促进教育公平的重要途径。乡村教育现代化的现实支柱主要指当前我国乡村教育的重要内容，课题组综合考虑了多方面因素，主要将研究内容聚焦在家校合作、减负与课后服务、家庭教育以及电子设备（手机）使用这四个方面。

第一，家校合作是提升教育质量的重要途径。在乡村地区，由于资源相对匮乏，家庭与学校之间的有效合作可以为孩子创造更多学习机会，实现资源共享，提高教育效果。

第二，减负与课后服务是当前教育改革的热点问题。过重的学业负担长期以来一直是学生、家长和教育者关注的焦点。国家出台了多项政策旨在减轻学生的课业压力，而在乡村地区，合理的课后服务不仅可以减轻学生的学业负担，还可以提供丰富多彩的课外活动，帮助学生全面发展。

第三，家庭教育是孩子成长的重要环节。加强对乡村家长的家庭教育指导，可以帮助他们更好地参与孩子的成长过程，提高教育的整体质量。

第四，电子设备（尤其是手机）的使用已经成为现代社会的普遍现象。在乡村地区，合理引导学生使用电子设备，尤其是手机，不仅关系到学生的健康成长，也影响着学生的学习效率和生活质量。对学生电子设备的使用进行研究，旨在探索如何在保证教育公平的同时，利用这些工具促进学生的学习和发展。这四个方面的研究不仅符合当前教育改革的方向，也是实现乡村教育现代化的重要途径。通过深入研究和实践，可以为乡村教育的改进和发展提供科学的理论和实践支持。

（一）农村地区家校合作现状

2021年7月24日，中共中央办公厅、国务院办公厅联合印发了《关于进一步减轻义务教育阶段学生作业负担和校外培训负担的意见》，指出完善家校社协同机制，进一步明晰家校育人责任，密切建立家校沟通，创新家校协同方式，协同推进育人共同体建设。《中华人民共和国家庭教育促进法》认为应该注重家庭、家教和家风的培养，增进家庭的幸福与社会的和谐，倡导家庭、学校、社会合作培养出全面发展的社会主义建设者和接班人。家校合作意味着这两个机构互相支持、协同合作，共同努力为学生创造一个良好的教育环境，以实现双方的教育目标，这也是学校、家庭共同承担子女教育责任的过程。但目前农村地区仍然存在家校合作工作推进过程困难和效果不理想的问题，难以发挥二者共同育人的优势，影响基础教育的效果和质量，也影响学生的全面发展。

（二）减负和课后服务在乡村地区的推进

我国在 1955 年发布了第一个减负政策《教育部关于减轻中、小学生过重负担的指示》，一直到 2023 年，学生减负工作已经走了快 70 个年头，"双减"政策的出台，意味着教育目标由"育分"转向"育人"，这是我国教育事业的一大进步，我们更加关注学生德智体美劳的全面发展。

其一，从"双减"政策的文本来看，学生减负应当是学校力量和校外力量双轮驱动的，其中校外力量包括家庭、校外培训机构等，但有学者认为，这种多主体间联动合作不足，即使有合作也会出现无制度兜底、协作持续力量供给不足等问题。其二，从"双减"政策的执行主体来看，学校和教师往往更注重结果而忽视了教育政策为学生服务的初衷，就校外培训机构而言，政策要求与他们所追求的部分利益相冲突，因而较难保证政策执行主体在完成行动的过程中是积极的、主动的。其三，从"双减"政策的作用对象来看，许多家长在"望子成龙""望女成凤"的价值观引导下不愿意承担"减负"带来的教育公平风险，随之而来的不仅仅是经济压力，同时还伴随着家长焦虑，与此同时，学生的作业量可能减少了，但是错题、知识掌握不牢固，老师与家长的施压同样会致使学生产生焦虑、厌学的情绪，这些同样属于学业压力，在"双减"之后依然存在。社会对学生的期望和评价仍然过于偏重成绩和考试分数,虽然政府可以推进相应的政策,但学生和家长心态和价值观念的转变仍然需要时间。学生和家长过度追求竞争和成功,也将给"双减"政策的实施带来一定的挑战。

2017年教育部印发的《教育部办公厅关于做好中小学生课后服务工作的指导意见》(以下简称《指导意见》)指出,课后服务主要为安排学生做作业、自主阅读、体育、艺术、科普活动,以及娱乐游戏、拓展训练、开展社团及兴趣小组活动、观看适宜儿童的影片等。课后服务最开始的作用是解决"三点半问题",但是随着"双减"政策的出台,社会对学校课后服务有了更高的要求,课后服务成为实现"双减"目标的重要组成部分。但是课后服务在开展过程中也存在诸多问题,包括对课后服务理解不到位、资金匮乏、资源稀缺、家校合作薄弱等。解决这些问题需要学校、家长和教育工作者之间的密切合作与互相支持。

"双减"政策中的其中一减就是减少校外培训压力,一方面是减少学生面对校外兴趣班、补习班的压力,另一方面也是为了规范校外培训机构的运营。家长和学生对校外培训的需求之所以强烈,是因为他们希望通过校外培训机构提供的额外学习机会和资源来提高学习能力、拓宽知识面、培养兴趣和发展个性。这种需求与传统学校教育体系无法满足学生个性化和多样化学习需求的现状密切相关。然而,一些校外培训机构存在违规运营现象,他们逐利而行的行为扰乱了正常的学校教育,甚至出现了违法行为，增加了家长的教育焦虑，但仍然有家长将自己的孩子送到校外培训机构，这反映了当前家长们对子女教育的重视和对升学就业竞争力的需求，他们希望为子女教育发展与向上流动争取更多的机会。为此，面对学校"减负"，他们能够接触到的第一个解决办法就是校外培训机构，所以填补家长需求与部分校外培训机构不合规运营、国家整治校外培训机构现状之间形成的鸿沟是当前社会需要努力的方向。

（三）家庭是育儿的重要保障

《民法典》强调，"真正的教育，从来就不单单是学校的事情，更是家庭、学校和社会共同的责任"。2022年1月1日，《中华人民共和国家庭教育促进法》正式实施，标志着中国家庭教育迈入新阶段。农村地区的家庭教育问题错综复杂，亟须学界关注并贡献理论价值。农村家庭教育问题日益凸显，多数农村家庭对子女的学业及心理问题更为关注，对子女的社会性期待逐步提升，但是据北京师范大学儿童教育研究院调查，近四成学生表示家长从不或几乎不与自己沟通。

《关于加强农村留守儿童关爱保护工作的意见》中提出，留守儿童指父母双方外出务工或一方外出务工另一方无监护能力、不满16周岁的未成年人。留守儿童根据父母外出务工情况具体可分为以下两类：单留守儿童指父母一方外出务工而另一方行使监护责任的未成年人；双留守儿童指父母双方均外出务工或一方外出务工而另一方因未知原因未行使监护责任的未成年人。其中，单亲儿童更是不可忽视的重要群体。

（四）手机使用成为育儿的重要挑战

在互联网、大数据与人工智能的深度融合下，手机功能实现了数字化时代的巨大飞跃。手机集网络、游戏、影音等多功能于一体的设计以及其便携性、私密性和易操作性等，给人们的生活带来了很大便利和乐趣。截至2022年12月，我国网民规模为10.67亿，其中使用手机上网的比例达到99.80%，手机成为我国网民的第一大上网终端。其中青少年网民规模也在持续增长，手机作为青少年网民的主要上网设备，触网低龄化趋势更为明显，青少年手机沉迷也成为一个严重的问题。

二、现实困境与原因

（一）农村地区家校合作问题

1. 农村地区亲子沟通频率少且质量低。

以孩子学校发生的事情为例，通过沟通孩子的在校情况，能够及时满足孩子情感上的需求，让孩子在生活和学习中有获得感。可实际上，农村地区的亲子沟通频率较少，且家长主动性较差。问卷调查结果显示，6.46%的家长总是和孩子沟通学校发生的事情，31.18%的家长经常和孩子沟通学校发生的事情，42.59%的家长偶尔沟通，15.59%的家长极少沟通，而4.18%的家长从不和孩子沟通学校发生的事情。

2. 家长对"家校合作"认识不清且家校合作形式单一。

调研发现，多数家长对家校合作的认知仍停留在只理解"家校合作"的字面意思，不清楚"家校沟通""家校合作"的具体内容和内涵。当被问到"家校沟通"和"家校合作"的相关内容时，家长表示："只是听过，听学校老师开家长会时说过，但是不知道怎么实行，我们都没上过学，受教育程度比较低，也不知道咋辅导。""不知道家校合作，但是家校沟通经常和老师说话，有时候在街上见面也会和老师说话。""学校开会普及，但是只说开展家校合作，具体我们也不知道这是啥，该咋开展。"从家长的回答中可以发现，首先，农村地区学生家长缺少家校合作的形式和概念，并没有主动参与到家校合作的活动中。

其次，访谈过程中很多农村家长以"自己学历低""自己没上过学"为借口，"逃避"家校合作和家校沟通。但是也有相反的案例，有一名40多岁的女性农村家长表示："我有时候看抖音的小视频学习家庭教育、家校合作这些东西，会问问孩子在学校干啥，和老师主动沟通孩子的学习情况以及在学校的表现，也会在孩子回来之后问问孩子。"该家长表示自己学历不高，但为了防止孩子继续走自己的"老路"，主动运用互联网学习教育方法，避免教育代际贫困的传递。

最后，在学校层面，目前开展的家校合作多是以家长会的形式进行，家校合作的形式比较匮乏。另外，没有对低学历家长普及家校合作的内涵和具体内容，并制订相应的工作计划。

3.家校合作开展的主体接纳程度低。

隔代教养的实际"养育人"多数年龄大，存在不清楚家校合作概念和内容的现象。学生的爷爷/奶奶或者姥姥/姥爷仍停留在只负责孩子的吃、穿、住和行，并不关心孩子在校发生的事情，当问到是否和孩子沟通以及是否和学校沟通时，大多数的调查对象都说："我们只管吃饭，以及一来一回的接送，有时候我们也看不懂，只能等他爸妈回来弄这些，其他的我们也没有办法。""他爸妈去打工了，家里还有很多地，我和他爷爷还得轮流在家看着。"隔代教养的案例中，多数"养育人"透露着对"家校合作""家校沟通"的无奈，同时也有"养育人"认为"教师不好好教学，搞这些没用，我们以前老师好好教学，娃娃们的成绩就能变好。"隔代教养中的实际"养育人"对这种新型的教育互动持反向态度，并坚持固有的教育观念。

4.农村地区家校合作不尽如人意的原因剖析。

一是家长家庭教育的观念和意识有待提高。一方面，农村地区学生家长受教育水平较低，缺乏对家庭教育的重视和理解。另一方面，部分家长由于工作繁忙、经济压力等，被迫离开孩子，无法抽出时间和精力关注孩子的学习和教育，导致家校合作的效果不理想。这些观念会导致家长和教师之间的沟通与互动缺乏理解与信任，甚至出现一些负面情绪和态度。如果教师认为家长不能给予有效帮助，或者对家长的参与持消极态度，那么就难以建立起良好的家校合作关系。反之，如果教师认为家长是孩子教育的重要伙伴，愿意积极倾听家长的意见和建议，主动和家长沟通和交流，那么就能够促进家校合作的顺利进行。

二是农村师资力量和水平有待提高。教师的素质和能力直接决定了教育教学的质量，影响孩子的学习成果和家长对教师和学校的信任度。如果学校的师资水平较低，那教育教学质量难以得到保证，难以获得家长的信任和支持。在这种情况下，即使教师愿意积极参与家校合作，也难以保证实现家校合作的目标。如果学校的师资力量素质高、业务能力强，教育教学质量得到保证，那学生的学业成就也会提升，家长也会主动与教师合作，共同促进孩子的成长。

（二）"双减"与课后服务

1.一些地区和家长对"双减"政策的理解和执行不到位。

对于"双减"政策的执行，有些地方和学校只是简单地减少了作业量和考试频次，并没有真正转变教育教学方式和评价体系，依然存在教师注重灌输知识和应试教育的问题，导致学生仍然面临较大的压力和负担。而对于"双减"政策的理解，访谈时，有的家长表示"听说了，学校有乒乓球、羽毛球、画画等，还有诗歌朗诵，挺丰富的"。显然，家长将"双减"与学校的某些课后服务内容画上了等号，有的家长甚至直接反问"什么叫'双减'"。

在农村地区的教育现状下，是否需要"双减"政策是一个有争议的问题。农村地区的教育资源相对匮乏，包括师资力量不足、教育设施不完善等，学生面临着获取高质量教育资源的困难。农村地区的家庭和社会环境相对宽松，学生有更多机会参与户外活动和其他兴趣爱好，学习和成长的过程相对自由和宽松。因此，农村地区教育现阶段最迫切的问题不是减轻学生的学业压力，而是提升教育资源的投入和质量。毕竟农村地区学生还要与城市地区学生竞争，而适度的学业压力可以培养学生的竞争能力和适应能力，提高他们的综合素质和未来发展的竞争力。过度减轻学业压力可能导致学生缺乏紧迫感和自律性，影响他们未来的发展。

政府实施"双减"政策的目的是促进学生身心健康发展和平衡教育资源的分配。政府认为，过多的课外培训和额外补习可能会导致学生过度劳累和不必要的竞争。因此，政府制定了政策来限制学生的学业负担和校外培训时间，以保障学生的健康成长。然而，家长担心的问题在于，减少了学生的学业负担和校外培训时间，是否会影响学生的学习效果和学业成绩。他们担心学生无法获得足够的学习资源和机会，导致学习进步受限。"双减"政策要求学生减负，不仅仅是针对分数，而是要注重培养学生的综合素质和能力。然而，在推行"双减"政策的过程中，课题组发现这可能会与家长唯分数论的传统价值观念存在冲突。调研中，一名家长表示："虽然要求'双减'了，但考高中、考大学还是分数说了算。课后辅导收钱倒无所谓，我主要是觉得孩子没有学到东西。"可见家长普遍关注孩子的学习成绩，并认为高分是评价学生能力和未来发展的重要指标。因此，当政策导向与家长的价值观相冲突时，可能会导致矛盾和冲突的出现。

城市和农村地区的教育环境存在一定差异，农村家长对于传统的学科教育有着较高的期望，他们希望自己的孩子能够学习更多的知识，以应对日后的人生挑战。许多家长认为"双减"政策会让孩子的课业负担减轻，他们担心这可能会降低孩子学习的效果和总体素质，担心会削弱农村学生的竞争力，限制他们进入好的高中和大学。一些家长担心，如果孩子的学习压力减轻，他们可能会在高考和就业竞争中处于不利地位。他们认为农村学生本来就面临着更少的机会和资源，削减课程会进一步限制他们的就业机会。

此外，还有新增的压力——课外作业。访谈中发现，很多家长会给孩子购买课外资料，调研中，有家长表示："老师不让买，那就偷偷地买，自己学，作业写完了还有课外资料，这些资料是跟课资料，老师讲到哪儿了，就自己跟着资料学。"家长购买的课外练习资料可能包含大量的练习题目，有时会远远超过学生的实际需要，而在学校已经安排了正常课程和作业的情况下，课外练习资料需要孩子在零碎时间里完成，这会导致孩子在短时间内面临海量的学习任务，无疑增加了他们的学习压力和时间压力。家长购买课外练习资料，往往出于对孩子学习成绩的期望和焦虑。他们希望通过额外的练习提高孩子的成绩，但这也会给孩子带来压力和负担。过多的课外练习以及长时间的机械性重复还可能让学生产生疲劳和厌倦感，进而影响他们的学习兴趣和动力。

需要明确的是，"双减"并不意味着完全没有课后作业，随着时代的发展、科技的进步，一些线上打卡任务同样属于课后作业的范畴。首先是纸质版的作业，在调研过程中，所有的调研对象都表示自家孩子到家之后仍需要写作业，不存在没有作业的现象。家长首先面对的就是辅导孩子写作业的问题，但实际上农村许多家长的文化水平不够，孩子遇到的一些作业问题他们没办法解决，对此他们非常苦恼。正如一名学生家长所说："自己没文化，教育不了孩子，我觉得最大的问题就是这个。"家长在辅导孩子完成作业的过程中，一方面希望孩子可以高质量地完成作业，可也会因为孩子不会做题而感到焦虑，所以当孩子写错答案时，家长会更加烦躁；另一方面家长希望孩子遇到不会的题时，能够帮助孩子，却发现自己能力有限，此时家长不仅要面临孩子的质疑，同时也会产生自我怀疑，从而增加了自身的心理负担。家长在面对自己辅导不了的题目时，会想到用手机搜，调研中有家长表示："小的我还能辅导，大的我就辅导不了了，孩子不会，我不会，那就只好借助手机了，就让他自己看，自己弄。"如此伴随而来的就是另一个问题——手机问题，孩子在用手机搜题目的过程中会偷偷玩手机。有家长表示："手机给孩子，我就去忙了，孩子有问题就自己去查，忙完后发现那道题搜是搜完了，但这段时间就玩手机了。"

其次是线上打卡作业，主要是通过一些手机软件背诵、朗读等，有时老师也会要求将纸质作业拍照上传到软件。其实疫情之后，很多地方就要求不能有线上打卡作业，但是疫情防控期间许多老师已经习惯了这种线上批改作业的方式，可能因为成本，也可能因为这样可以将部分教育责任转移给家长，从而相对减轻老师的压力，所以线上打卡作业仍存在。

2."双减"政策落实不到位原因剖析。

（1）家长没有充分了解政策的具体内容以及目的。他们所接收到的信息不准确或片面，导致对政策的理解出现偏差。社交媒体上可能存在一些负面报道或评论，这些内容可能夸大了负面影响，进而影响了家长对政策的理解。某些家长可能因为"双减"政策的实施而受到了直接或间接的经济、时间等方面的影响，导致他们对政策持有负面态度，并对政策的目的和意义产生误解。一些家长可能过于强调知识输入和成绩竞争，认为成绩是唯一的出路，所以对政策中强调培养学生全面发展和素质教育的理念持怀疑态度。一些家长可能受传统观念的影响，认为只有通过艰苦训练和高度竞争才能取得成功，对于政策中试图减轻学生负担和缓解竞争压力的措施持怀疑态度。

（2）农村地区的教师教育背景和教学水平较低。即使减少了课时和作业量，但如果教学质量不高，学生仍需花费更多时间和精力来弥补知识的不足，所以他们的压力可能并未得到真正的缓解。这一点主要出于学生个人的认识，年纪稍微大一点的学生，例如五六年级或者上初中的学生，他们已经出现了比较心理，如果其他同学的成绩比自己好，或者说自己有哪些知识点学得不如周围同学，就会焦虑，也会在课下弥补，这会给学生增加压力。许多农村地区的学校条件较差，教师数量稀缺，教育资源匮乏，对于这些学校来说，要在保证教育教学进程的同时减轻学生压力，是一项极大的挑战。因此，即使"双减"，那些能够减轻学生压力的措施也可能无法有效实施。

（3）家长焦虑过多。随着"双减"政策的实施，农村地区的学校也在逐步减少课后作业，但也面临着另外一个问题，即家长不了解孩子在学校的学习情况。家庭作业是家长了解孩子在学校学习情况的一个重要途径，但随着作业量的减少，家长了解孩子学习情况的机会减少了，途径也变窄了。调研中有家长表示："感觉孩子作业少了，成绩也下降了，会不会和作业少有关系？"作业量的减少还可能导致学生对知识点的掌握不够全面，对知识点的练习程度过浅。在学习知识点的过程中，做完相应的作业就以为自己已经学习并掌握了，却不知想要真正洞悉还需要更深刻地理解和勤奋练习。这无疑导致学习的深度和广度会有所减少，还可能引发家长们对孩子自身学习能力以及未来竞争力的担忧。他们担心孩子掌握的知识不足，考试成绩有可能并不理想以致无法从同龄孩子中脱颖而出，这种焦虑感在"减负"的持续进行和周围同学的日益进步中逐渐加剧。

3. 减负背景下的课后服务。

为了解"双减"政策针对学生开展的课后服务项目，课题组调查了家长对课后服务的满意度，结果显示，44.11%的家长对课后服务比较满意，33.46%的家长觉得课后服务一般，13.31%的家长对课后服务非常满意，而对课后服务比较不满意和非常不满意的家长都占比4.56%。

学校课后服务与"双减"政策存在一种相辅相成的关系。学校课后服务的目的原本是为学生提供额外的学习支持和辅导，解决"三点半"问题，帮助学生巩固所学知识、拓宽视野、培养兴趣爱好。然而，随着学生学业负担的日益加重和家长对教育投入的过度追求，课外培训机构日渐增多，导致学生和家长在时间、精力和经济上都面临着巨大压力。为了解决这一问题，教育部提出"双减"政策，旨在减轻学生过重的学业负担和家长过度投入的经济负担。而学校课后服务作为学校提供给学生的一项服务，应当遵循"双减"政策的要求。通过提供质量好、内容丰富的课后服务，学校可以帮助学生更好地掌握所学知识，从而提高学习效果，减轻学业压力。同时，适当的课后服务也可以帮助学生培养兴趣爱好，促进学生全面发展，减少家长对校外培训的依赖。

然而有些是为了统一学习进度不得不参加学校课后服务。学校课后服务作为常规教学的补充，有一项重要内容是辅导学生完成作业。因此在"课外辅导"课后服务中，许多老师选择让孩子完成课后作业，并对大部分同学不懂的问题进行统一解答。为了不让孩子错过学习的机会，同时也为了确保孩子能够跟上学校的学习进度，许多家长便要求孩子参加课后服务。课后服务很大程度上是为了解决"三点半"放学问题，然而在农村地区，许多家长可以达到三点半放学接孩子的条件，因此，有受访者表示"在农村地区开展课后服务完全没必要"。然而，部分学校为了便于统一管理，不顾学生和家长意愿，催促、强制学生参加学校课后服务，从而滋生家长对课后服务的不满，进而质疑学校开展课后服务的用意，担忧孩子参加课后服务的效果。总之，不想参加课后服务的认知与被迫参加课后服务的行为相互矛盾，导致认知失调，产生教育焦虑。

4.课后服务效果欠佳的原因剖析。

（1）学校对课后服务的宣传解释不到位。农村地区家长文化水平和认知水平较低，很少有家长会认真了解课后服务政策，同时更多的家长更加注重对孩子物质方面的支持，对孩子学习能力、认知能力等方面的关注较少。目前农村学校课后服务形式单一，主要有作业辅导与社团互动两项，正如家长所说："学校里就辅导作业，然后就是讲那些不会的题，没有其他，而社团服务也只在礼拜三的时候有。""一天两节,课后服务主要是让孩子写作业,老师会在,但不会讲课,老师坐在讲台上监督孩子,不让孩子说话。"虽然仅是从家长、学生的角度了解课后服务,但是明显可以看出学校课后服务形式单一,与政策中"做作业、自主阅读、体育、艺术、科普活动,以及娱乐游戏、拓展训练、开展社团及兴趣小组活动、观看适宜儿童的影片等"内容相去甚远。

在"唯分数""唯成绩"等传统教育观念的影响下,乡村地区学校和教师将升学率和学生成绩作为评价自身教育教学质量标准的现象较为普遍,加之资源不足,学校更多的只能将作业辅导作为课后服务的主要内容来对待。毕竟"小升初,初升高,都要靠分数,有些县就一个中学,拿不到分,连中学都上不了,上中学后还要拿分考大学,不看分数就无所谓,但现在都是拿分说话"。"唯有读书高""分数就是出路"的教育观念和评价机制促使乡村家长渴望子女通过"高分"成绩考入好大学,这导致理想的课后服务目标、价值定位与学生家长的主体意愿相背离,甚至出现家长对校内课后服务的质疑与不信任。

(2)农村学校开展课后服务资源不足。师资短缺是制约农村学校课后服务功能有效发挥的首要原因。由于农村地区的教育资源较为匮乏,吸引和留住优秀教师也较为困难,导致学校无法配备足够的教师来开展丰富多样的课后服务活动。再加上农村地区的教育基础相对薄弱,农村学校的教师在教学水平和专业素养方面往往相对较低。课后服务所涉及的文体课程，如科技、艺术、体育和音乐等，对教师的专业能力提出了很高的要求，有家长表示："差距可大了，反正农村的老师就不如城里的老师。虽然师资是一方面，学生是一方面，但是我感觉每个孩子的学习能力应该是相当的，或者略有差异，所以最重要的还是硬件条件、师资，老师的好与不好应该是比较大的问题，其他的感觉没啥。"因此在课后服务的组织和开展过程中，教师可能缺乏必要的专业知识、技能和经验，无法有效地引导和指导学生参与活动。

（3）资金不足导致课后服务质量较低。课后服务需要通过各种素质类课程来满足学生个性化、多元化的成长需求，因此，课后服务的开展需要大量的资金和经费投入。农村地区学校的财政拨款相对于城市学校来说相对较少，用于开展课后服务的经费也相对不足。由于经费不足，农村学校可能无法提供适当的场地和设施来开展课后服务活动。例如，缺少图书馆、实验室、多媒体设备等资源，无法为学生提供进行参与性学习和实践活动的场所和设备。农村学校经费有限，往往无法聘请到专业的课后服务教师或专业人士来指导和开展活动。缺乏专业的师资，将影响课后服务活动的质量和效果。经费不足意味着农村学校无法购买适当的教材和教具，限制了课后服务活动的丰富性和多样性。例如，无法购买图书、音乐器材、体育器材等，限制了学生在不同领域的拓展和兴趣培养。经费不足意味着学校无法提供适当的奖励和激励措施来鼓励学生参与课后服务活动。缺乏奖励和激励将导致学生对课后服务的兴趣降低，影响活动的参与度和积极性。经费不足可能限制了学校组织学生外出活动和参观的机会，这将限制学生的视野拓展和实践经验积累，影响课后服务的综合效果。有家长反映，学生参加课后服务是要交费的，农村地区的家庭经济条件相对困难，家庭收入有限，如果学校开展课后服务需要额外收费，那将增加他们的经济负担。一些家庭会因无法承担课后服务的费用，导致他们的孩子无法参加学校的课后服务，可能使孩子错失提高学习成绩、培养兴趣爱好等的机会。而且家长可能也会因此产生一定的压力和焦虑情绪，他们可能会感到内疚，觉得无法给孩子提供最好的教育资源，担心孩子因此受到影响。

5. 新问题的产生以及思考——课外补习。

课题组调研了学生课外补习的情况，结果显示，55.51%的学生没有课外补习科目，24.71%的学生有1科的课外补习科目，14.45%的学生有2科的课外补习科目，5.33%的学生有3科的课外补习科目。

"双减"政策要求减少学生的作业量，减轻学生的学业压力，让学生用更多的时间参加丰富多样的素质教育课程，来提高他们的发展潜力。课后服务从原来的解决"三点半"问题转变为服务学生的全面发展，这和家长要写作业才能提高学习成绩的观念不同，家长希望通过作业的训练以及大量的主科课程来提高孩子的学业成绩，所以"双减"后家长会担心自己的孩子有没有真正学到知识，以及他们在以后的考试中能否拿到更好的分数，进到更高等的学府，或者在以后能否找到一份好工作。为此，家长会选择课外培训机构，这种培训机构包括兴趣班和补习班，兴趣班有音乐、美术、体育等，补习班包括对学校学到的知识的补充以及更加深入的知识教学。

给孩子报课外培训机构，实际上是家长的无奈选择，出于攀比心理，当周围的家长给他们的孩子报了一些补习班，学习更多的技能和学业知识时，他们会想：如果其他家庭的孩子接受了补习班的教育，而自己的孩子没有，那自己的孩子会不会输给他们？这些家长不愿意承担这样的风险，所以他们也会报补习班，如此一来就出现了很多家长都想报补习班的现象。不过这并不意味着所有的农村家庭都报课外培训机构，因为部分家庭没有那个经济条件，或者说部分孩子没有那样的兴趣，但实际上他们在心理上仍有这样的倾向。

我们访谈的一些让自己的孩子参加课外培训机构的家长反映："周围的孩子都有报，我们就也报上了。"还有的家长表示："孩子对这方面有兴趣。"有的家长则希望自己的孩子能有一项技能，他们说："报班不是必要的，但有利于德智体美劳的全面发展。娃娃将来进入单位了，参加个晚会，学个舞蹈就可以在晚会上表现一下，这还挺好的。男娃娃学个书法，写好字也是有必要的。"

给孩子报课外培训机构带来的另外一个问题是家庭的经济压力与日俱增。受访地区为陕北地区，受访的对象主要为农户，他们主要的收入来源是畜牧业，比如养羊、养猪，他们的家庭收入不高，同时也是不稳定的，因为攀比去报这样的课外培训后，家长的经济压力就增加了。虽然这样的攀比心理不必要，但确实存在。

最后一个需要思考的问题是农村地区课外培训机构是一个什么样的培训机构？部分农村地区的课外培训机构缺乏相关的认证和资质，无法对培训内容和教学质量进行有效监管和评估。由于教育资源不足，农村地区的课外培训机构往往无法吸引到具备专业知识和教学经验的高素质教师，师资力量相对薄弱，导致教学质量无法得到保障。一些农村地区的课外培训机构在教学内容、教材选择和教学方法等方面缺乏规范，存在教学内容与学校教学不协调的情况。培训机构为了吸引更多学生，可能会重视应试技巧而忽略基础知识和综合素养的培养。农村地区的课外培训机构往往设施和条件不如城市地区的培训机构，例如教室狭小、教学设备不完善、图书馆资源匮乏等，这些限制了培训质量的提升。

(三) 农村地区留守、单亲情况不容忽视

1. 单留守儿童家庭教育。

农村家庭也普遍重视子女的教育，为给子女提供更好的教

育资源和环境，父母选择外出务工以赚取更多收入提供代际支持，导致留守儿童成为一种趋势。原本"父—母—子"是家庭教育的核心结构，父母的"在场"不仅能成就教育的整全意义，还会对子女教育产生正向影响。可父母一方或双方外出务工导致这种家庭教育的核心结构断裂，对子女教育乃至整个家庭造成了不可逆的影响。本次调研中，诸多受访者处于单留守儿童家庭，所谓单留守儿童家庭，即父母一方外出务工，一方在家照料子女。虽然本次调研地区的双留守儿童家庭不在少数，但母亲在家照料子女的方式仍占主导地位，即更多的还是"子—母"的家庭结构，父亲一年只有极少数时间在家，属于孩子和父亲的独处时间更是少之又少。

（1）单一性教育方式削弱教养成效。由于母亲的教养方式占据主导地位，致使一些孩子在家庭中依赖母亲而忽略了父亲，从而影响孩子与父亲之间的亲子关系。调研中遇到一个单留守儿童家庭的典型例子，父亲在外开饭店，一年回家一次，母亲在家照顾家庭。他们家有三个孩子，两个女儿分别上五年级和二年级，一个儿子才两岁。大女儿由于性格原因和母亲交流比较少，这位母亲说："和大女儿沟通得比较少，她本身就特别文静，而且成绩也不好。就算想要什么东西也会让妹妹给我说，而不是直接告诉我，从小就很内向。她说她在学校的朋友和她一样很内向。"在教养过程中，母亲甚至采取了暴力手段，虽然只是少数，她说："我觉得孩子大了就好管教了，从小她就不爱说话，多问几句也不吭声,有时候打她几下她才说。和她爸爸也像陌生人,过年回家也就是要钱的时候才说话。"

其实在这种家庭中,大部分母亲的教养方式比较温柔,一方面觉得孩子缺少父亲陪伴愧对孩子,另一方面想给孩子一个好的家庭氛围,但暴力方式对孩子的影响是潜移默化的,可能造成身心健康问题:身体上,他们可能会受到伤害或暴力行为的威胁,导致身体疼痛和伤痕;心理上,他们可能会出现焦虑、抑郁、自卑、恐惧等心理问题。他们因为恐惧、胆怯或过度戒备,而缺乏与他人建立良好关系的信心和能力,导致产生孤独感及其他人际交往问题。再加上当前很多单留守儿童家庭,父亲的形象是虚无缥缈的,可父亲在家庭中扮演着独特而重要的角色,他不仅是孩子的支柱和依靠,更是一个充满爱、责任和智慧的伙伴,他们的关爱、引导和参与对孩子的成长和发展至关重要,所以父亲的缺失,也会对孩子的成长造成不良影响。

(2)不良家庭氛围影响孩子心理健康。调研中发现一些家长对家庭氛围的评价基本是:"还算融洽。""我和孩子爸爸经常联系,也不怎么吵架。""孩子和我们都有沟通。"实际上有些家庭的相处模式和氛围会给孩子带来不良影响,有一位受访者让人印象深刻,访谈时她刚打完麻将,等访谈完她还要继续去,回答问题也比较敷衍。孩子的父亲在外打工,家里的经济条件还算可以,以至于母亲可以在养育孩子的同时兼顾自己的休闲生活。这种家庭氛围中的孩子,难免会有孤独感,虽然母亲在家照顾自己，但家庭的不良氛围，比如玩牌、酗酒、打麻将、吵架等会对孩子造成很不好的影响，所谓"近朱者赤，近墨者黑"，长期生活在这样家庭氛围中的孩子很容易染上各种不良习惯。

2. 双留守儿童家庭教育。

21世纪以来，生存的竞争压力将父母长时间"放逐"在家庭教育生活之外，孩子严重缺乏双亲陪伴，这对他们的学习成绩也会产生消极影响。父母是孩子最亲近、最重要的情感支持和依靠，他们的陪伴和关爱对孩子的情感发展至关重要。父母对孩子的教育和引导起着重要作用，他们能够传授价值观、道德准则，帮助孩子培养正确的行为习惯和社交技能。若父母长期不在身边，以"父—子—母"为核心的家庭教育结构将不复存在，子女的社会化过程将充满坎坷。

当前农村双留守儿童最主要的监护类型是祖辈监护，这种监护大多存在受教育程度低、照顾能力不足等缺点，难以给留守儿童的学习提供实质性的辅导和帮助，他们也很少了解学校的情况，与孙辈们存在代沟，不能顺畅地与他们沟通和交流。本次调研的地区，双留守儿童较少，但还是不可避免地产生了一些教育问题。

（1）缺少父母的情感支持。一个8岁的女孩，父母在城里务工，平时在家跟着爷爷奶奶生活，不过爷爷奶奶顾着农活儿，孩子就自己在家玩手机，周末爸爸妈妈把孩子接过去。老人在未深入交流的情况下便否认孩子存在心理问题："那么小的孩子能有什么心理问题，和别的小孩也好着呢，人际关系也没啥问题。"孩子因为缺乏父母的陪伴而面临社交问题，同时他们难以建立健康的人际关系和友谊，缺乏社交技能和适应能力。缺少父母的教育指导和支持，他们会面临学业困难、学习动力不足以及缺乏适当的学习资源等问题。

（2）隔代教育与直系教育出现分歧。老人因为溺爱孩子，会无条件满足孩子的要求，他们只是想要孙辈快乐，而不会在教育上有更高的要求。在成绩和健康之间，受访者表示："健康重要，学习就建立在身体健康上。""孩子开心最重要。"他们更多的是对孩子的健康期望，却忽视了家庭教育的必要性。他们认为孩子的教育属于学校和孩子的父母，自己只起到看护孩子的作用，只要孩子过得开心，听父母的话就够了。

（3）电子设备成为陪伴孩子的主要工具。由于农村地区整体教育水平偏低且教育资源短缺，父母在子女教育过程中较少承担知识教育功能，与学校的配合也相对较弱。疫情为电子设备进入家庭教育提供了契机，子女成为电子设备的最大使用者，有家长表示："平时就是在家玩手机，给她个手机她就不乱跑了。""我不会，都是娃自己搜题，自己做，做完了就把手机给我了。""他自己拿着手机就弄了，我也教不了，没什么文化。""娃娃自己用手机就做完了，我问她做完没有，她就说都在手机上学好了。"可见电子设备的教育功能，加重了孩子受教育过程中对电子设备的依赖。可互联网上的信息并不总是准确可靠的，搜索结果中可能包含错误、误导性或过时的信息，这可能误导孩子的学习，也可能导致孩子过多地依赖搜索引擎的答案，而缺乏对问题的批判性思考和独立思考能力。这些对于家庭教育都有很大的影响，父母和祖辈知识的短缺需要电子产品来补救，虽然这对孩子的学习有很多好处，但是一旦电子产品的主导权属于孩子，互联网对孩子成长的形塑尤其是负面影响，就会被无限放大。

3.单亲儿童家庭教育。

调研发现，三分之二的单亲家庭孩子不是由其父亲或母亲直接教育和管理的，而是以隔代教育为主，且教育效果也不尽如人意。所谓单亲家庭隔代教育，是指因父母离异、父母一方去世或其他原因造成家庭破裂，单身父亲或母亲无法正常抚育孩子，托付祖辈家长代为抚养和教育的一种特殊家庭教育方式。这种教育方式下，单亲儿童具有明显的自卑、自闭、猜疑、孤僻、怯懦等性格特点，若不及时发现并纠正，会使孩子性格扭曲，严重的还会导致心理变态，影响其情感、意志和品格的发展，更有甚者会导致儿童出现性别角色移位，这类问题必须引起重视。本次调研中遇到一个10岁女孩，父母早婚，且没到法定结婚年纪，家中长辈借钱为其办了婚礼。妈妈生完孩子就走了，也从不联系，爸爸外出打工，几个月回家一次，孩子从小跟爷爷奶奶生活，是贫困户家庭。爷爷奶奶虽然可以提供照顾和支持，但他们无法替代父母的角色。当被问道："平时陪伴孩子多吗？孩子和谁关系好点？"爷爷说："我们忙得很，顾着养猪，很少带她出去玩。关系都差不多，她爸也不回来，就跟我们俩，有时候也给我们说学校的事情。"爷爷奶奶一般年龄较大，教育背景和能力有限，无法提供良好的教育资源和指导，这导致单亲儿童在学业上面临一定的困难，影响他们的学习成绩和未来发展；社交圈可能比较有限，无法为单亲儿童提供广泛的社交机会，而缺乏与同龄人的互动交流还可能影响孩子的社交能力和自信心的培养。祖辈通常年事已高，身体不太健康，精力也有限，独自照顾孩子的责任可能对他们造成一定的压力和负担，尤其是在孩子需要更多关注和照顾的阶段，有受访者表示："孩子妈妈不跟她联系，爸爸也是几个月回家一次，我们管孩子毕竟有限，不是爸爸妈妈，怕管不好孩子，也怕她不和父母说话，不联系肯定出问题。"有些单亲家庭在经济、情感和资源方面存在较大的压力："经济上也不好，为了让她上得好点，还让她去县城上学，想给她报个画画班，又供不上。"总之，祖辈作为养育者无法提供足够的经济和情感支持，这会对孩子的健康成长和发展产生消极影响。

4. 留守、单亲儿童家庭教育问题原因探究。

（1）家庭教育认知率低。基于本次访谈，诸多受访者在被问及"您了解家庭教育吗"时普遍回答"不了解或听说过但不明白怎么教育"。很多农村家庭面临经济压力，生活条件相对艰苦。有些家庭可能无法提供足够的教育资源和经济支持，如购买学习材料、支付学费等，这使得孩子接受良好教育的机会受到限制。再加上有些家庭对家庭教育重要性的认识不够深入，导致难以有效衔接家庭教育与学校教育。

（2）家庭与学校教育职能主体不清。家庭表现出对教育话语权的推诿，习惯将教养孩子的责任、义务和压力让渡给学校，自己因为懒惰、不自信或寻求免责不愿参与其中。很多家长认为教育孩子是学校的责任，既然孩子送到学校，老师就应该负责孩子的知识授予，书中有更多道理让孩子学习人生观、价值观。还有些家长不信服教师的教育理念，而是自己有一套教育方法。学校作为知识生产和传播的专业共同体，也习惯将自己封闭在围墙之中，享受与外部世界隔离之后的垄断性自由。

（3）孩子心理和人际关系问题被忽视。很多家长认为孩子年纪小就不会出现心理问题，然而很多留守儿童和单亲儿童普遍存在心理问题。父母长期外出打工容易引起家庭功能的嬗变，家庭教育与亲情功能的弱化会影响留守儿童的学业成绩、人际交往与心理发展等。尤其是单亲家庭孩子的心理问题更应该被关注，他们往往会出现孤寂感和抛弃感、自闭自卑心理、自尊心扭曲和逆反仇视心态、自责感和不安全感、猜忌心理和不信任感以及性格不完善和性别移位等问题。很多受访者认为孩子年纪较小，只要给他们足够的关爱，他们就不容易有心理问题，由此忽略了孩子的成长环境和人际关系问题。

（四）农村学生沉迷手机情况

信息化时代，电子产品尤其是智能手机已经成为我们生活中不可或缺的一部分。对学生而言，智能手机不仅仅是通信工具，更是学习资源和信息获取与社交的重要平台。然而，学生使用电子产品（特别是智能手机）既带来了便利，也引发了一系列问题和挑战。

在陕西省北部某县调研时，学生家长普遍反映学生有手机沉迷问题。一些家长谈到孩子的手机使用情况时这样形容："沉迷手机后，感觉手机比什么都当紧。""是着迷了，前一段时间我忙得顾不上，她就会一直看，从早上能看到很晚。""什么都不愿意干，只想玩手机。基本上就是玩游戏，只要有手机，一天都不找事，就坐那儿玩，喊他也听不见，就一直抱着玩，手机比家长都有用，不让玩可能会不高兴。""比较严重，喊他去干吗都不听，反应变缓慢了。""他（孩子）看手机的时间感觉还是挺长的，上学的话，一天两个多小时，不上学的时候，作业写完，只要有时间就看手机。我出去了，他就自己在家看手机。"

调研发现，沉迷于手机对孩子的情绪、社交、视力、成绩等多方面都产生了负面影响。一名初中学生的家长说："性格变得有点孤僻，情绪不太稳定，社交也有点变化，学习上肯定有影响，有点退步，一开始儿子沉迷游戏，成绩下降了。社交上主要因为手机沟通不需要过多面对面，所以有些表达多使用文字，缺少感情。孩子受手机影响，自制力变差。"

农村学生沉迷手机的原因剖析。

（1）课后娱乐活动较少，无聊时只能靠手机打发时间。农村学生在课后和周末没有娱乐活动，无聊时候居多，而手机中丰富的多媒体功能和内容诱导其投入其中，产生手机沉迷。调研中，一名农村六年级学生的妈妈说："孩子因为没啥事情做，也没其他娱乐活动，有点无聊，肯定喜欢看手机。"一名农村五年级学生的妈妈说："如果有一个业余爱好，比如画画等，她就不会老看手机了，也不会无聊了。"一名农村幼儿园中班孩子的妈妈说："小儿子喜欢看手机是因为无聊，大的（他姐姐，三年级）回来，我要陪她写作业，小的回来没人陪他玩，就看手机，而且也没人照顾他。"一名初一学生的妈妈说："自己在家孤单，手机就成了他的朋友。"家中有两个上小学孩子的妈妈说："放假了也没人陪他玩，就看手机吧。"这反映了农村学生课后娱乐活动少，在家无聊时间较多，因此出现靠手机打发时间的情况。

（2）学龄儿童自制力较差，但是网络、游戏和短视频对人的吸引力大。手机给人们带来的便利和乐趣毋庸置疑，在成人社会中，机不离手，人机一体，随时低头看手机已经成为人们的生活习惯。在调研中发现，家长认为手机的吸引力太大了，大人都会沉迷于手机，何况自制力不强的孩子。一名五年级学生的妈妈说："手机的魔力、诱惑太大了，就跟我们大人喜欢看一样。"一名六年级学生的妈妈提道："一方面是大人都在玩，家里电子设备变多，另一方面是一些软件，比如抖音，进去就出不来。"一名二年级学生的妈妈说："有时候咱们大人看手机都停不下来，别说小娃了，都没有自制力。"网络给人带来丰富的信息和快捷的刺激，对于自制力较差的学生，是极大的诱惑。

（3）手机和网络是农村学生同伴环境的一部分。农村学生的同伴都有手机，一名六年级学生的妈妈提道："他的同学都用手机沟通，孩子交友必须用手机，他的同学也玩手机，有点从众。"一名一年级学生的爷爷说："人家小孩都玩，她也看见别人玩，你不让她玩，就是不让她和外界接触。"一名二年级学生的妈妈说："看人家玩，他就想玩，现在娃娃都玩手机。"两个孩子都上小学的妈妈说："手机上的东西好玩，而且都是没见过的，好奇就爱玩，别的小孩儿也玩，所以这一片的小孩都玩手机。"可见，农村学生所处的同伴环境也会影响其行为。

（4）家长无暇管孩子，手机是家长管理孩子的工具。农村家长为了生计忙于农活儿或其他活计，不能花很多时间看管孩子，让孩子看手机，孩子就不乱跑，也算间接看管了孩子。一名孙女上一年级的爷爷说："平常干农活儿的时候忙得很，给她一个手机，她就不瞎跑了。"家中两个上小学孩子的妈妈说："家里农活儿多，也不能一直盯着他，他要手机也就给他了。"一名妈妈提道："限制（孩子）玩手机也闹人，加上家里忙，就让他玩手机了。手机一给他，他就听话了，我们就不用管了。"一名一年级孩子的妈妈说："他一个人待着无聊，吃完饭，作业写完，不让他玩手机他干啥,没办法。"在这种情况下,让孩子玩手机,是最便利的"看管"孩子的方式。

(5)成绩不好,对学习失去兴趣后,玩手机能带来一丝安慰。农村学校的一些学生在各种因素的影响下,成绩逐渐下降,也渐渐失去了学习兴趣,而内容丰富多彩的手机则成了他们在无望学业生活中的一丝安慰。一名孩子上初中的妈妈说:"娃娃不爱学,有的老师讲得细,有的老师讲得不细,娃娃也学不进去,吸收不了,这跟老师的性格有关,有时娃娃也不敢问老师,这样成绩就更加下降了,学习没兴趣了,玩手机会感觉高兴一些,也就有点沉迷手机了。"农村学生所处的环境比较单一,在学业无望后,也少有其他渠道能够转移注意力,手机就是心情不好时的一丝安慰。

三、振兴农村教育的对策

随着教育改革的不断深入,农村教育水平已经成为提高农村教育质量的重要条件。然而,在农村地区,受地域、经济、文化等多方面因素的影响,教育仍然存在一定的困难和问题。为了促进农村地区教育的深入开展,提出以下对策建议。

(一)提升家校合作教育质量

其一,提高家长的教育意识和参与度。农村地区的家长较为缺乏教育意识和参与度，这是影响家校合作的一个重要因素。因此，学校和教师要加强与家长的沟通，通过家长会、家访等形式，让家长了解孩子在学校的学习情况，提高家长的教育意识。同时，要鼓励家长参与学校的各项活动，如家长志愿者、家长监督员等，让家长真正成为家校合作的参与者。

其二，建立健全家校沟通机制。农村地区的学校要建立健全家校沟通机制，确保家校之间的信息畅通。可以通过建立家长微信群等方式，让家长随时了解孩子在学校的动态。此外，学校可以定期举办家长座谈会、家长开放日等活动，丰富家校合作的形式，让家长与教师面对面交流，共同探讨孩子的教育问题。

其三，加强农村师资队伍建设。农村地区的教师队伍存在素质不高、数量不足的问题，这对家校合作产生了一定的制约。因此，政府和学校要加大对农村教师的培训力度，提高教师的教育教学水平。同时，要通过各种途径吸引优秀教师到农村地区任教，提高农村教师的整体素质。

其四，丰富家校合作活动的内容。农村地区的学校要根据当地的实际条件，开展丰富多样的家校合作活动。可以组织家长参加学校的文体活动、科技活动等，让家长了解学校的教育教学情况；也可以邀请家长参加学校的教育教学研讨活动，让家长与教师共同探讨教育问题。通过这些活动，增进家长对学校的信任和支持，促进家校合作的深入开展。

（二）提高农村地区家长对"双减"政策的认同感和支持度

其一，开展宣传活动，通过社区、学校等途径向家长普及"双减"政策的初衷、目标和优势，解答家长的疑问，引导他们理解和支持政策。为解决家长照顾孩子的问题，政府可以提供相应的政策支持，例如建立农村托管中心，让家长能够放心地将孩子托管在安全、健康的地方。加大农村教育资源投入，改善教学设施和教师队伍条件，提升教育质量，让家长认可和信任学校教育，从而更好地支持"双减"政策。建立和家长沟通的机制，邀请家长代表参与"双减"政策的落实，发表意见和建议，增加他们对政策的参与感和认同感。鼓励学校与家长密切合作，定期开展家长会议、家长培训等活动，让家长了解学校的教育理念和教学方法，增强家长对学校的信任和支持。通过建立奖励制度，对家长积极支持"双减"政策的行为给予肯定和奖励，提高家长的支持度和参与度。建立健全教育监督机制，及时反馈教育的成果和问题，向家长公开政策实施效果等信息，增加透明度和信任度，提高家长对政策的认同感。

其二，办好人民满意的学校课后服务。第一，拓宽学校课后服务的内容。除了提供学习辅导外，还可以开设丰富多样的课后活动，如体育锻炼、艺术创作、科技实践等，满足学生多样化的兴趣和需求。第二，提高课后服务任课教师的专业能力。加强教师的专业培训，提高他们的课后服务能力和管理水平，确保教师能够提供高质量、个性化的辅导和指导。第三，学校要营造良好的环境，为课后服务提供良好的学习和活动环境，包括教室设施、图书馆、实验室等资源的完善，提供干净整洁、安全舒适的场所，为学生创造良好的学习氛围。第四，引入外部资源，与社会机构、专业组织等合作，引入专业的辅导教师或志愿者，提供更多的教育资源和服务，丰富课后服务的内容和质量。第五，建立家校合作机制，与家长建立密切联系，共同关注学生的学习和成长，定期开展家长会议、家校互动等活动，了解家长对课后服务的需求和意见，共同合作提升课后服务质量。第六，强化监督与评估，建立课后服务的监督和评估机制，定期检查和评估学校课后服务的质量，同时鼓励家长和学生反馈意见，及时解决问题，不断改进服务。第七，充分利用科技手段，利用互联网和信息化技术，开发课后服务的在线学习平台和资源库，提供远程辅导和学习资源，提高服务的便捷性和质量。第八，加强合作与交流。与其他学校或地区开展合作与交流，分享成功经验和教育资源，借鉴先进做法，共同提高课后服务的质量。

其三，国家应加强对课外培训机构的监管，制定相关管理政策，明确机构资质、授课教师资格标准、课程设置等方面的要求，确保机构的合法性和教学质量。国家和社会应提供师资培训，提升课外培训机构教师的专业素质和教学能力，鼓励教师参加教育教学研讨会、培训班等活动，增强师资队伍的整体水平。建立课外培训机构评估和认证制度，由专业机构对机构进行评估，对符合质量要求的机构进行认证，提高机构的整体质量和信誉度。设立专门的机构或部门，向农村地区的课外培训机构提供专业指导、咨询和支持，解决他们在教学、管理等方面面临的问题，提高机构的运营水平。建立健全监督执法机制，加强对农村地区课外培训机构的日常监督，严厉打击违法违规行为，维护市场秩序，保障学生和家长的权益。

（三）留守/单亲儿童家庭教育改善路径

其一，提升对家庭教育重要性的认识。政府、学校、媒体等各方面可以通过各种形式，向农村家长和社会宣传家庭教育的意义和重要性，同时加强对农村家长的教育，例如举办家庭教育指导培训课程、社区活动等，提高家长的教育意识。通过多种方式增加家庭教育的资源投入，包括更好的教育设施、教学设备、教材和教师等。政府可以投入资金和物质，学校制定家长参与教育计划，提供更多的教育资源。建立家庭教育支持机构，设立家庭教育辅导中心，为农村家长提供咨询、指导等服务，这些机构可以与当地的学校、社会组织、家庭教育专业人士、学者等密切合作，共同促进家庭教育事业发展。鼓励家长积极参与孩子的教育，推广亲子互动、家庭教育指导等多种形式的家庭教育活动，让家长充分发挥自身在教育中的作用，培养孩子的良好行为习惯和生活习惯。加强与学校、社区的合作，学校和社区应主动加强与农村家庭的联系，摸清农村家庭的实际情况和需求，做好家校互动、家庭教育指导、交流等工作，促进家庭教育的普及和发展。

其二，重视留守儿童的心理建设。政府、学校、社区等可以建立留守儿童关爱机制，设立心理咨询师和志愿者等多种形式的社会支持体系，为留守儿童提供心理疏导和支持。家长、老师等都应该关注留守儿童的情感需求，了解他们的心理状态和需求，尽量满足其情感需求。对留守儿童的心理扶持，不仅是物质上的支持，还要适当地表达关怀和理解，让孩子们知道自己并不孤单。家长和老师应该及时给孩子们正面的评价和鼓励，增强他们的自尊心和自信心，老师还可以通过多种方式向留守儿童传授一些简单的心理教育知识，帮助他们更好地处理和解决自己的情感问题。关爱留守儿童的心理问题需要全社会的共同努力和多方面的资源支持，政府、学校、家长等应该加强对留守儿童的关注和照顾，从物质和心理两个方面入手，尽可能地帮助他们渡过难关。

其三，实现学校教育与家庭教育的有机衔接。开设家长课堂，开展家校联动教育培养，更新留守儿童家长的家庭教育理念，改变他们"重养轻教""树大自直"的传统教育观念，培养家长正确的儿童教育观、发展观、亲子观、教育目标观、教育期望观、人才观，树立科学化、现代化、人文化的家庭教育新理念。成立留守儿童家校联动教育工作小组，负责学校、家庭、社会或社区的教育沟通。学校可以利用阳光体育或学生实践活动时间，为留守儿童专门成立各类活动社团，针对留守儿童的特长、爱好、兴趣和意愿，精心设计社团活动，让留守儿童在活动中学习才艺、展示才艺。

经过对农村教育的深入调研与分析，我们对农村教育面临的挑战和发展前景有了更清晰的认识。农村教育一直是教育事业中亟待改善的领域，但同时也蕴藏着巨大的潜力和机遇。调研发现了农村教育面临的一些突出问题，然而也看到了一些积极的变革和进展，要推动农村教育的发展，需要全社会的共同努力。

（四）引导孩子合理使用手机

农村学生因沉迷手机而产生了诸多问题，如沉迷游戏、近视率上升等，这些问题广受关注，其解决不能仅依靠家庭和学生个人，还需要社会、学校和家庭联合起来共同应对。

其一，推进未成年人手机接收内容分类化。推进手机接收内容人群分类原则，保障未成年人使用手机时，能够直接进入青少年模式，且该模式内的内容要符合其对应的年龄特征，并为不同年龄段的未成年人用户提供差异化使用时长管理服务，在夜间禁止向未成年人提供网络服务；推进手机接收内容质量优先原则，保障未成年人使用手机时，其浏览与接触的内容是分质量等级的，鼓励应用程序开发适合未成年人身心发展规律的应用程序，例如教育、读书、科普等，不得在青少年模式下设置消费和游戏等相关功能，不得利用算法推荐诱导未成年人沉迷网络，打击迎合"偷懒"心理和追求刺激心理等网络内容。

其二，多举措丰富学校课后服务的活动和内容。就我国农村学校课后服务开展的现状而言，存在课后服务的形式和内容单一化、供给方式缺乏针对性和个性化等问题，无法满足农村学生的发展需求。因此，农村学校要善于利用校本和社会资源，多措并举，探索建立由政府、家庭和社会共同承担的课后服务成本分担机制、完善教师参与课后服务的保障和激励机制，从而为学生提供多样化的、可选择的课后服务，比如在课后服务期间组织丰富多彩的科普、文体、艺术、劳动、阅读等活动，利用课后服务项目促进学生德智体美劳的全面发展以及个性化发展，学生也可以从丰富多彩的课后服务中获得满足感，从而消减对手机的兴趣。

其三，家长发挥好榜样作用。家长使用手机的态度、行为对学龄子女手机使用行为具有一定影响。家长做好榜样，形成适度使用手机的习惯，不做低头族，以身作则教育孩子形成理性使用手机的意识和行为。家长应该跟孩子共同商定手机使用规则，同时注意做到人人平等，所有家庭成员都应该遵守。家长要了解未成年人使用手机的情况，将其手机使用状态限于青少年模式，并使其认同且习惯青少年模式。在未成年人使用手机时，家长要善于引导孩子适度使用手机，在孩子年龄较小时，家长要全程陪伴孩子观看、使用手机，将共同观看、使用手机作为和幼龄孩子的亲子互动活动。

07

党建引领产业振兴

一、党建引领产业振兴的典型做法

(一)农民视角下党建引领产业振兴的发展现状

课题组以乡村村民为调研对象,从基本信息、经济状况、产业发展情况、基层党建情况四方面入手,通过实地调研获取一手数据和资料,以期为了解农民视角下党建引领产业振兴的发展现状提供有力支撑。

1. 基本信息。

年龄结构方面,73.15%的调研对象处于18~59岁,26%的调研对象在60岁以上;性别结构方面,总体来看调研对象的男女比例约各占一半,性别结构较为合理;文化水平方面,65.34%的调研对象拥有初中及以下的文化水平,大专及高中文化水平的调研对象占28.97%,本科及以上的调研对象仅有

5.69%；婚姻状况方面，超八成的调研对象处于已婚状态，仅有不到两成的调研对象未婚。

2.经济状况。

家庭收入方面，仅一成的调研对象家庭年收入在2万元以下，近六成调研对象的家庭年收入为2万~10万元，家庭年收入在10万元以上的调研对象约占三成；在收入认知方面，认为家庭经济状况处于最底层以及中层偏上（或上层）的调研对象各占一成左右，超七成的调研对象认为家庭经济状况处于中层或中层偏下。

3.产业发展情况。

产业发展类型方面，超六成的调研对象表示本村以发展特色种植业为主，选择乡村旅游、特色养殖业的调研对象各占一成左右，而工业生产类型的产业则仅占6.85%；集体经济认知方面，超八成的调研对象表示本村存在集体经济并从中受益，但只有近六成的调研对象对相关具体情况较为了解并参与其中；集体经济发展的影响因素方面，近一半调研对象认为政府支持最为重要，而选择市场引导、精英引领、农民参与因素的调研对象各占15.63%、18.23%、18.75%；产业经营方式方面，超六成的调研对象采取个体散户经营，家庭农场经营、合作社经营、企业经营则分别占10.24%、20.08%、6.69%；产业发展意愿方面，63.80%的调研对象表示愿意发展乡村特色产业，而驱动他们参与乡村特色产业的主要因素为"市场前景广阔、收入回报较高"，此外57.37%的调研对象也认为本村产业发展较好，对其未来发展前景持乐观态度；产业发展的不利因素方面，近一半调研对象认为"市场前景一般、家庭基础较差、收入回报不高"是阻碍其参加乡村产业的重要因素，同时超六成的调研对象将"产品结构单一、品牌效应不佳、市场营销不足"视为影响本村产业进一步发展的不足所在。

4. 基层党建情况。

党群关系方面，超九成的调研对象认为本村党群关系处于一般及以上的状态，其中，超六成的调研对象表示本村党群关系较好；党建功能发挥方面，近六成的调研对象表示村党支部和党员服务群众的职能发挥得较好，仅有一成调研对象认为党建功能发挥不足；党建工作认同方面，过半调研对象表示本村党建工作较好，三成调研对象认为本村党建工作一般；党建引领作用方面，超八成的调研对象认为村两委带动全村发展的作用较为显著，本村基本公共服务也能满足村民需求。

(二) 党建引领乡村产业振兴的典型案例

1. 渭南市蒲城县党定村党建引领奶山羊产业发展。

党定村位于陕西省渭南市蒲城县西部，该村立足于当地奶山羊养殖的社会基础，通过党支部领办集体经济的形式，将党建工作与产业发展深度融合，通过制度建设、工作机制创新、综合素质提高和加强示范带动，成功地重塑了本地的市场环境，同时借助先进的数字化养殖技术，实现了奶山羊养殖的集中化、规模化。

在具体实践中，一是加强考核培训机制建设，提升村两委干部的素质能力。依托基层党组织整顿工作的契机，建立健全村干部值班坐班制度，依托校地合作契机，开展干部培训专题讲座，通过组织开展培训学习赋能村两委干部，不断提升村干部的引领带动能力和综合素质。

二是创新党建引领工作机制，用制度创新打造过硬队伍。在村庄成立乡村振兴办公室，将脱贫攻坚领导小组的职能并入其中，同时完善抓基层党建促进乡村振兴工作机制，选优配强村两委班子成员，选好用好管好乡村振兴带头人，进一步强化党组织建设。

三是建立党组织引领产业发展的制度。党定村创新"党支部+"和"联合党委+"的产业发展思路，通过村级股份经济合作社和镇级产业基地建设将党组织的引领作用与产业发展深度融合，由党组织主导产业发展，提升基层党组织带领致富和带头致富的"双带"能力。此外，党定村通过"支部管理一切、群众监督党员"的机制建立起"支部带着党员干，党员做给群众看"的党建模式，设置"红色代办"和"党员示范岗"为无职党员设岗定责，促进村庄党员承诺践诺，充分发挥党员的示范带动作用，引导分散小农户参与到村庄产业发展中。

四是发挥党建引领的全面带动作用。党定村将党的建设与妇女建设、团的建设有机融合，深化"党建带妇建""党建带团建"等工作，健全和创新村党组织领导下的自治机制，激发村民自治活力。

2.商洛市柞水县金米村党建引领木耳产业发展。

金米村位于陕西省商洛市柞水县小岭镇东北部，近年来该村一方面得益于气候温和、冬暖夏凉的特点，通过大力发展木耳产业带动村民增收；另一方面在发展木耳产业的基础上，该村还致力于发展电商经济、乡村旅游、医疗康养等多元产业，走出了一条党建引领下的有效动员与广泛参与之路。

具体来说，一是成立木耳产业党小组。"木耳产业党小组"由六名党员组成，其成员分别负责培训、收购、销售等工作，在实践中形成了"村党总支+功能性分支"模式，并在日常工作中有序分工，为规范木耳产业的发展、带动村民广泛加入党支部合作社创造了良好的发展环境。金米村党支部主要负责对接上级相关单位、引入龙头企业和技术团队、规划全村产业布局、制定明确实施方案，与此相对，木耳产业党小组则是根据党支部的要求负责日常细节工作的处理与协调。同时，该村还以"支部引领、集体置业、参股分红"的指导原则促进了村庄集体经济与木耳产业的深度融合。

二是以党建延伸木耳产业链。金米村积极搭建电商平台，建立了电商直播基地，培育销售主播，依托新兴的电商直播带动本村销售。同时，金米村还在县政府的帮助下与京东合作建立"云仓",让产品储存、分拣、包装、物流、直播、培训等集合为一体,为木耳的销售提供了更为有效的数字化保障手段。在此基础上,金米村与拼多多、抖音、美团、携程、中粮集团的合作也日渐深入,实现了木耳销售渠道的拓展。此外,金米村还将木耳产业与乡村旅游进行了深入融合,在村党支部和木耳产业党小组的带领下,金米村开发了"赏木耳景、吃木耳宴、品木耳情"的综合业态,全村大量村民参与其中,走出了一条木耳带动乡村旅游的新型发展之路。

三是党建引领多元产业发展。在前期取得成效的基础上,金米村将乡村旅游列为下一个发展重点,通过"政府+党支部+党小组+公司+村民"的模式吸引各方主体参与本村旅游事业的发展,并在发展农业产业的基础上推动乡村旅游的规划和发展,从而进行一体化的产业布局。

3. 金华市金东区东孝街道党建引领无花果产业发展。

东孝街道隶属浙江省金华市金东区,地处金东区西部偏南。党建联建和党建引领"共富工坊"建设,是金华市金东区东孝街道抓党建促共富的突破性抓手。"共富工坊"是以党建为引领,通过推行党建联盟,引导企业党组织与农村党组织结对共建,把一些劳动密集型的产业链、生产加工环节布局到偏远农村,利用农村闲置土地、房屋创办的集中或居家式工坊,其目的是吸收偏远农村闲散劳动力和低收入群体就近就地灵活稳定就业。在大力建设"共富工坊"的基础上,东孝街道将共富项目建设作为当地党建考核的重要内容，其目的是通过强村带弱村，通过资源链接，来实现区域内的共同富裕。

共富项目主要分为两类：一是企业与农村结对，创办"共富工坊"；二是街道与农村党建联建。在具体实施过程中，通过党建结对、党建联建的方式，成立"共富工坊"，发展共富项目。具体为：一是党建结对，党建办对经济薄弱村进行资源链接，村村合作延长产业链、村企合作扩大市场规模，以此推动共同富裕；二是党建联建，组织部选定一个点或一个比较好的项目，将发展同类产业和项目的村庄都纳入进来，资源共享，共同发展。

东藕塘村以种植无花果产业闻名，东孝街道为其打造了一个"莲韵果香——共富工坊"的党建品牌：一是将周边种植无花果的村庄联合起来成立无花果产业"共富工坊"，进行种植经验的分享与互助，调整种植模式，进行村村合作，延长产业链；二是通过资源链接将省农科院的专家指导团队、帮扶企业、区农业农村局的资源与村里有效对接，帮助其开拓市场、扩大宣传、提高市场知名度与销售量；三是与学校、银行等单位进行共建，开展研学活动、提供金融优惠，提高经营收益。总而言之，工坊不同于农村原生企业，是发动企业机器下乡、设备进村、加工入户而建立的"新生工坊"；工坊并不是企业新建分厂，是通过村企共建，实现企业、村集体、村民互利发展的"共赢工坊"；工坊也不是简单的加工作坊，是发挥党组织和党员干部作用，以工坊服务联盟带动基层治理，促进村民物质和精神双提升的"和谐工坊"。通过"共富工坊"的打造与运营，把党建品牌的政治引领力转化为经济效应，带动当地农产品的销售，提高市场知名度。

4. 平凉市静宁县贾河乡党建引领苹果产业发展。

贾河乡隶属甘肃省平凉市静宁县，地处静宁县南部山区。贾河乡将地理环境上多山岭少平地这一劣势转化为苹果种植的优势，并充分利用当地气候条件，在党建引领力量的带动下，将苹果产业作为战略性主导产业进行全链条开发，以产业发展作为基层社会治理的切入点，通过"党建+产业+互联网"，运用数字化智能化手段，推动苹果产业高质量发展。

具体来说，首先是强化党建引领带队伍。贾河乡深入推进党支部建设标准化和"四抓两整治"，严格落实"三会一课""主题党日"等党内基本制度，全面加强党员干部教育管理，全乡各级党组织的战斗力、凝聚力、向心力明显增强；深入实施党建联建、抓党建促乡村振兴行动，围绕苹果支柱产业，建成北山五个村万亩果园提质增效管理示范带；深入推进"三抓三促"行动、"能力作风建设提升年"、"优化营商环境攻坚突破年"、"项目攻坚突破年"活动，推行"干部一线工作法""百名干部进千户管万亩园"活动，干部作风进一步增强，党组织和党员战斗堡垒作用进一步提升。

其次，以党建链助推苹果产业链。为构建现代产业体系，贾河乡坚持以党建链带动产业链，充分发挥党建的服务保障作用，把党建引领苹果产业高质量发展作为平安贾河建设的压舱石，全链提升苹果产业。依托苹果生产基地、示范园区、龙头企业、专业合作社等经济组织，在产业发展上中下游衍生出技术服务、包装加工、销售服务等全链条，成立了产业发展功能性党总支（由乡镇副书记兼任党总支书记），使基层党组织的工作渗透到苹果产业发展的各个环节，构建了"党组织＋龙头企业＋合作社＋电商＋果农"的产业发展模式，充分发挥党支部的先锋引领作用。

最后，坚持数字赋能苹果产业发展。一方面，依托本乡苹果产业大数据平台和县农业农村局"慧种田"系统，贾河乡通过大数据平台的算法分析，进行精细化种植、标准化管理、精准化营销、便捷化服务，实现经济效益的最大化，建设山地有机苹果"智慧果园"；另一方面，整合贾河乡果品分拣包装中心、电商销售中心、冷链仓储保鲜库和农产品快检实验室等现有资源，构建果品联产联销"直通车"。

5. 衡阳市衡阳县梅花村党建引领三产融合发展。

梅花村隶属湖南省衡阳市衡阳县西渡镇，近年来，梅花村定位"县城后花园""乡村振兴先导区"建设目标，突出党建、规划"两个引领"，实施项目兴村、产业强村、文化活村、环境美村"四村战略"，乡村振兴成效显著。

在实践中，梅花村立足基层党建，争取各方合力推动本村

一、二、三产业融合发展，塑造了远近闻名的梅花品牌。具体来说，一是提振基层党组织活力。梅花村从选头雁、用强雁、育雏雁、引归雁、带群雁多方面入手，注重吸纳职业农民、致富能手等优秀人才，不断优化班子结构，把乡贤、能人、大学生等培养成党员，充分发挥他们在发展产业、引进项目、维稳社会等方面的先进力量，并以积分管理为抓手，着力激发党员争先创优的热情，形成了头雁领航、雁阵齐飞的生动局面。

二是项目兴村。积极争取上级项目资金，搞好基础设施建设，夯实发展基础。近年来梅花村争取各级财政项目资金数千万元，带动社会资本投入近8500万元，吸引产业项目投入过21亿元。

三是产业强村。全村现有双季高档优质稻产业基地2400亩，基地配套设施齐全，新型农业经营主体加快发展。梅花村富农优质稻种植合作社投资1500万元，购置各类农业生产机械，新建粮食烘干、仓储、农机维修、托管四位一体服务中心。村里50亩以上的种粮大户达5户。全村现有三红柚、黄桃、酥脆枣优质水果产业基地500余亩，无公害蔬菜产业基地300亩。投资300万元，兴建高档精米加工厂，年加工精米1000吨，"梅花缘"牌高档优质稻米畅销市场。大力发展休闲农业旅游，引进客商兴建休闲观光农庄，发展"民宿型"家庭农庄，打造特色鲜明的美丽田园综合体。

四是环境美村。打造宜居、宜业、宜游的美好环境。五是文化活村。大力开展羽毛球、广场舞等文体竞赛活动，丰富村民的精神文化生活，组织成立议事委员会、积分评审委员会、监督委员会等自治群体，加强普法教育，推进"优秀党员、组长""好媳妇"等先进评选活动，扶持和帮助贫困家庭，进一步弘扬正能量，营造自治、法治、德治相融合的乡村治理格局。

6.太原市娄烦县潘家庄村党建引领光伏产业与庭院经济发展。

山西省太原市娄烦县马家庄乡南部的潘家庄村地处高山地带，光照资源丰富，交通便利。近年来，潘家庄村依托丰富的光照禀赋，积极响应国家号召，因地制宜大力发展光伏产业，村集体或农户个人利用建筑屋顶、院落空地、田间地头、设施农业、集体闲置土地开发光伏发电项目，获得了相对长期稳定的收入，其年均增收达3000元以上。同时，为确保光伏电站长期释放"红利"，娄烦县建立了"信息监测、专人管护、定期清理、日常监测、故障预警、故障维修"一体化电站运维管理体系，成立云顶光伏和国电中兴两家公司，对全县光伏电站进行专业化运维管理。分布式光伏发电为农户和村集体提供长期稳定的增收渠道，带动群众、村集体增收，助力乡村振兴，为社会生态效益的发展提供有力支持和保障。

针对村级集体经济收入渠道单一的问题，该村在上级鼓励发展庭院经济的政策下，积极抓住机遇，变闲置庭院为增收之地，村民坚持"谁种谁管"的原则，加强日常管护，定期修剪、施肥、浇水、灭虫，保持果树周边环境整洁，养殖圈舍干净、美观、无异味，同时组织党员志愿者及驻村工作队员开展志愿服务，发扬"不怕苦、不怕累、不怕脏"的志愿服务精神，积极维护村居环境。同时，潘家庄村配套建立了"龙头企业＋村集体＋农户"的利益联结机制，主动对接市场，以"订单式"生产模式保障农产品销路，有效发挥了庭院经济的带动效应，让村民足不出户就能实现增收创业，预计实现户年均增收5000元。

7.酒泉市瓜州县十工村党建引领棉粮瓜果产业发展。

甘肃省酒泉市瓜州县南岔镇下辖的十工村地处平原，交通较为便利，周边环境优美，种植业基础较好。近年来，当地立足自身资源优势，以党建引领为龙头构建了多元主体共建棉粮瓜果产业的发展致富体系。

在党建引领产业振兴的过程中，该村首先建立了党政企联结机制，通过村党组织与政府机构、企业之间的合作和协调，实现县乡政策的落地和资源的整合。具体来说，县政府提供政策支持和资源保障，县粮油企业提供技术和资金支持，村党组织则发挥引领和协调作用，共同推动产业的发展。

其次是建立本地粮棉农民种植专业合作组织与村党组织的联结机制，通过村委会的政策引领和技术指导，促进各类农民合作组织的发展壮大。具体来说，县乡村各级党组织以提供政策支持、技术培训和组织建设等方面的帮助的形式，帮助农民合作组织实现规模化经营、优势资源共享和广阔市场拓展。

最后是建立农民与企业之间的利益联结机制，通过合作社、农民专业合作社等经营形式，实现农民与企业的互利共赢。企业可以提供技术、市场和资金支持，农民则提供土地、劳动力和农产品等资源，共同合作开展农产品加工、销售和品牌建设等活动。

8.青岛市莱西市院上镇党建引领乡村共富发展。

院上镇隶属山东省青岛市莱西市，地处莱西市西南部。该镇运用市场手段，通过多村联建、强村独资、村企合作等模式，构建"乡村公共资源＋共富公司"促新型农村集体经济发展机制，促进村集体和农民"双增收"，开拓了一条充满特色的产业振兴之路。

具体来说，一是抱团发展。院上镇党委积极响应合并新村政策，将原本的103个行政村，合并为10个新村，解决了村庄规模小、数量多、布局散、资源难统筹等问题，坚持以"强组织、重服务、统资源、促共富"理念为指导，确定了"党建统领、镇村联动、抱团发展、互利共赢"的工作思路，探索出"镇村联动搭平台、统筹资源练内功、抱团发展闯市场、产业融合促共赢"的工作路径，整合镇域内56家骨干合作社，牵头组建全国第一个镇级农民专业合作社联合社，走出了一条党建统领合作社抱团发展的新路径。

二是促进村企合作。主要举措包括联合社会资本等开发建设共富产业项目，村集体通过闲置资金、资产、资源进行投资入股，分享红利增收；探索村集体建设用地"飞地漂移"抱团共享、村集体闲置资金集中存放等城乡公共资源整合利用新模式，发挥共富公司在农业全产业链中的头部作用；采取兼并重组、股份合作、资产转让等方式，适度参与第二产业，逐步推动一、二、三产业融合发展，形成产业利益联结；通过"保底+分红"等方式，引导村集体、村民将土地承包经营权、宅基地使用权、劳动力、资金等要素入股共富公司。

三是强化党建引领。建立"党建＋合作社"的运营模式，定期开展党支部联建共建活动，交流学习党建、产业发展经验等。党员干部主动作为，争当致富带头人和合作社领头人，发挥"一头联系市场技术、一头连接群众"作用，大力推行遮雨棚等技术，引进优良葡萄品种、提升葡萄品质、创建葡萄品牌，带动葡萄种植户延伸产业链、拓展价值链。

9. 肇庆市鼎湖区沙浦镇党建引领现代农业发展。

沙浦镇隶属广东省肇庆市鼎湖区，位于鼎湖区南部。在鼎湖区政府的积极推动下，鼎湖区现代农业产业红链（主要阵地在沙浦镇，红链主要由农业龙头企业、合作社组成）得到了极大发展，大量资源下沉到沙浦镇。沙浦镇依托产业红链将党组织建在现代农业产业链上，通过发挥党组织领导和协调各方的优势，推动本地现代农业产业链上资源的高效配置。一方面企业或合作社有事可以通过产业链反映和解决，而且落实快、解决效率高，可以实现链上企业、商家合作共商、互利共赢；另一方面这些农业龙头企业的带动引领可以推动沙浦镇农业产业链的完善，实现沙浦现代农业产业的健康高质量发展。

此外，沙浦镇也积极探索"党建＋经济社＋企业"的新合作模式。其一，积极推动村经济社建党支部。一方面，村经济社的党支部通过与银行党支部结对共建，可以使村经济社在贷款时更为便利并享受一定优惠；另一方面，村经济社党支部中的党员同志也可以在工作中发挥先进作用，成为同行职工的典范，引领良好的企业氛围。其二，积极推进村经济社与相关农业企业开展合作，探索村经济社提供集体资产和劳动力，农业企业提供资金和技术，共同发展沙浦农业经济，以促进村集体经济壮大。其三，强化沙浦镇党委在推进乡村振兴中的龙头作用，持续抓好扶持壮大村集体经济试点工作，壮大集体经济收入。

10. 咸阳市兴平市丰仪镇党建引领绿色农业发展。

丰仪镇隶属陕西省咸阳市兴平市，地处兴平市西南部。丰仪镇始终坚持以党建为引领，以绿色产业为依托促进绿色发展，引导群众引进新科技、种植新品种，形成以水果、蔬菜和优质高产粮食作物为主的产业发展格局，牢固树立"开局就是决战、起步就是冲刺"的理念，精准施策、多措并举，走出了一条产品畅销、产业兴旺、群众增收的致富路。

具体来说，一是发挥党建引领，让组织"强"起来。丰仪镇充分发挥基层党组织领头雁作用，按照"整镇过硬"要求，升级改造11个行政村阵地，各村党群服务中心面貌焕然一新。严格落实"三会一课"、"主题党日"、发展党员、民主评议党员等制度，压实村级党支部抓党建责任。坚持以"三包一联"为核心，积极推行网格化管理，汇聚党建引领的星星之火，点燃基层党组织推动乡村振兴的力量引擎。

二是激活发展动能，让产业"兴"起来。将镇域经济高质量发展摆在突出位置，以西宝高速兴平西出口开通为契机，全方位、多渠道、立体式开展招商引资，积极打造以纸品加工、家具制造业为代表的智慧工业园区。举全镇之力，抓产业、上项目、调结构、转方式，积极探索"支部＋合作社＋农户"模式，推进一、二、三产业融合发展。在严守耕地红线，稳定粮食生产的同时，积极培育百万元合作组织，因地制宜全面推进"一村一品"建设。

三是注重发展队伍，让人才"聚"起来。聚焦招才引智，大力引才，着力育才，构建高素质本土人才队伍。建立全镇人才信息库，从优秀大学毕业生、返乡创业人员、致富能手中挖掘培育村级后备干部力量，选优配强"领头羊"。整合市派驻村工作队、镇科级领导干部、包村干部资源力量下沉各村，指导、帮助村级事务高效规范运行，为乡村振兴注入新活力。

二、党建引领产业振兴的经验总结

（一）立足社会基础，因地制宜发展特色乡村产业

党建引领产业振兴需要立足本土特色，进行充分的调研和市场研判，匹配产业供给和地方资源，积极吸纳地方精英，整合社会关系网络，因地制宜发展特色乡村产业，激发农民参与动力，促进农民增收。

其一，立足当地资源禀赋，匹配市场需求与供给。立足村庄实际，利用其资源禀赋，形成特色化发展路径，实现特色资源的价值化。以自然资源、历史文化资源等为发展方向，有利于形成错位竞争优势和差异化发展，将外部需求与自身资源相匹配，形成特色产业，避免产业雷同。同时，聚焦农村闲置资源，通过政府引导、农民自愿、社会参与的方式，积极盘活农村闲置集体资产，激发乡村振兴新动能，有效促进一、二、三产业融合发展。

其二，整合社会关系网络，培育内生社会资本。村庄的社会基础和社会关系网络紧密联系，二者均影响村庄产业发展进程，所以培育社会资本就显得尤为重要。社会资本包括村民之间的信任、村庄规范和村民之间的合作等，这些可以促进村民在产业发展中更好地合作，消除市场风险，促进信息交流，在村庄内部形成良性的互动关系网络。信任是建设社会资本的基础，

也是社会资本的核心要素，村民之间拥有对彼此的信任就会产生互惠规范的行为，从而促进特色产业的形成和发展。

其三，积极吸纳地方精英，发挥联农带农作用。政治吸纳一直是政治体系面对新兴社会力量的重要应对策略，通过政治吸纳，新兴的社会力量被整合进政治体系，在从政治体系获得资源的同时也受到相应的约束。而地方精英由于个人能力较强，具有市场敏锐度和组织动员能力，产业生产和经营规模较一般村民大，是产业发展的关键人物。同时，发挥地方精英的能人引领作用，对村民进行组织化动员，积极传导先进理念和成功经验，带动村民加入村庄产业发展中，形成参与基础，推动特色产业发展。

（二）坚持农民主体，践行"以人民为中心"的发展理念

党建引领的人民性理念是农户参与产业建设、顺利实现集体经营的底层逻辑。党建引领产业发展理念的人民性转向促使基层治理者的治理目标发生了转变，这样的转变为实现发展模式转型提供了根本政治前提。对此，发展村庄产业，丰富集体经济，从而使发展成果惠及广大农民；创新村民自治制度，坚持农民主体地位，激发村民内生动力，完善让利于民的分配机制，让农民切实感受到产业振兴的益处。

其一，发展村庄产业，成果惠及广大农民。村庄产业发展的根本目的在于促进农民增收，让发展成果更多更公平地惠及

全体农民，同时对村民利益的保障还能够让村民在产业发展中看到增收致富的希望，进一步激发其参与动力。一方面，落实惠民政策和补贴方案。随着经济社会的发展，汲取型制度逐渐被打破并消解，促使基层治理结构从"汲取"转型为"给予"，各类惠农政策和补贴补助措施纷纷制定并下沉基层，广大基层农民的发展需求在党建引领基层治理的结构中受到重视。另一方面，通过对地理环境特征、村庄养殖基础、政策红利契机和社会发展状况的综合评估，锚定产业发展方向，根据实际调研，打造完善的产业平台，契合大多数村民的需求，为村民参与村庄产业发展提供现实基础。

其二，创新村民自治制度，激活村民内生动力。为了有效唤起村民的产业激情，动员村民积极参与乡村振兴，创新并健全党组织领导下充满活力的村民自治机制，不断完善基层民主协商制度，激发村民的内生动力，实现基层治理同村民自治的良性互动。一方面，充分发挥群众自治作用，组织成立村民议事委员会、村务监督委员会、积分评审委员会等自治组织，注重吸纳有威望、懂财务、善管理的群众，着力激发群众参与管理村级事务的主动性；另一方面，实施乡村治理积分制，充分发挥村级治理平台的作用，用积分制管理的方式实现村民在村庄公共事务中的积极参与。通过参与村庄事务获得积分，积分可在超市兑换物品。参与产业分红，有效引导、鼓舞、激励村民，激发群众自我发展的内生动力，带动民风改善，成为加强村级管理、调动群众参与村级事务及管理的有效抓手和平台。

其三，完善让利于民的分配机制，进而保障村民生活富裕。集体经济的壮大是提升村庄服务群众和保障公共设施建设能力的基础，能有效解决集体"无钱办事"的难题，让发展成果更多更公平地惠及全体农民。利用集体经济反哺村民，主要覆盖公共服务和基础设施，集体经济积累建设起村庄医养中心和甲级标准化卫生室，在保障村民身体健康和基本公共医疗卫生服务方面走在乡村前列。同时，构建起覆盖各个教育阶段的乡村振兴学生资助政策，每年抽出部分集体资产奖励当年村内的大学新生，让村民切实享受到集体经济发展的利好。

（三）创新引领模式，发挥基层党建的领导作用

党建引领深深植根于中国特色社会主义事业的建设实践中，农村工作作为全党工作的重中之重，是推进中华民族伟大复兴的全局性、历史性任务，党对农村工作的领导是推进基层农村工作的关键抓手和重要着力点，是新时代推进乡村产业振兴的关键路径，坚持党对农村工作的领导有其内在的历史必然性。

其一，推行党支部领办合作社组织模式，提升组织自我"造血"能力。受区位和自然环境的影响，产业呈现分散化特征，基于村庄内生性传统，多次调研和研讨，确定了符合村庄发展规划的两种发展模式。一方面，基层党组织要从村庄集体经济发展的"后台"走向"前台"，嵌入集体经济的发展过程，确立"党

支部＋党员（产业大户）＋贫困户"的发展模式。依靠内生资源，村集体通过土地流转，同产业大户合作修建产业园区，为产业发展提供基础保障。同时，村集体获得了政府的项目资金支持，完善道路硬化、通水通电等事项，保障村庄公共服务。这一模式促进了村庄养殖数量飞跃，带动了贫困群众增收，提高了组织的向心力和凝聚力，撬动了村庄内生发展动能。另一方面，为解决现存的销售问题，确定了村企联动的产业扶贫模式。村党支部积极联系相关公司，签订协议，并建立正规收集站，实现统一收集、统一采购，提高产品质量，稳定收入。此外，为防止执行偏差出现质量问题，村集体承担起监督职责，由企业支付管理费用，村企联动，形成良性循环。这一举措，大幅提升了村集体收益，也为脱贫攻坚工作的开展提供了资金保障。

其二，发挥党员带头作用，增强村庄集体行动能力。党员领办合作社，责任到人，协同推进，为规范产业发展，加强村庄与外来企业的合作、加强技术支持、带动村民广泛加入合作社创造了良好的环境。一方面，在日常工作中，党员充分发挥三联作用：一是上联党支部，担当中介作用，贯彻村支部对于发展乡村产业的各项规划；二是下联村民，发挥党支部和村民之间的枢纽作用，带动村民参与乡村产业，提供技术支持，解决生产中的突发问题，推动产业发展，通过党群互动，提升了村民对党组织的信任感和依赖感，进而带动村民广泛参与其中；三是中联涉农企业、技术团队和销售渠道，为乡村产业拓宽外部道路，助力产业繁荣。另一方面，以积分制管理为抓手，引导党员加快带头速度。通过设岗定责引导党员自觉发挥先锋作用，形成评先评优看积分、外出考察看积分、担保贷款看积分的鲜明导向，着力激发党员争先创优的热情。此外，党员和入党积极分子、村民小组长统一编为网格员，纳入积分制管理，每季度根据工作业绩进行评分并公示，年底以积分高低评定先进，引导党员跑出振兴加速度，制定切合实际的党员积分管理办法，让党员切实感受到横向有对比，纵向有差距，激发党员创先争优的工作热情。

其三，运用经济精英进党支部模式，外部力量助推产业振兴。习近平总书记强调："推动乡村全面振兴，关键靠人。"吸引经济精英返乡创业是促进乡村产业转型升级、切实提高农村整体收入的重要举措。大力实施"乡贤兴村""能人兴业工程"，严格按照党员发展"七制"程序把乡贤、能人、大学生等培养成党员，形成头雁领航、雁阵齐飞的生动局面。一方面，在资金上加大财政支持力度，对符合要求的企业减免税费，改善当地金融水平，为经济精英提供良好的产业环境；另一方面，政府应设立专项创业培训基金，出台激励方案，鼓励返乡能人参与创业培训，为村民提供引领作用。这种政治吸纳的组织模式实现了党组织内部的精英整合，从而增强了基层党组织的资源整合能力。此外，除了在经济上实现农民致富，更是借助经济能人，为乡村发展引进了外部资源，在社会层面为乡村带来了发展新思路，扭转了乡村衰败的趋向。

其四，实施党建联建模式，推动区域产业协同联动。在产业振兴实践中，村庄生产经营呈现分散化趋势，缺乏集中生产基础，难以兼顾区域间的发展均衡问题。对此，一方面，通过党组织链接资源，使原本分散在各个区域的优势资源发生联动，而以党建为中介，构建产业发展平台，打破了行政区划的村庄边界，整合县域涉农资金，采取"拨改投"形式，扩建改造并提升产业基地，对区域内的优势资源进行重组，实现了产业规模效应，促进村庄可持续发展，构筑农户组织基础；另一方面，坚持党组织引领，强村带动弱村，实现区域间的动力重组。将党建联建和党建结对摆在重要位置，通过以强带弱、以城带乡、优势互补等方式，因地制宜推行各具特色的联建方式和工坊组建模式，推动组织共建、产业共兴、资源共享、治理共抓，确立"强村带弱村"的工作思路，发挥"龙头村"的经济辐射和发展带动作用，成立"临时党委"来更好地发挥"强村"产业的成熟运营优势，帮带"弱村"规避生产风险、融入产业链条，实现产业稳定运营、发展壮大。产业联合党委的党建整合模式，把区域内有共同愿景、共同需求的各类党组织联合起来，常态化开展党组织联建共建，可以将一定区域范围内的资源进行统筹，优势互补，延长产业链，增强发展实力，推动从"单兵作战"到"联动共赢"的深度融合的实现。

（四）关注农民需求，回应性协商实现参与动员

党建引领下的回应性动员着眼于满足农民实际需求，让发展成果惠及最广大普通农民，进而促进市场体系的运转。回应性动员立足于本土化的产业基础，进行产业方向选择和政策制定，为当地广大农民提供了参与基础，使产业政策能够最大化地获取群众支持和参与，这是成功地进行市场体系构建的起点。通过在地化的政策解读与协商，产业政策得以初步施行并具备推广基础，市场雏形得以构建。党建引领下的产业发展着眼于维护农民利益，通过坚实的利益联结机制和完备的兜底保障机制，消解农户参与的后顾之忧，同时得以最大化吸纳农户参与，实现产业发展中全员参与、利益共享。

具体而言，其一，构建"回应—互动"的政策执行模式，提升农民的参与感和幸福感。面临基层党组织涣散、村民矛盾纠纷复杂、村庄凝聚力差、村情复杂多变等问题，必须弥合村庄差异、发展乡村产业以及转变基层治理模式。一方面，调查村民对政策的满意度，征询群众对于基层党建、产业发展、基础设施等方面的意见和建议，获取民众最真实的需要和感受，并在此基础上形成问题整改台账，制定相应整改措施，进而拓宽村民反馈渠道，构建有效的"回应—互动"式政策反馈路径，形塑政策执行的多元协商模式。另一方面，根据村民建议及时给予反馈，提升群众政策知晓率和帮扶满意度。畅通政策执行与

村民反馈路径，构建"回应—互动"的政策执行模式，并依托问题台账制度与村民展开政策协商，村民关于政策执行的疑问得以及时解答，产生的政策需求也能够得到关注和解决。在这一过程中，加强了政策认同和政策接受度，村民的积极参与还能为政策革新提供方向，能够有效激发政策对象积极参与，实现复杂政策下的农民参与动员。

其二，增强内生发展动力，实现对村民的赋权赋能。技术的提升和知识的保障是未来乡村振兴中农民参与的必备要素，也是推动乡村振兴契合时代发展的需要，让发展成果更多更公平地惠及全体人民的根本体现。但是，受历史发展等主客观因素的影响，基层农民往往呈现出"有心无力"的参与窘境，农民在乡村振兴中的主体地位无法得到完全发挥，为此增强农民的内生发展能力至关重要。为了实现对农户的赋权赋能，党组织通过发挥党建引领的组织体系资源，对接高校和相关的专业技术人员深入基层开展教育培训等工作，增进农户的技能和综合素质，既实现了产业高水平发展，又提升了产业的可持续发展能力，还扩大了农户参与范围。此外，积极响应政策，村两委按照"因地制宜、因村制宜、因户制宜"的原则，充分尊重群众意愿，实现人居环境和村民收入的双提升，全面激活乡村振兴内生动力，真正把乡村"农家院"建成致富增收的"后花园"，通过赋权增能，实现了对农户参与的再组织，强化了村庄内生动力，改善了村民在乡村振兴中"有参与无能力"的无效参与状态，为乡村振兴提供了持续保障。

其三，完善利益联结机制，构筑农民参与基础。一方面，在党组织引领下，进行"村企合一"的改革。从利益维度来看，利益驱动是农民群众参与乡村产业发展的主要动机，通过改革，有效解决了"谁来干""怎么干"的问题，经营所得被统一分配，最大化保障农户的权益，建立明晰化的分配机制，让发展成果最大限度地惠及每一个农户，让农户切实地在村庄产业发展过程中有所得；另一方面，在庭院经济的政策指引下，村委会带领农户积极探索，形成适度规模经营的发展模式，建立"龙头企业＋村集体＋农户"的利益联结机制，有效地发挥庭院经济的带动效应，动员村民参与到村庄产业中，并利用制度创新，壮大集体经济，为重构基层乡村治理基础提供经济保障。在资源下乡的背景下，实现了"输血式帮扶"向"造血式帮扶"的转变。

（五）构建党建网络，促使小农户与大市场链接

以党建网络为枢纽的市场对接机制是实现乡村产业振兴的重要影响因素，形成党建网络链接下地方特色产业与市场的良好衔接，整个产业链条才得以具备可持续运转的坚实基础。

其一，建立村级集体经济组织，实现党组织对产业发展的引领。为壮大集体经济，解决销售渠道单一、产品质量难以把控以及价格波动大等问题，实施"党支部＋"和"联合党委＋"的产业发展路径，通过村级股份经济合作社和镇级产业基地建设将

党组织的引领作用与产业发展深度融合，动员党组织干部将基层党建工作深度嵌入集体经济建设。一方面，在"党组织+"模式的指引下，对村干部既压实目标任务担子，又给予项目资金支持，鼓励基层干部大胆探索，使村干部成为因地制宜发展产业、带动群众增收致富、壮大农村集体经济的"主心骨"和"领头羊"，不断提升基层党组织的号召力、凝聚力；另一方面，党组织领办下的村级集体经济成为沟通农户价值需求与市场利益分配的中介，既能够实现农户合作，对接大市场展开议价谈判，还能够利用深厚的本土社会关系实现对农户经营行为的制约，从而提升产品质量，发挥双重价值。

其二，合理利用完备的党组织领导体系，构筑市场链接平台。党的领导是中国特色社会主义制度的最大优势，也是我国社会主义市场经济体制的显著特征。一方面，通过完备的党组织领导体系，为村企合作构筑沟通交流的平台，为企业深度融入村庄产业发展提供组织前提。在党组织的引领下，企业通过强保障、促销售深入村庄产业发展，既实现了产品的销售转化，也得以在党组织的引领下改进经营思路。另一方面，由党组织牵头成立村级集体经济开展经营行为，成立村级股份经济合作社来对接市场，发挥党员的带动引领作用，引导群众规范生产行为，确保产品质量合规。同时，要凝聚各方力量，将村党支部、企业、合作社和小农户紧密相连，依托数字赋能，成立智慧平台，配套提供技术服务，对产品开启自动检测，从源头杜绝产品质量低下的问题，逐步实现以外力推动实现小农户内生发展。合理利用党组织领导体系，建立商场链接平台，实现由市场化经营价值导向到以人民为本价值导向的转变，为村庄产业融入市场提供机遇。

其三，发挥党组织对企业的动员作用，撬动社会资本参与产业建设。党组织灵活的动员机制为助农扶农打下了现实基础，发挥党组织对社会企业的灵活动员作用，广泛撬动社会资本参与产业建设，贡献社会价值。社会资本是全面推进乡村振兴的重要支撑力量，需要加大政策引导撬动力度，扩大农业农村有效投资。社会企业以项目形式参与村庄产业建设，为产业发展注入新的活力，真正将多元主体协同推进乡村振兴的治理要求贯彻到实处。此外，各个部门要把引导社会资本投资农业农村作为重要任务，协调各有关部门立足职能、密切配合、形成合力，打造"万企兴万村"的乡村产业振兴格局。

（六）利益共惠共享，多种联结机制增加农民收入

构建稳固的利益共享机制是乡村产业振兴真正实现落地的切实保障，在村庄产业发展实践中，农户、企业、基层自治组织等各参与主体的利益联结贯穿其中，有效提高了乡村产业振兴的稳定性和收益性。如何增强村庄发展动力，带动村民实现脱贫致富，成了村庄产业发展的当务之急。在此背景下，村庄立足自身实际，秉持需求导向，围绕集体经济建设，创造性地走出了一条充满地方特色的以经营收益为主的利益共享机制建设之路。

其一，由党支部牵头，建立健全稳固的利益联结机制。一方面，以保障村民基本收益为前提，通过强化利益联结构筑村民的参与基础，坚持党组织引领，将村党总支、村委会、村级股份经济合作社形成一个核心，通过"党组织＋产业"的发展模式，实现农民身份股东化和村民受益多元化，将发展壮大集体经济的责任落实到村两委班子。另一方面，农村人群呈现分类化，为推动所有人群参与产业发展，根据农村不同人群，采取针对性措施，对于有劳动能力但缺乏资金者，采取劳动形式参与到产业发展中，按贡献获取经济收益；对于有充足资金者，采取投资方式参与其中，丰富集体经济，以产业发展收益优先保障村民分红，进而形成利益共生、权利共享、责任共担的局面。

其二，促进农民持续增收，是实现农民精神生活共同富裕的重要基础。在产业振兴实践中，存在分散化经营致使高风险低效益，基础设施不健全造成的产品质量低下以及收购模式落后等问题，影响村庄产业经营效益的提升。为此，由党支部牵头，成立村级股份经济合作社，形成"村党支部＋村级股份经济合作社"的发展模式，与市场对接，推动产业发展。同时，利用"三变"改革和"拨改投"项目的资金与产业能人联合流转村庄土地，建立产业园区，促进规模化经营。通过"养殖大户＋普通农户"的发展模式，发挥产业能人的带动作用，由村上担保，为普通村民提供贴息贷款，实现村民参与和集体经济壮大的双赢。

其三，构建让利于民的分配机制，保障农民生活富裕。壮大集体经济是提升村庄服务群众和保障公共设施建设能力的基础，能有效解决集体"无钱办事"的难题，让发展成果更多更公平地惠及全体农民。一方面，通过"党组织+"的产业发展模式把财政"拨款"变为"投资"，作为村集体资产入股"联合党委+产业基地"的示范点，由镇统筹使用壮大产业，与经营方签订反担保、产权明晰、资金分红等协议，逐步壮大村集体经济实力。产生的经济收益主要用于将最弱势贫困群众滚动纳入进行扶持，剩余资金用于扩大生产、改善基础设施，全面覆盖基本公共医疗卫生服务，构建各个教育阶段的乡村振兴学生资助政策，抽出部门资金用于奖励学习成绩优异的学生，让村民切实享受到集体经济发展的利好。

另一方面，构建让利于民的分配机制，出台相关文件明确财政扶贫资金投资收益管理，集体经济收益的资金按照分红名单进行分配。采取"5∶2∶2∶1"的分配机制，即50%用于村集体经济积累，20%用于全体村民分红，20%用于奖励各类受表彰村民，10%用于村干部考核奖励，将集体经济收益与村干部待遇挂钩，让吃苦者吃香、实干者实惠，让农民切实感受到产业发展带来的经济收益，从而积极参与其中。同时，严格落实收益分配监督程序，将产业收益首先分配到村集体，村集体二次分配，严格规范使用程序，落实公告公示制度，让产业收益的产生、分配、发放、使用全过程在"阳光"下进行。

三、党建引领产业振兴的实践机制

（一）党建嵌入：党建引领乡村产业振兴的组织基础

1. 组织引领模式：党支部领办合作社。

基层党支部是党建势能深入一线、实现高效能治理的战斗堡垒，乡村产业振兴离不开党支部的有效引领。党支部领办合作社作为一种新型合作社，与村级组织之间是相互嵌入的关系而非"多元主体"的关系，通过发展集体经济实现对农民的组织和动员，为村庄产业振兴与治理有效提供重要平台和机制。[①] 在全面开展税费改革后，基层社会面临的一个重大挑战便是政权"悬浮"[②]，主要体现为基层政府难以有效回应民众需求，缺乏政民沟通的制度性渠道[③]，进而导致村民积极性下降、组织动员效果不佳。在此情况下，党支部领办合作社成为农村集体经济发展和村庄再组织化的有益探索。一方面，党支部领办合作社在

---

① 陈万莎、沈迁：《党支部领办合作社与村庄有效治理——以烟台市W村为例》，《西北农林科技大学学报（社会科学版）》2022年第5期。
② 周飞舟：《从汲取型政权到"悬浮型"政权——税费改革对国家与农民关系之影响》，《社会学研究》2006年第3期。
③ 陈义媛：《农村集体经济发展与村社再组织化——以烟台市"党支部领办合作社"为例》，《求实》2020年第6期。

乡村产业振兴过程中与农户建立良好的利益联结，强调充分利用村庄内生资源，链接外部资本，带领广大村民发展乡村产业，实现产业兴旺、生活富裕的总目标。另一方面，在乡村产业振兴的过程中，基层党组织通过发挥自身政治势能及优势，积极推动村庄社会的再组织化，实现可持续的村庄有效治理。

面对乡村建设与发展的困境，党定村走出了一条"党支部+"的产业帮扶新模式，以"村党支部+村级股份经济合作社+企业+农户"的发展模式将党组织建设与村庄产业发展有机融合。金米村党支部围绕木耳产业做起"大文章"，在形成"村党总支+功能性分支"模式的同时，该村还重点实施"党支部领办合作社"的发展模式，以"支部引领、集体置业、参股分红"的指导原则促进了村庄集体经济与木耳产业的深度融合。贾河乡通过"党建+产业+互联网"，应用数字化智能化手段，推动苹果产业高质量发展。依托苹果生产基地、专业合作社等经济组织，在产业发展上中下游全链条，成立了产业发展功能性党总支（由乡镇副书记兼任党总支书记），使基层党组织的工作渗透到苹果产业发展的各个环节，构建了"党组织+龙头企业+合作社+电商+果农"的产业发展模式，充分发挥了党支部的先锋引领作用。潘家村光伏产业坚持党建引领乡村振兴，切实把党的组织优势转化为发展优势，努力加速产业兴旺，让村民们幸福。村两委轮流领学制度化，形成人人参与、人人思学、奋勇争先的浓厚学风，实现了理论学习由村党支部书记"独角戏"

向全体班子"集体舞"的快速转变，因地制宜，多种形式找到适合农村发展的模式。

党支部领办合作社的党建整合模式助力以上村庄的产业激活与组织重塑，为乡村产业振兴提供了坚实的组织引领。党支部领办合作社作为一种新型合作组织，在其发展过程中主要通过资本支持、平台支持、技术支持等带领农户依据当地资源禀赋发展特色产业，形成资源凝聚；广大农户通过直接经营、流转经营、入股分红、利息等方式获得收益，实现收入增加，生活富裕。总体上，"党支部领办合作社"的模式实现了以党建促进产业发展，在党建的引领下乡村社会各种资源、各类主体、各种机制得以有机聚合，最终形成了以农村党组织为核心的"一元多样"的治理形态。

2. 党员示范模式：党员领办合作社。

农村富不富，关键看支部；支部强不强，全靠"领头雁"。农村党员是乡村振兴过程中最直接的参与者，是乡村振兴的"主心骨"和"领头雁"，通过参与党组织活动和村庄公共事务，培塑公共精神，有助于推进乡村治理和乡村振兴。[1] 在农村产业的发展中，基层党支部发挥着引领建设的核心作用，而基层党支部书记作为支部的核心成员，更是支部发展的"领头雁"，决定着村庄的发展思路和前进方向。支部党员充分发挥带头示范作用，

---

[1] 付佳迪：《乡村振兴视域下农村党员公共精神的培塑——基于湖北Z镇的实证分析》，《探索》2021年第6期。

开展实施"党员领办合作社"的党建整合新模式，一方面能够扎实基层党支部的组织基础，提高党建引领乡村产业发展的威信力，另一方面有利于破除农民不敢尝试、不愿尝试的固有思想，激发农民参与产业发展的积极性，促使协商动员行动的达成。

经过调研，金米村在推进乡村产业振兴过程中以村支书为首，始终坚持实施"党员示范模式"，并在一定程度上解决了产业推广与长期发展问题。主要表现为，在金米村极度贫困、基础设施匮乏、党组织凝聚力弱、村民低参与、不信任的背景下，以党支部书记为核心的金米村党支部成员和村内党员发挥示范带头作用，首先自己干，其次带动他人干。通过成立木耳产业党员示范小组，上联党支部，下联村民，中联涉农企业、技术团队、销售渠道等，形成"村党总支＋功能性分支＋党员中心户＋农户"的发展模式。面对同样的基层党组织软弱涣散和集体经济缺位困境，湖南省衡阳县梅花村坚持党支部引领，党员示范的模式，主张村内党员先带头。村支书创办"富农"双季稻和农机服务专业合作社、村干部领头创办衡阳梅红水果种植专业合作社，带动贫困户35户100人受益，积极探索"组织推动＋村民参与＋整村授信＋盘活土地"的集体经济发展新路径，增强村集体经济"造血"功能，激发乡村振兴活力。瓜州县为了发挥基层党组织的领导作用，在人才选用上让一批有乡土情结且带富能力强、工作能力优秀的党员干部担任村支书；坚持村委牵头开展产业发展示范，种植大户提出建设合作社，并让大户带散户。青岛市莱西市院上镇党员干部主动作为，争当致富带头人和合作社领头人，发挥"一头联系市场技术、一头连接群众"作用，大力推行遮雨棚等技术，引进优良葡萄品种，提升葡萄品质，创建葡萄品牌，带动葡萄种植户延伸产业链、拓展价值链。

在党员示范模式的成功实践下，以上村庄产业发展步入新局面，"党员示范＋普通农户"的帮扶引领机制筑牢了基层组织与农户间的社会信任，增强了农户的公共参与，提升了基层组织的动员能力，促使集体行动有效达成。并且，在这种行之有效的整合模式下，一方面，村庄党员示范先行使得相对分散的"小农户"被引导到了该村产业生产之中；另一方面，也使村内外各种资源得以在产业发展过程中实现互动和聚合，当地农户通过土地流转、村集体经济分红、务工等方式实现了增收。

3.政治吸纳模式：经济精英进党支部。

经济精英作为乡村社会一个重要的群体，往往发挥着引领示范的重要作用，他们往往具备较强的经济实力，懂经营会管理有激情，能够游刃有余地同村民、各级领导干部和企事业单位打交道，同时还具备一定的威望，在村民中具有一定的典型性和说服力，是实现乡村产业振兴的内在动力来源。在乡村振兴的新时代背景下，乡村经济精英正在发挥愈发重要的作用，一方面，他们在获得经济资本的同时往往不满足于经济上的成就，转而想要在基层治理过程中发挥一定的影响力，或者在实现经济自由后，由于自身对故土、对乡民的热爱，想要为家乡的建设贡献一份自己的力量；另一方面，他们自身的经济影响力也吸引了村民的追随，经济精英往往被当作努力奋斗的榜样，能够成功激发村民的内生发展动力，这是经济精英返乡开展产业经营的社会基础。

政治吸纳模式主要体现为将经济能人等吸纳成为党员，从而坚定其扎根乡土、发展产业的信心。以产业发展为出发点，以重振基层党组织为保障，党定村首先通过包联机制将上级治理资源真正贯彻运用到基层，再通过集体经济的发展凝聚力，扭转"空心村"的人力资源外流倾向，通过党组织的吸纳，将养殖大户、技术能手等人物吸纳入党，增强人才引进和保障工作，推动乡村人才振兴的发展，为乡村振兴赋予人才、人力保障。党定村在外地上大学的王同学，毕业后回村从事村庄的奶山羊养殖，她谈道："我已经向党组织递交了入党申请书，希望以实际行动进一步向党组织靠拢。未来，希望以自己的致富经验带动更多群众实现创业致富，助力村庄乡村振兴事业发展。"梅花村、金米村、丰仪镇等，在乡村产业发展过程中通过发动乡村精英实现对村民的动员，并在党建机制中要求激活村庄致富能手、外出务工经商人员、本地大学生、退役军人、老党员、老干部等乡贤的作用。这些乡村精英往往能够现身说法，为村民传授先进经验，这为村民转变观念，投身于村庄发展与治理贡献了重要的力量。

政治吸纳的党建引领模式发挥了经济精英的先进示范作用，能够团结带领村民共同进行产业建设。同时也应当认识到政治吸纳模式对经济精英的依赖效应，并非每个乡村都有取得成就的经济能人，也并非每位经济精英都能怀抱建设家乡的热忱，投入故土的乡村振兴事业中。因此，在政治吸纳模式的运转过程中，应当加强对基层精英的培育和本土特色产业的挖掘，让经济精英成为"可再生资源"，从而为乡村产业振兴培育源源不断的增长动力。

4. 党建整合模式：产业联合党委。

在分产到户的制度背景下，乡村丧失了集中进行农业生产经营的制度基础，且在实践中往往难以兼顾区域间的发展均衡问题，村内各村民独立开展农业生产活动，村与村之间也缺乏集中生产经营的基础，难以兼顾彼此之间的发展均衡性问题。乡村振兴背景下，村庄产业发展首当其冲的就是分散化的区域资源难以得到有效整合，并且由于各村之间存在自身利益最大化的价值导向，因而往往倾向于开展同质化竞争，这不仅会损伤地区产业发展活力，还不利于农村产业同市场间的交流对接。而破解区域性乡村产业发展难题的一个关键因素就是通过党组织的引领，实现区域间产业发展的动力重组。与此同时，阻碍农村产业发展的另一个关键因素就是农户的组织化困境，由于分散化经营的农业生产组织状况和农村集体经济的事实性缺失，农户缺少被组织起来的实践基础，在面对市场的资本时往往处于相对劣势地位，从而难以在市场博弈中取得经济收益最大化，无法进行产业链的延伸整合。而党建引领的跨区域联动则从组织层面解决了困扰乡村产业发展的问题,通过党组织链接资源,原本散落在不同区域的优势资源得以联动。党建构筑的产业发展平台打破了以行政村区划为界限的村庄边界,再借助党组织建立的产业基地,对区域内的产业资源进行整合重组,实现乡村产业规模的扩大和可持续发展。

村庄联合党委的建设起源于乡村产业发展的现实需要,具有深厚的实践基础,在"党支部+"的基础上发展出的"联合党委+"模式具有完整的过程和现实的发展基础。通过对东藕塘村、党定村等产业联合党委发展过程的分析,我们能更加清晰地了解党建整合模式的现实必要性和衍生完善机制,进而更为深入地了解党建引领模式的创新发展。

党定村以奶山羊产业为纽带,联合高义、北姚两个村成立苏坊镇奶山羊养殖扶贫基地临时党委,区域联动发展模式收获了较大成效。蒲城县委从县级层面做出了提升"村党组织+"模式,深入开展"联合党委+产业基地+"试点,以充分发挥"党委引领、支部联建、以强带弱"的协作抱团作用。目前在"联合党委+"模式的指引下,奶山羊存栏达2400余只,年产值720余万元,辐射带动周边3个村发展奶山羊产业。东藕塘村与青岛市莱西市院上镇都通过多村联建、强村独资、村企合作等模式,构建"乡村公共资源+共富公司"促新型农村集体经济发展机制。东孝街道将周边种植无花果的村庄联合起来成立无花果产业"共富工坊"。院上镇抱团发展,建立"党建+合作社"的运营模式，促进村集体和农民"双增收"，开拓了一条充满特色的产业振兴之路。

产业联合党委的党建整合模式成功实现了区域内产业的协同联动，真正整合起了基层乡村的发展资源，让乡村产业振兴形成规模化效应，从而为县域乡村振兴的未来发展方向奠定实践基础。在党建整合模式的发展过程中，村民的收益方式主要是地租、经营、劳务三种，在党支部领办集体经济的基础上，村民的基础收益得到了村集体经济组织的保障，因而能够取得较为稳定的经济来源。联合党委带领下的产业基地在组织形式上进行了创新，但并未改变对村民收益的基础性保障，村民在流转土地给集体经济组织的同时还能够实现就地务工，获取经济收益，同时在联合党委引领产业基地的保障下，能够通过扩大生产规模，实现由参与到引领的角色转变。"联合党委＋产业基地"模式的推广，可以有效制约并规避涉农财政项目资金私有化的乡村产业资金利用问题，推动资金保值增值，产生的收益归村集体所有，取得了建强基层组织、群众增收致富、动态脱贫有保障、村集体经济有积累的综合多赢效果。产业联合党委通过聚合党建资源，实现党建、产业、资源的优势互补，从而推动"单兵作战"到"联动共赢"的深度融合。

（二）产业经营：党建引领乡村产业振兴的经济基础

习近平总书记指出："产业兴旺是解决农村一切问题的前

提。"乡村产业发展与农民收入的提升有利于推动乡村治理、乡风文明等其他方面政策目标的实现[①]，促进乡村产业振兴要以农业农村资源为依托，以农民为主体，推进乡村产业振兴取得重要进展[②]。在中国，产业的发展离不开国家力量的扶持与干预，党建引领乡村产业振兴是实现基层产业体系重塑的有效实践路径。从市场社会学的视角出发，党建介入为乡村产业经营提供了一定的经济支持，并且对于市场体制建设具有重构作用。根据以往研究可以发现，党建引领产业振兴的主要组织形式是"村党支部+合作社"，内在逻辑都强调党的核心领导作用以及党通过引领经济合作组织对农民的再组织。我们认为党建引领产业振兴仍然是一个产业发展问题，是地方及基层政府通过党建引领的方式对市场建构、产业组织过程、市场运作方式以及行动者关系模式产生影响，进而促进农户与市场衔接，实现产业经营长效运转，达至产业兴旺的过程。经过走访调查，我们将从产业选择机制、产业经营机制、产业链拓展与价值链延伸重点分析党建引领在产业经营过程中所提供的经济基础。

1. 党建引领的产业选择机制。

长期以来，由于我国中东西部经济发展差异以及城乡二元

---

① 许汉泽：《产业进园：欠发达地区乡村产业振兴的新趋向——对H县"镇园产业联盟"模式的考察》，《南京农业大学学报（社会科学版）》2021年第6期。
② 朱婷、夏英、孙东升：《新型农村集体经济组织实施乡村产业振兴的主要模式及路径》，《农业经济》2023年第5期。

发展结构的影响，农村地区发展建设现状多样化，乡村产业发展存在特殊性、差异性。根据前面所调研的十地具体情况可知，发展何种类型的地方产业，一方面首先要考虑当地资源禀赋，由于各个村庄的发展现状、区位条件、资源禀赋等存在差异，乡村产业发展并没有形成一致的发展规律或者普适性的发展路径，而是在因地制宜以及对社会经济环境的不断适应中，依据不同村庄特色形成多种产业组织模式，避免相邻区域产业发展的同质化、趋同化；另一方面，乡村产业呈现出差异化发展，除了资源禀赋的影响之外，还受到基层组织动态能力的影响。基层组织动态能力是党建引领产业选择机制的主导因素，基层党组织要有效贯彻执行各种乡村产业发展政策，将伴随着政策而来的"资源下乡"作为乡村产业发展的重要基础，有效地将国家资源分配下去。并且，乡村产业选择还受到人力资源、金融资本、土地等多种要素的影响，而这些要素在农村地区的分布往往比较分散。加之当前背景下农村阶层分化明显，乡村产业发展的资源统筹、整合难度进一步加剧。这意味着，发挥好农村基层组织的能动性，进行产业谋划布局并整合资源、付诸实践，是乡村产业得以推进的关键。

据此可知，党建引领下的产业选择机制充分发挥了农村基层组织的动态能力，不同的基层组织主体在此过程中协商配合、协同发力，进而推进乡村产业高质量发展，形成农民增收的长效机制。

2. 党建引领的产业经营机制。

由产业扶贫到产业兴旺的飞跃式成效，离不开良好的产业经营机制。党建嵌入产业经营过程主要体现在以下几个方面。其一，产业市场建设。研究发现，早期各类产业发展大多是一种市场化的自主型发展模式，基层党建并未过多地介入产业发展之中，而是一种政府较浅参与模式，其市场体制属于自发型。从市场建构来看，多数产业的市场建构属于自发、自主、自为。产业组织过程存在简单化、环节连接受阻、农户与市场关系松散、产业缺乏规模优势、市场风险大等问题。为此，坚持党建引领，由村支部出面连接市场，形成村企联动、党建联建的产业模式，最终实现产业市场开拓，农民收入稳定增长。

其二，产业帮扶资金的精准供给。梅花村积极争取上级项目资金，搞好基础设施建设，夯实发展基础。近年来梅花村争取各级财政项目资金数千万元，带动社会资本投入近8500万元，吸引产业项目投入过21亿元。党定村收到奶企支付的管理费20余万元，村集体经济收益得到极大提升，也为脱贫攻坚工作的开展提供了资金保障。此外，由村党支部组织养殖大户帮带养殖小散农户，争取银行贷款和扶持资金，统一建设养殖圈舍和奶站，完善水电路等基础设施，发展生态规模养殖等。2016年全村人均纯收入10100元，村集体经济收入37万元，2017年村集体经济收入50万元，全村人均纯收入11150元，实现了整村脱贫。肇庆市鼎湖区沙浦镇村经济社的党支部通过与银行党支部结对共建，使村经济社在贷款时更为便利并享受一定优惠。酒泉市瓜州县十工村县粮油企业提供技术和资金支持，村党组织则发挥引领和协调作用，共同推动产业的发展。

其三，基础设施供给。金米村党支部则是完善木耳产业基础设施建设，逐步实现了种植技术的升级，并在县政府的帮助下将大棚升级为了智能化温室大棚，木耳生产过程实现智能化、可视化、信息化，既降低了生产需要投入的物力与人力成本，又保障了木耳的产量和质量。梅花村着力完善基地配套设施，购置各类农业生产机械，新建粮食烘干、仓储、农机维修、托管四位一体服务中心，助力乡村产业发展。

3.党建引领的产业链拓展与价值链延伸。

乡村产业振兴的关键在于提高基层组织对产业链和价值链的控制力，培育乡村内生新动能。农业产业链的创新和拓展能够有效提升产业发展可持续性，对于农村产业融合发展、实现"小农户"与"大市场"的对接至关重要，是扩大农户产业增值收益，实现乡村产业振兴的关键环节。党建引领乡村产业振兴在有效组织农民、对接市场的同时还能根据市场需求适时对农民生产结构进行调整，实现农户与市场体制的有序对接、良性运转，最终促进产业可持续发展，这是党建引领的体制优势。

在党建引领乡村产业发展的过程中，党建介入为产业发展提供了资源整合优势。党定村借助村股份经济合作社的机构职责，开展清产核资、股权设置、折股量化等基础工作，实现了对村集体资产的整合，优势资源得以充分集中。为了实现农业产业链的进一步拓展和延伸，村党支部充分利用废弃窑洞建设农家乐，为群众提供多种就业岗位，形成集天然氧吧、农家餐饮、农耕、农养体验及农产品加工于一体的产业格局，串联出一、二、三产业相互融合、有机循环的产业链条，打造绿色、生态、创意、休闲的田园综合体。

党建引领为农村基层产业发展和产品链延伸注入了新的活力，党建引领以其组织的灵活性、引领的权威性和发展的普惠性成为基层产业链拓展与价值链延伸的关键抓手。党建引领以挖掘本土化发展空间、开发产业纵深为引领产业发展的起点。本土化资源是产业开发的前提和基础，也是当前农村基层产业发展的重要着力点，通过党建引领集体经济的组织形式，村庄原有闲置资源和产业空间得以盘活，产业多元化发展，前景扩大。平凉市静宁县贾河乡坚持数字赋能苹果产业发展，依托本乡苹果产业大数据平台和县农业农村局"慧种田"系统，进行精细化种植、标准化管理、精准化营销、便捷化服务，实现经济效益的最大化，建设山地有机苹果"智慧果园"，并构建果品联产联销"直通车"。金米村以党建延伸木耳产业链条，促使多元产业发展，积极搭建电商平台，建立了电商直播基地，培育销售主播，依托新兴的电商直播带动本村销售。同时，金米村还在县政府的帮助下与京东合作建立"云仓"，让产品储存、分拣、包装、物流、直播、培训等集合为一体，为木耳的销售提供了更为有效的数字化保障手段，进一步延伸产业链，将更多村民聚合到了木耳产业链上。

总体来看，党建引领能够整合发展优势，将多元主体的利益诉求统合到乡村产业振兴事业中，围绕既有产业寻求可持续发展路径，赋予产业发展活力，促进产业凝聚力不断提升。与此同时，党建介入能够使村庄产业发展及时适应市场风向变化，从而不断优化调整产业发展结构，实现产业链的纵向延伸，提高产品附加值。三产融合协同是农业产业链完善的根本出路和有效发展路径，只有立足市场需求，适时进行农业供给侧结构变革，才能有效实现市场融入和基层产业的有序发展。

（三）利益共享：党建引领乡村产业振兴的社会基础

乡村振兴政策的实施是新时代背景下继续深化资源下沉、统筹城乡发展的重大战略举措，也是我国进一步推动基层治理逻辑转向的一大契机。改革开放尤其是进入新世纪后，中国的基层治理体系发生了一场巨变，伴随着税费改革尤其是农业税的取消，"国家"与"社会"关系这一议题受到了学术界的广泛关注，大多数学者认为随着经济体制的转型，中国国家基层治理逻辑正迎来一场巨大的转变[1]。在集体经济时期，由于国家宏观战略发展的需要，农业服务于城市工业部门的发展，国家通

---

① 景跃进：《中国农村基层治理的逻辑转换——国家与乡村社会关系的再思考》，《治理研究》2018年第1期。

过"剪刀差"①方式从农业汇总并汲取剩余以支撑工业体系的发展，也由此形塑了城乡"二元经济"②这一特殊的基层经济体制。改革开放后，伴随着国家整体经济实力的增长和对外开放程度的进一步提升，工业部门对农业的依赖程度大大减小，同时由于市场经济机制的不断深入发展，国家迫切需要改变传统的计划经济，给地方经济发展注入活力。尤其是进入新世纪后，国家的对外开放程度不断加深，一场契合世界经济体系规则的变革在农业部门展开，农业税的取消改变了几千年来的传统税收制度，为新时代工业反哺农业提供了制度基础，新中国成立以来延续几十年的"汲取型"经济体制进一步瓦解，逐渐转变为以"给予型"③"服务型"④为主要特征的整合型经济体制。脱贫攻坚、精准扶贫、乡村振兴等一系列基层利好政策的出台推动上层治理资源不断下沉到基层，由改革开放带来的"民工潮""空心村""集体经济空壳村"等基层治理问题正随着治理资源的下沉和基层利益联结的深化而得到解决，由此形塑的基层社会治理逻辑转向将推动学界相关议题的进一步丰富和国家治理实践能力的不断完善。面对治理资源的不断下沉，乡村振兴政策需

---

① 祝树金、钟腾龙:《中国工农剪刀差系统模型构建及实证研究》,《经济问题探索》2014年第2期。
② 武力:《1949—2006年城乡关系演变的历史分析》,《中国经济史研究》2017年第1期。
③ 徐欣顺:《民族地区易地扶贫搬迁:给予型政策与地方性秩序的张力研究——基于国家与社会关系的分析视角》,《黑龙江民族丛刊》2019年第2期。
④ 蒋锐、刘鑫:《中国乡村治理模式的转型:从嵌入汲取型到整合服务型》,《当代世界社会主义问题》2021年第2期。

要进一步强化利益联结，确保乡村振兴为农民而兴，用坚实的收益保障政策实现基层凝心聚力，推动基层社会再繁荣。

调研分析发现，目前党建引领产业振兴的发展过程中，基层乡村的农民产业收益形式主要有地租、劳务、股权和经营四种。这四种收益方式在四种党建引领模式中交叉出现，其中组织引领模式的利益联结机制在于地租、分红、劳务、经营；党员示范模式的利益联结机制是地租、分红与劳务；党建整合模式与政治吸纳模式的利益联结机制主要在于地租、经营、劳务。对党建引领乡村产业振兴的利益联结机制进行分析，有助于更加深入地理解乡村产业振兴所构筑的社会基础，从而探索乡村产业振兴的创新机制，共同推动党建引领机制走深走实，真正让党的引领力转换为乡村产业振兴的发展动力，让农民在党的带领下真正享受到产业振兴带来的获得感、幸福感、安全感。

1. 地租型利益共享机制。

中华民族发轫于农耕文明，以自给自足为基本特征的小农户经营是中华民族乃至周边亚洲国家农业经营的基本特点[1]，分散化的农业经营对劳动力需求量大、极易受到气候等自然因素的影响，且农业经营的基本目的是满足自身的生存需要，因而经种植活动产生的经济收益较为薄弱。承包制实际上重新形塑了分散化生产的农业经营基本实践形态，然而受小农户经营带来

---

[1] 欧阳雪梅：《立足农耕文明的历史底蕴建设农业强国》，《红旗文稿》2023年第4期。

的种种限制，越来越多的农民选择外出务工，从而获得更为可观的经济收益，农村的"空心化"现象愈发严重[①]。加之农村老龄化现象带来的影响逐渐突出，从事农业生产的人力资源供给短缺，现代化的生产经营技术无法真正进入农业生产一线，以传统的分散化生产为基础的农业经营形态难以适应乡村振兴背景下农民的生产生活需要。

党建引领机制的介入重塑了传统的农业生产组织模式，通过流转承包土地，可以有效整合闲散土地，为解决空心化和农业经营人口农村老龄化问题提供新的思路。作为一种基本的农民增收模式，无论是通过党建引领集体经济实现对本村农户土地的集中流转整合，还是借助产业经营大户的经济实力实现对村民土地的承包，农户都能在这一过程中通过出让土地使用权获取经济收益，实现农户和土地流转方的双赢，如党定村、梅花村等。

地租型利益共享机制是乡村振兴背景下促进广大农民城镇化进程和稳定农业基本盘的有效途径，它是党建引领乡村产业振兴过程中实现农民收益的基本方式，存在于组织引领模式、党员示范模式、党建整合模式和政治吸纳模式四类典型引领模式中。借助集体经济组织或党建引领搭建的资源整合平台，农户可在其中实现使用权的流转和收益权的保障，既能够有效实

---

① 刘祖云、姜姝：《"城归"：乡村振兴中"人的回归"》，《农业经济问题》2019年第2期。

现土地带来的经济收益，又能破解农村空心化和农业经营分散化带来的低收益问题。一方面，土地流转带来的连片集中经营有效化解了智能化、现代化的农业经营技术在农村的推广应用难题。连片式的生产经营方式将细碎化的耕地集约整合，智能化经营技术得以在农业生产实践中推广运用，从而在一定程度上化解农业生产受自然因素影响过大的问题。同时土地流转还能够有效解决"土地谁来种"的问题，是城镇化背景下实现农业稳定生产的有效方法，促进了农业人口和农业生产的双重现代化。另一方面，党建引领机制的介入有效保障了农户的收益权，稳定农民经济收益和经营自信。在"三权"分置的基本制度前提下，农户通过流转土地的经营使用权，在稳定经济收益的同时还实现了自身土地基本权益的保障。规模化的投入将有效提升农业经济收益，党建引领机制通过制度化的收益保障，稳定农民地租收益，让农户真正从土地流转过程中获得实实在在的好处，不仅有效奠定了农地规模化经营的基础，更从根本上化解了农户对经济收益权的担忧，有效保障了农民农村共同富裕。

2.劳务型利益共享机制。

劳务型利益共享机制旨在通过对农户稳定、有效的劳务吸纳，推动乡村振兴，是增加农户收入、巩固拓展脱贫攻坚成果和乡村振兴有效衔接，从而提升区域发展动力的一条直接有效路径。就业是最大的民生，在农业经营收益愈发减少、农户外流趋势愈发明显的背景下，通过对农民的劳务吸纳，能够实现稳定的收益提升和持续化的经济发展。可持续生计视角下，以劳动者自我发展为中心的就业目标是实现农民稳定增收和乡村产业振兴的有效方式。[①]实际上，除了有效实现农民的持续性增收，劳务型利益联结机制还是实现下乡资本有效嵌入乡土社会的有效方式。在资本下乡的过程中，农民以及农村社会面对外来资本往往具有一套自己的区分集体与个人、自己人与外人、好人与坏人的观念结构，在这样一套观念结构下，农户对下乡资本企业的经营行为往往呈现出抵制乃至侵犯的行为模式[②]。而用工方式的不同，在资本下乡过程中发挥了重要的嵌入作用，通过"土客结合"[③]的用工方式，外来资本成功适应了内外有别的乡土逻辑；通过发掘运用农民身上所附着的社会关系、行动逻辑和观念看法，外来资本既有效实现了企业生产经营活动在本地的持续稳定开展，更解决了本地农民的收入难题；通过吸纳本地劳务力量，真正实现了资本下乡对乡村社会经济发展水平的促进。劳务型的利益共享机制既是有效解决资源贫乏型村庄农户增收致富难题的有效途径，在更广泛的意义上，还能够充分运用本地化劳动力资源，实现外来企业与本地乡村社会的有效融合嵌入。

通过整合村庄资源，多数村庄借助党建领办集体经济的模

[①] 蔡小慎、王雪岚、王淑君：《可持续生计视角下我国就业扶贫模式及接续推进乡村振兴对策》，《学习与实践》2021年第5期。
[②] 徐宗阳：《农民行动的观念基础——以一个公司型农场的作物失窃事件为例》，《社会学研究》2022年第3期。
[③] 陈航英：《土客结合：资本下乡的用工机制研究》，《社会》2021年第4期。

式，在成功实现农民本地化务工的同时还有效吸纳外流的村庄劳动力，真正达到了"聚人促事"的基本产业目标。党支部牵头成立村级劳务工作队，帮助脱贫劳动力转移就业。一方面村级劳务工作队根据企业务工需求，推动村民到企业务工；另一方面主动吸纳脱贫群众就近就业，如金米村劳务工作队就吸纳了103户脱贫群众在柞水县绿源有限公司长期采摘木耳。组织化的农户务工模式将村民的利益需求有效统合，通过党组织的引领提升了村民的市场对接效益，在农户与市场进行利益协商的过程中能更有效地发挥自身优势，有效实现农民的稳岗增收，助力农民收益稳定发展。

3.股权分红型利益共享机制。

农村集体经济作为社会主义公有制经济的一种重要形式，是中国特色社会主义的重要特征，也是推动农民农村共同富裕的物质保障，在乡村振兴背景下，农村集体经济建设不仅可以有效盘活乡村资源，也是实现农民再组织的应有之义。在承包制的基本制度背景下，农民的组织化经营收益方式丧失了继续存在的必要性，农民在经济上处于分散化的组织形态，行为方式愈发趋向于"原子化"[1]，即农民个体间的经济联系、文化社会联系等越来越弱，越来越多的农民"离土又离乡"，由此造成了农村集体经济发展的基本困境。股权分红型的利益共享机制

---

[1] 贺雪峰：《农民行动逻辑与乡村治理的区域差异》，《开放时代》2007年第1期。

即产生于乡村产业振兴背景下，重建农村集体经济的需要与农民分散化之间的张力，党建引领的新型集体经济组织方式通过党支部领办合作社的基本形式，重构集体经济组织的基本架构，并通过清产核资和资产评估等方式建立起集体经济的资金基础，从而通过流转土地等方式进行集体经济的运营，实现"资源变资产、资金变股金、农民变股东"的"三变"改革。党建领办集体经济的基本形式下，"三变"改革的利益联结方式旨在将村内的土地等资源盘活利用，农民通过流转自家土地获得经济收益分红；农民也可以直接参与到集体经济的经营过程中，通过资金入股的方式获得集体经济经营的收益权，直接规划、经营流转的土地；农民或通过流转土地或通过资金入股的方式向集体经济组织投入生产要素，此时农户本身实现了角色的转换，即真正实现了从分散化的小农户到集体经济参与者的转变。

传统意义上，村党支部作为乡村治理性组织不具备市场经营主体的地位和功能，而想要真正发挥基层党组织的引领作用，就必须将村党支部作为产业发展的核心来抓，让党支部与产业发展的全过程深度融合。为了解决这个问题，青岛市莱西市院上镇联合社会资本等开发建设共富产业项目，村集体通过闲置资金、资产、资源投资入股，分享红利增收。党定村经过调研考察和外地学习，创新性地让村党支部牵头，成立村级股份经济合作社，以"村党支部+村级股份经济合作社"的发展模式将党组织建设与村庄产业发展有机融合，形成了"人人有股份，年年能分红"的产业经营发展格局。金米村的产业振兴之路同样借助党组织强有力的引领带动作用，以"支部引领、集体置业、参股分红"的指导原则促进了村庄集体经济与木耳产业的深度融合。村庄集体经济参与木耳产业发展，主要是在党支部引领下成立专业合作社，并利用扶贫、乡村振兴示范工程等多元政策资金、村庄机动地等土地资源入股的形式来实现。

党建引领下股权分红型的利益共享机制以集体经济的薄弱局面为解决问题的出发点，将分散化的农户通过再组织的方式重新吸纳到乡村产业经营过程中，以土地流转为连接方式的农户吸纳机制既能够将土地转化为股权，有效解决当前不断发展的城镇化过程中带来的乡村空心化问题，回答乡村振兴背景下"土地谁来种"这一关键命题，还能够在党建引领机制的介入下使农村集体经济的发展始终以农民的收益最大化为价值导向，始终保障好农民在乡村产业振兴中的获得感和幸福感；以资金投入为转化机制的经营模式能够将农民的经济投入转化为股权投资，实现农民在乡村产业振兴过程中经营角色的转变，为农村领域经济发展注入新的活力。同时，农民并非丧失了在农业生产经营中的话语权，而是通过资金入股的方式，真正参与到了集体经济的发展经营过程中。土地或资金入股的形式实现了农民身份角色的转变，却并未改变农户在产业经营时获得收益的权益。返租倒包的形式充分运用了农业经营大户的经济实力，将土地集中起来，农户通过参与生产过程和享受利益分红等形式获取经济收益。党建引领机制的介入拓展创新了农民收益的新形式，股权型的利益共享机制是乡村振兴新的发展阶段稳住农业基本盘、保障农民收益的有效利益联结机制。

4.经营型利益共享机制。

农民的积极参与是乡村振兴政策顺利推行的有效保障，《中共中央国务院关于实施乡村振兴战略的意见》指出，要"坚持农民主体地位。充分尊重农民意愿，切实发挥农民在乡村振兴中的主体作用"。而实践过程中，农民往往受历史发展等主客观因素的影响，在乡村振兴中的整体参与能力和参与效果均呈现出较低水平，难以实现乡村振兴政策的稳固推进。经营型的利益共享机制旨在通过农民自身积极参与产业经营活动，激发产业发展活力，推动产业收益和农户素质的双提升。党建引领产业振兴过程中，经营型的利益共享机制以农户的赋权增能为根本动力点，立足于对农户本身技能、素质、知识、认知的培育提升，实现产业经营能力的提高，从而破除农民参与乡村产业振兴的阻碍，真正变"输血"为"造血"。这不仅是从脱贫攻坚到乡村振兴，以及新时代党建引领乡村振兴的价值旨归，更是充分发挥农民参与农业产业的自主能动性、实现乡村产业振兴稳定可持续发展的有效途径。

党建引领的经营型利益共享机制充分发挥了党建链接优势资源的作用。东藕塘村通过资源链接将省农科院的专家指导团队、帮扶企业、区农业农村局的资源与村里有效对接，发动企业机器下乡、设备进村、加工入户而建立的"新生工坊"带动当地农产品的销售，提高市场知名度。酒泉市瓜州县十工村各级党组织以提供政策支持、技术培训和组织建设等方面的帮助的形式，帮助农民合作组织实现规模化经营、优势资源共享和广阔市场拓展。党定村党总支深知要想推动奶山羊产业的可持续发展，养殖户的能力建设尤为重要。党定村从革新技术设备开始，为养殖户提供从设备更新到技术培训再到能力拓展的全流程式养殖技术发展路径。通过技术培训，技术熟练的贫困户可以直接在羊舍作业，并积极开展校地交流，与西安电子科技大学开展技术合作，利用西安电子科技大学技术团队，为村庄规划建设了现代化的养殖信息平台，并引进双列式羊舍和自动化监测装置，实现养殖技术的硬件革新等。经过技术赋能，村庄产业技术获得整体提升，同时针对村民组织开展的技术培训和专业知识讲座还激发和培养了农户的内生发展能力，改善了村民在乡村振兴中"有参与、无能力"的无效参与状态，为乡村振兴提供持续保障。

经营型利益联结方式的关键环节是通过对农民的赋权增能实现产业发展阻碍的破除。赋权理论来源于美国学者 Barbara Solomon 对黑人社区的研究[①]，后引起学术界的关注并被总结为个

---

① BB. Solomon, *Black empowerment: Social work in oppressed communities,* New York: Columbia University Press, 1976.

人、组织、社区三个分析维度[①]。赋权理论为提升乡村振兴中农民的参与能力提供了可行思路，即从农民个体出发，丰富农民的知识和技能，进而实现群体发展能力的提升。具体到实务界，为了增强农民的参与能力，国家结合基层农民发展现状，提出了培育"新型职业农民"的要求，通过丰富技能、增长知识，实现整体发展能力的提升[②]。无论是"给农民赋权"，还是"培育新型职业农民"，背后的逻辑都在于提升农民的综合素质和参与能力，让广大基层农民能够更好地对接技术、知识发展的要求，以适应现代化农业生产技术与经营模式的需要，让广大基层农民能够在发展产业的过程中实现自我技能、个人素质的同步提升，进而向乡村产业振兴注入源源不断的内生发展动力。党建引领乡村产业振兴的一个关键环节就是做好农民"赋能"工作，通过各种农民培训教育活动、产业技能提升活动增强农民的内生发展能力，从而让农民更有效地适应现代化的农业设施设备和种养殖技术，提升农户加大农业生产资料投入的信心，扩大农业产业经营规模，为乡村产业振兴提供更为稳定和可持续的内在发展动力。

[①] Lee J A B. *The empowerment approach to social work practice*. Columbia University Press, 2001.
[②] 朱启臻：《新型职业农民与家庭农场》，《中国农业大学学报（社会科学版）》2013年第2期。

四、党建引领产业振兴的考验与挑战

经过多地区的实践探索，乡村产业振兴的"党组织+"模式、党员示范模式、政治吸纳模式、党建整合模式已经形成了较为完善的制度体系，并愈加得到实务界和学术界的关注，对于新时代"抓党建促乡村振兴"的实践导向具有极其重要的启发意义。为了进一步完善党建引领乡村产业振兴的实践体系，当前仍存在部分考验与挑战亟待解决。

（一）农民主体性意识有待提升

乡村振兴在中国有着广泛的实践场域，要真正落实"乡村振兴为农民而兴，乡村建设为农民而建"的根本原则，充分重视并发挥农民在产业振兴中的主体性地位。坚持农民主体地位是全面实施乡村振兴战略的一项基本原则。农村要发展，根本要依靠亿万农民。要坚持不懈推进农村改革和制度创新，充分发挥亿万农民主体作用和首创精神，不断解放和发展农村社会生产力，激发农村发展活力。2016年中央一号文件提出"把坚持农民主体地位、增进农民福祉作为农村一切工作的出发点和落脚点"，2018年中央一号文件将坚持农民主体地位作为实施乡村振兴战略的一项基本原则。乡村振兴必须充分调动农民的积极性、主动性、创造性。在乡村振兴实践中，不仅包括一切为了群众，还包括一切依靠群众，突出农民的主体地位，应进一步明确农民既是乡村振兴的受益者，也是主力军，把广大农民对美好生活的向往转化为促进乡村振兴的动力，激发农民主人翁意识，发动和组织农民积极投身乡村振兴实践。当前的产业振兴实践中，其一，不乏部分地区对农民在乡村产业振兴中的主体性地位认识不足，农村基层党组织设置模式单一陈旧，难以契合农村基层党建引领乡村振兴的实际需要，或大搞"面子工程"，乡村产业振兴悬浮虚置。其二，大部分农民认为乡村振兴主要依靠政府，认为乡村振兴政府才是主体，自己只是配角，这已经成为许多农民的固有想法。很多村民主体意识不强、缺乏长远眼光，前期更多的是"政府干、群众看"，不太配合村委会的建设工作，在发展中"等、靠、要"思想仍然较重。

（二）党建引领多元主体共治体系有待完善

多数地区大胆探索乡村发展，推广落实党建引领的振兴模式，将其村庄产业发展的经验总结提炼，形成可复制、可推广的制度性举措。部分村庄通过"村党支部+"的形式，实现党组织对乡村产业的引导；部分村庄发挥区域内产业强村的引领带动作用，围绕特定产业通过"联合党委+"的模式建设产业基地，实现资源的跨区域调配、产业的跨区域联动；还有的村庄根据产业发展的需要及时创新党建引领的组织形式，充分动员高校、企业等社会组织，通过党建引领整合形成乡村产业振兴的合力。然而，为实现产业长期可持续发展、价值链延伸、农民持续增收等，党建引领多元主体共治体系仍有待完善。其一，农村基层党组织作为引领作用的主要发挥者，其组织模式、运行机制不尽完善。随着农村产业化发展和经济结构调整，各种新兴发展主体层出不穷，单一的、区域型的组织设置模式不利于乡村产业发展的需要，不利于形成乡村振兴多元主体的治理合力。其二，乡村社会治理共同体有待继续完善。产业发展过程中，除基层党组织、党员以外，还吸纳了返乡精英和企业、高校等其他社会组织参与发展治理，各主体的职责划分及治理内容须互相连接，紧密配合。其三，多元主体共治的利益联结建设有待加强。良好的利益联结是共治目标得以实现的根本保障，只有利益共建、利益共惠、利益共享，乡村产业发展才能持续推进。

（三）产业振兴的社会基础有待持续挖掘

经过上文对党建引领乡村产业选择机制、经营机制等内容的针对性分析可知，多数村庄在村庄集体经济衰败、基层治理效能衰减，以及乡村建设与发展陷入进退两难的困境时，以党建引领为主要抓手，以重振基层党组织为出发点，将党建引领机制贯彻到村庄产业发展、村民收益保障等多个方面。选择合适的产业发展方向是实现乡村产业振兴的基础性命题，立足本地挖掘乡村产业振兴的社会基础是充分有效动员农民参与的前提，能够真正构筑起农民参与的平台。在当前全面推进乡村产业振兴的时代背景下，其一，乡村产业发展存在特殊性、差异性，有待进一步准确把握。产业发展应考虑当地资源禀赋的差异，避免相邻区域产业发展的同质化、趋同化。其二，基层组织动态能力有待提升，并注重人力资源、资源整合、土地等多种要素的影响。其三，部分农村基层党组织互动协商机制有待优化。一定程度上仍存在农村党员干部与农民之间缺乏充分沟通、有效互动的问题。其四，在基层的产业振兴中不乏村庄的产业发展随着领导的更替而变动的现象，这既不利于产业振兴基础的培育，也难以调动农民的积极性。

（四）党建引领产业市场开拓有待加强

从多地产业振兴实践过程中可知，基层党组织是因地制宜发展乡村产业、带动群众增收致富、壮大农村集体经济的"主心骨"和"领头羊"，具有良好的号召力、凝聚力。乡村产业振兴难以发展的一个关键原因就在于分散化的农户无法实现与市场的有效对接，村民议价能力不足，致使农业产业的销路问题、市场开拓问题成为一大痛点。并且由于小农户规模小、市场信息不对称、市场接触面窄、市场渠道不足、风险应对能力差等，他们往往获得比较微薄的收益。在多地区以往的实践中，党组织发挥其优势，通过完备的党组织领导体系，为村企合作构筑沟通交流的平台，或牵头成立村级集体经济开展经营行为，成立村级股份经济合作社来对接市场，发挥党员的带动引领作用。但是农户与市场开拓的问题仍困扰着产业发展。其一，部分地区仍存在村党支部、企业、合作社和小农户联系不密切，市场问题难以突破，农户利益联结机制存在漏洞等诸多问题。其二，部分党建引领的组织形式还未能充分同市场展开交流、重塑市场经营逻辑，难以直接推动小农户和大市场的有效对接，难以最大化维护农民的发展权益。

（五）多样化产业收益形式有待创新

党建引领的介入成功实现产业发展目的的转变，许多村庄在产业发展过程中从壮大集体经济入手，通过构建兜底保障的防返贫机制和建立完善的让利于民的分配机制保障村民生活富裕。例如，由村庄党总支出面为村民作保，由村集体提供贴息贷款，按照"党组织+合作社+企业+农户"等方式将广大农户吸纳进乡村产业生产过程中，农户还可享受一定程度的费用优惠。党建引领产业发展理念的人民性转向，促使基层治理者的治理目标发生了转变，这样的转变为实现发展模式转型和党建有效引领市场发展提供了根本政治前提，并持续推动发展成果由人民共享。但是，在党建引领乡村产业振兴的过程中，其一，还应当注重收益形式的创新。目前存在于产业振兴过程中的农民收益形式多集中于地租、分红、劳务和经营，在实现农民收益的同时也增加了农民的依附性，不利于农民主体的发展。其二，多样化产业收益形式与利益联结机制的契合度有待持续磨合，应与时俱进，与"需"俱进，应真正让乡村振兴为农民而兴，乡村建设为农民而建。其三，农民经营能力的培育应持续加强，让农民真正成为懂经营、能经营的产业主体。

五、结论与建议

（一）牢筑"以人民为中心"的发展理念

习近平总书记在党的二十大报告中把"坚持以人民为中心的发展思想"明确为前进道路上必须牢牢把握的五条重大原则之一，这充分体现了党的初心使命，也是对党的奋斗历程和实践经验的深刻总结。牢筑"以人民为中心"的发展理念，尊重人民的意愿选择，站在人民的视角看问题，着力解决好人民最关心最迫切最现实的利益问题，让更多发展成果惠及人民。

第一，充分尊重人民的意愿选择。在推动乡村振兴过程中，坚持客观事实与群众意愿相统一，向真正对群众有利的方向努力。一方面，农民是乡村产业发展的主体力量，充分尊重农民在产业选择与发展中的知情权、参与权、表达权、监督权；另一方面，对于当地自然条件与资源禀赋的认识，农民具有天然的优势。因此，产业规划需要结合产业选择原则，广泛听取当地农民建议。总之，产业选择与发展要紧紧依靠群众，尊重群众的主体性，将群众的智慧更好地释放出来。

第二，激发农民的积极性，发挥农民的首创精神。农民作为乡村振兴政策对象，对于促进政策有效实施、加快乡村振兴进程有重要作用。但是生产生活上的分散化削弱了农民之间的利益联结，行动一致性难以实现，生产效率下降。因此，要构建农民间利益联结机制，通过共同利益塑造村庄发展内生力量。同时，培育一批带头人，并采取"传帮带"的方式，将农民纳入乡村发展中来。此外，产业选择和政策制定的在地化，不仅为当地群众提供了参与基础，还能够最大化地获取群众支持和参与。坚持顶层设计与问计于民相统一，形成惠及更广泛人民群众的制度设计，让亿万人民成为乡村发展的主人翁、生力军。

第三，坚持发展成果由人民共享。坚持以人民为中心的发展思想和人民至上的价值理念，共同富裕是题中应有之义。因此，乡村产业发展要着眼于维护农民利益，通过坚实的利益联结机制和完备的兜底保障机制，消解农户参与的后顾之忧，并最大化吸纳农户参与，实现产业发展全员参与、利益共享。总之，坚持以"为人民谋福利"为价值支撑和政策导向，在党的领导下制定一系列引领地方产业发展的政策措施，发展的成果最终也由参与产业建设的最广大基层农民所共享。

党来源于人民、植根于人民，以人民为中心的发展理念体现了中国共产党血脉深处的人民性。要坚持以人民为中心的发展理念，让各类惠农政策和资源下沉到最基层，让广大乡村获得新的发展机遇，进而推动全社会的大发展、大繁荣。

（二）创新党建引领产业振兴的组织模式

产业是实现群众增收致富的关键。基层党组织应立足当地资源禀赋，因地制宜发展乡村产业，在产业链上做好党建工作，发挥基层党支部引领、推动、服务产业发展的引擎功能，为乡村振兴注入强劲动力。

第一，实施全域党建新模式，构建服务下沉机制。全域党建是新形势下基层党建工作的一次方法变革，也是对传统党建模式的有益补充，弥补因党组织的覆盖面不广而带来的组织体系的缝隙，确保党的组织体系网络更加严密和稳固。[1]一方面，发挥党组织优势，加强创新技术的学习。农村产业的发展离不开技术创新，基层党支部要发挥其组织优势，立足实际，把技术创新工作做实，围绕扶持发展地方特色产业项目，让党建延伸到产业发展第一线。另一方面，发挥党员带头作用，激发群众发展内生动力。调动广大党员聚集在产业上，发挥带富型党员的带头作用，推动农民观念由"让我富"向"我要富"转变，调动农民主动性，让农民通过看得见、摸得着的党建产业示范点的经济效益，主动跟党走，跟着干部干，进而更好地引导群众大力发展产业，提高致富能力。

第二，构建沟通平台，促进精英互助。政治吸纳为精英流动提供了体制空间，是其实现政治参与的合法路径。乡村精英不仅

---

[1] 梁新芳：《全域党建：新时代基层党建创新的实践模式》，《中州学刊》2021年第12期。

要注重从乡村社区内部甄选，也要注重引入从社区走出去的人才。一方面，要充分利用本土精英和外引精英的优势。本土精英熟悉当地经济状况、资源禀赋，对乡土环境有很强的适应性，容易建立起内在沟通平台。而外引精英具备更多的机会、人脉、资源和渠道，有利于降低乡村发展的机会成本。另一方面，因地制宜，建立沟通平台。虽然本土精英和外引精英均具有各自优势，但是形成二者良性循环仍需要契机。在政策允许的范围内，建立负面清单，在本土精英、外引精英、村民和村集体之间形成互助机制，进而推动乡村产业发展以及实现乡村有效治理。

第三，探索"党建＋产业"耦合联动模式。一方面，党支部要融入经济实体，盘活地方资源资产，以专业合作社、产业基地为依托，建立"党支部＋产业链＋农户"模式，实现村集体经济、农村电商、农民等融合式发展，辐射带动村民大力发展产业，引领群众创业致富，实现组织优势、资源优势、技术优势有效整合。另一方面，积极开展技能培训，让村民掌握现代产业技能知识，技术人员要到田间地头，对村民手把手实践指导，实现"党员带路、产业铺路"的美好愿景，促使产业致富路越走越宽，为村级产业发展增添动力。

（三）提升党建引领产业振兴的经营收益

在党建引领的支持下，依托数字赋能，提高对市场信息的洞察力，帮助农民科学决策，通过延长农业产业链，提高产业融合深度，积极发挥龙头企业的主体作用，增强产业发展动力，多措并举，提高产业振兴的经营收益。

第一，依托数字赋能，助力农民持续增收。数字基础设施在农村地区的广泛渗透为农业产业数字化转型创造了条件。一方面，小农户对于市场信息的不了解，很容易因难以准确把握市场需求而导致生产决策失误。大数据、云计算等数字技术可以帮助农民掌握整个生产、销售和库存情况，并且通过预测功能来判断市场前沿需求，实现供需匹配。另一方面，具有可传播性、共享性和前沿性的互联网是农民获得农业生产相关政策以及学习农业生产新技术的有效途径，助力粗放式生产向集约化生产转变，实现农业生产全面提质增效，帮助农民增加经营性收入。

第二，延长农业产业链，提高产业融合深度。农产品加工层次低与加工技术落后不仅会造成农业资源浪费，还会阻碍价值链的提升与拓展。提高产业融合深度，既要加强横向融合，也要加强纵向融合。一方面，打通上下游环节，将农业初级产品再加工，提高农产品附加值。突破农副产品核心技术和精深加工技术，实现价值链的攀升。同时，鼓励农副产品品牌化建设，积极自主地开辟农产品自主营销渠道，扩展与延伸农产品价值链。[1]另一方面，纵向拓宽农业产业链，借助互联网平台，拓宽销售渠道。此外，要因地制宜开发当地服务业，充分发挥农村

---

[1] 匡远配、易梦丹：《精细农业理念促进现代农业产业链、价值链和利益链"三链耦合"》，《农业现代化研究》2020年第5期。

自然环境的优势，实现一、二、三产业融合发展。

第三，发挥龙头企业带动作用，增强产业发展动力。提高农村产业的发展动力，要充分发挥农村龙头企业的带动作用，积极培育具有竞争力的大型现代农业龙头企业，以示范效应带动农村产业发展。一方面，要坚持龙头企业的主体作用，纵横双向延长产业链，提升农产品附加值，优化供应链，鼓励小型农业经营者同龙头企业合作，实现产业链共建共享，充分利用好龙头企业规模、资源、市场、技术等优势，带动本地产业的壮大；另一方面，要建立并完善利益联动机制，实现各方合作互补，培育各具特色的区域产业融合集群，夯实乡村产业发展基础。

（四）促进小农户与大市场的有效联结

小农户生产在生态保护、生物多样性、产品质量等方面具有独特的优势，但是也具有对市场信息把握不准确、盲目生产等缺点，从而导致"菜贵伤民"与"菜贱伤农"的现象同时出现。如何在新时代背景下促进小农户与现代农业大市场有效衔接，充分发挥小农在保障我国粮食安全、社会稳定、文化传承、生物多样性等方面的重要作用，成为亟待深思的重要命题。

第一，多元主体协同联动，推动小农户与市场衔接。多元主体协同联动需要党组织、政府、企业、合作社和小农户共同发力。党组织发挥引领作用，采用物质激励、精神激励和职位授予等方式鼓励农业专家、企业家、村干部、新乡贤为小农户提供全方位服务，推动小农户与大市场的有效衔接。政府作为行政机构，可以在通过政策、法律规范小农户的市场准入的同时实现对小农户生产经营的有效引导，可以提供资金、技术和市场信息等支持性服务，提高小农户的生产能力和市场竞争力。企业可以为小农户提供信息、技术与渠道等方面的支持，尤其是电商平台可以发挥联结农业生产过程中的利益主体的作用，农民通过平台直接对接消费者，有利于减少中间环节，降低交易成本，扩大交易规模，提高收入水平。[①] 合作社是推动小农户与市场衔接的重要组织形式，通过合作社可以集中资源、共同采购、共同销售，提高小农户的市场议价能力和商品竞争力。此外，培育农民示范户，让农民做给农民看，激发农民内生动力，以合作社的价值共创效应强化小农户的入社信任，促成分散小农户形成现代农业发展共识是农民合作社平台促进小农户共富的第一步。[②]

第二，发挥平台的联合创新优势，提升农业价值。农业家庭经营模式的封闭性致使小农户的生产存在分工程度低、农产品非标准化等问题，难以形成竞争优势。农民合作社平台联结多方主体分工协作、优势互补，通过联合创新，形成价值共创

[①] 孙俊娜、胡文涛、汪三贵：《数字技术赋能农民增收：作用机理、理论阐释与推进方略》，《改革》2023 年第 6 期。
[②] 庄晋财、陶锡茜：《农民合作社平台功能及其对小农共富的促进——江苏句容戴庄的案例》，《江苏大学学报（社会科学版）》2023 年第 1 期。

效应。[①]一方面，建立"村社合一"管理机制。村两委创办农业专业合作社，通过法定程序实现村党委、村委会、合作社理事会、合作社党支部交叉任职；通过成立党员科技示范户组、划分包户责任区等方式，形成党员、村干部与农户结对帮扶模式，为农户生产经营活动提供全方位服务；通过干部与群众的联结，把分散的小农户组织、带动起来。另一方面，发挥平台联合创新优势。农业标准化是高效农业发展的基础，要想促进小农户与大市场的有效衔接，就必须解决农业标准化难题，这仅仅依靠单个小农户的力量是无法完成的，而需要发挥农民合作社平台的作用。在农技推广过程中，采取结对帮扶的方式，从生产细节出发，手把手帮助小农户实现从传统农业向现代、高效、精品农业的转型。总而言之，农民合作社平台促成小农户与多元农业经营主体的价值共建能够产生一系列的共创效应，彰显出合作社平台的联合创新优势，提升小农户现代化水平，推进农民拓宽农业增收空间。[②]

（五）丰富党建引领产业振兴利益联结机制

当前，在乡村产业振兴的过程中，各方利益相关主体之间的利益联结不紧密，致使乡村产业化经营面临的阻碍较多，如

[①] Perks H,Kowalkowsli C,Witell L,et al.*Network orchestration for value platform development*. Industrial marketing management,2017(11):106–121.
[②] 李凌方、李云新：《乡土企业与农民利益联结的实践逻辑与机制优化——基于鄂西M镇"茶长制"实施的实证调研》，《湖北民族大学学报（哲学社会科学版）》2023年第1期。

何平衡利益相关者之间的利益并提升共同收益是目前亟待解决的问题。因此，构建以党建为引领的利益联结机制有利于调动利益相关主体参与产业振兴的积极性，优化乡村产业链资源要素流动机制，维护利益相关者之间的利益获得及分配。

第一，构建多元主体的利益联结机制，促进农村可持续发展。利益分配机制贯穿农村发展的全过程，稳定紧密的利益联结机制是农村可持续发展和农民生活品质保障的重要条件。一方面，针对小农户面临的发展权利不充分、机会不充分和分享发展成果不充分等问题，引导推动龙头企业、合作社等与小农户建立紧密利益联结关系，通过股份合作、保底分红和利润返还等让农民分享农业产业链增值收益，让小农户分享到现代农业发展成果，使小农户在共建共享发展中有更多获得感。另一方面，创新各主体间多样化合作模式，深化各经营主体间的联合与整合，如"农户+合作社+加工流通企业""公司+基地+合作社+农户"等模式。从降低生产成本出发，让各主体在产业链增值中获得更多收益。

第二，构建收益分配机制，保障村民和企业权益。基层自治组织或当地政府与企业订立乡村产业合作协议，共建合理的利益分配体制机制，引导农户通过股份制、合作制等形式，利用劳动、资本、土地等生产要素方式投资入股，与企业建立紧密的合作关系，共同参与企业的生产经营管理，将企业各环节产生的利润与农户利益相挂钩，提升农户参与生产经营管理的积极性和主动性，并在此过程中实现自身综合能力和素质的提升。此外，依托乡村党建平台成立乡村产业协会，构建协会组织、企业与村民共同参与的沟通协调机制，实现各方有效沟通，保障村民和企业的正当权益。

第三，创新收益共享机制，调动农民参与积极性。政府或者基层自治组织应当根据当地乡村产业发展的实际情况和合作特性，创造性地开发多种适宜产业发展的收益共享模式，在调动农村参与积极性的同时最大限度地增加农民的合法收益，如"按股分红＋保底收益""订单收购＋分红"等。不断完善利益联结机制，依靠新型农业经营主体在农业产业链中的带动作用，推动企业与农民实现共同富裕，让农民在共产共建共享中获得幸福感与参与感，有效保障企业与农民的利益，调动全社会力量参与乡村振兴，为形成可持续的企农双赢发展共同体保驾护航。

（六）以党建引领产业振兴构建乡村全面振兴的经济基础

乡村振兴的关键是产业振兴，这就要通过党建引领产业振兴夯实乡村全面振兴的经济基础。要立足当地资源禀赋与产业优势，发展乡村特色产业，夯实产业基础。乡村的全面振兴离不开集体经济，集体经济的壮大离不开人才，应加强干部队伍建设，注重人才引进和人才回流，培育农户能力。社会资本也是乡村产业发展的重要力量，要推进村企共建，实现利益共享。

第一，立足资源禀赋与产业优势，发展乡村特色产业，夯实产业基础。乡村振兴的关键是产业振兴，以产业助力农村高质量发展。一方面，立足当地产业基础现状、自然资源、人文资源等实际情况，发展与区域特色和优势相匹配的产业，同时要注重产业发展的可持续性和市场竞争力，提升产业发展潜力；另一方面，延长特色产业的产业链，增强产业链各个环节上产品服务的价值，同时要挖掘特色产业链上尚未被挖掘的价值，丰富产品的形式和服务的内容，将农产品和特色产品融入产业链当中，实现产业增收，促进农民共同富裕。

第二，发挥党组织的引领作用，重视培训工作，注重人才引进与人才回流，壮大集体经济。"村民富不富，关键看支部"，要充分发挥基层党组织在壮大村集体经济中的引领作用。一方面，发挥村党委作用，聚集土地、人才、信息等发展要素，实施党建"双基"工程，鼓励支持党支部领办合作社、创办公司，搭建人才聚集和产业发展平台，充分挖掘和利用现有资源，走符合自身实际的村集体经济发展之路；另一方面，重视培训工作，提升干部、农户的经营能力。依托"党组织+"模式发展村庄产业，借助村级集体经济建设强化干部、农户、参与企业、合作社的经营与技术培训工作，注重提高"草根"企业的创新能力与专业化管理水平。此外，积极开展校地合作，坚持外地人才引进和在外本土人才回流相结合，弥补乡村产业发展的人才短板。

第三，引入社会资本，实现农户与企业利益共享。社会资本是乡村振兴的重要力量，有效激发社会资本的动力与活力，引导社会资本有序投入农业农村,是建立健全多元化投入保障机制,推进乡村振兴战略实施的重要举措。对此,应鼓励社会资本,开启村企合作。村企双方要加强合作交流,充分发挥项目效益,创新方式方法,拓宽合作渠道,推动产业共兴。同时,村庄要充分立足自身资源优势,与企业共同发展相契合的项目,企业定期深入村庄围绕技术指导和资金支持等方面提供技术指导。此外,还应遵循市场规律,促进农户与市场之间的衔接,充分发挥市场在资源配置中的决定性作用。

08
乡镇干部的压力与职业倦怠

西北农林科技大学黄河流域乡村振兴研究与评估中心组织研究队伍，在全国9省13县开展调研，主要考察了换届以来乡镇政治生态和领导班子成员干事创业的状态。本文拟从人员、财政、事务和心态等方面提炼出一些乡镇领导班子及其行为的特征，从中形成对乡镇领导班子干事创业基本状态的判断及其存在的问题，并提出相关对策建议。

调研发现，换届以来，乡镇政治生态呈现出总体向好的局面，基层社会稳定、干部队伍干事能力突出、政策落实到位、干群关系维系较好。与此同时，也出现了一些新情况：一方面，有的乡镇一把手注重工作落实，强化压力层层传导，只压责任难以配套资源；有的一把手盲目追求政绩，工作安排和部署失之偏颇。领导班子内部缺乏制度化动员，造成资源浪费和体制高耗能运转，即靠消耗乡镇干部队伍的积极性和工作热情来推动工作，使基层干事创业的氛围和整体工作布局受到影响。另一方面，行政事务和上级任务在乡镇常规工作中凸显，吸纳和消耗了乡镇干部大量时间和精力，导致部分乡镇干部在工作中找不到参与感和价值感，也使乡镇工作开始呈现出脱离群众、弱化群众的趋势，群众的呼声和需求得不到及时回应。而且，基层的考核问责、督查督办以及责任监管都有所强化，导致部分乡镇干部靠自我消耗和消极应付来回应，进而使其工作热情被损耗。自精准扶贫和乡村振兴战略全面推进以来，乡镇属地压力和工作任务增加，部分地区的乡镇领导干部队伍在呈现出疲态、工作无意义感的同时，也存在使用有限资源追求短期政绩的行为，这些现象值得重视。

这些新情况意味着要重新思考和定位乡镇基本职能。乡镇工作重心和领导干部的注意力，需要回到密切联系群众、回应群众需求上来。立足于乡镇实情，强化基层领导干部服务群众与动员群众的意识，为镇域范围内的群众提供稳定的生活生产秩序，保障镇域社会的长治久安。基于这一点，乡镇在组织建设与选人用人上应突出群众工作的导向性、重要性，选拔出有群众工作能力、对群众有感情、能服务群众和动员群众、担当实干的基层干部，如此才能将国家政策方针与本地实情和群众需求相结合，并进行创造性落实。同时，推进干部队伍的组织建设和管理，尊重乡镇工作的一般规律和客观条件，为乡镇干部解压松绑，为其更好地履职尽责创造环境。

一、乡镇领导班子干事创业的基本状况

在当前乡村振兴阶段,乡镇面临事多、责大、权小的困境,乡镇领导班子干事创业整体面貌呈现出被过度动员、群体疲态和动力不足等特征。为应对压力并达成一定的政绩目标,乡镇也在集中权力、整合资源、谋求创新,这也导致乡镇体制运行产生了一些新问题。

(一)乡镇领导职权分化,削弱了班子凝聚力

近年来,乡镇的权力呈现出向党委书记集中的趋势,与此同时,乡镇领导班子的角色也呈现出分化的特征,主要有如下表现。

一是权力向乡镇党委书记一把手集中。在书记挂帅和党委领导作用强化的同时,乡镇党委核心领导力凸显,尤其体现在对全盘工作的统筹力度和具体工作的推进方式上。在签字拍板和定调的过程中,党委书记的话语权比过去凸显了。

二是一把手成为乡镇最直接的责任主体,会使部分副职干部消极被动,担当不足,班子内部缺乏制度化动员,增加了党委书记带班子的难度。党委书记权责角色凸显,受到影响的是分管工作的班子成员,会导致班子中的副职干部在推动工作中呈现出消极心态、担当不足,这不利于党委书记团结班子成员,也不利于整体工作的推进。而且,书记主体责任的强化,会引

发乡镇内部压力结构的改变，表现为乡镇工作的压力在乡镇班子成员内部呈现出非均衡分布的情况，即核心领导强压力、少数副职高压和多数边缘副职无压。

三是少数重要副职注重出亮点，通过形式创新吸引书记注意力，争取资源，影响乡镇整体工作局面。在乡镇党委书记统筹权力增强的同时，一些分口工作的副职领导为吸引乡镇党委书记对分管工作的注意力，也为了分口工作能够产生政绩、亮点，产生了一些"伪创新"行为，使副职之间出现争夺乡镇主要领导注意力的现象，影响乡镇整体工作局面。同时，书记为了乡镇工作出政绩，也默许分管领导之间相互竞争，使乡镇不同归口的工作出现分化和差异。

四是部分边缘副职干部消极被动，从乡镇领导滑落为书记的"二传手"。在书记和少数班子副职凸显的同时，一些班子成员自动边缘化，不敢担责，不愿担责，使大量工作需要不断地加压才能推动。正如鄂中某乡镇党委书记所称："难免有一些站位没那么高的同志，在推动工作上有差异，有的积极，有的不太积极。"

（二）乡镇领导班子出现结构断层，班子战斗力受到影响

当前，由于强调年龄梯队、组织构成关系和分工搭配等，乡镇领导班子结构存在一些问题，主要体现为年龄梯队失衡、干部流动固化、分工方式不合理等，影响了班子凝聚力和战斗力。

一是领导班子年轻化趋势明显，干部年龄结构不合理，老中青的干部梯队被打破。

近年来，各地组织部门都在大力推进基层领导干部年轻化，"90后"在班子成员中开始出现并逐渐增多。湖北某农业县中间年龄段即"75后"至"85后"领导干部较为缺乏，乡镇领导班子年龄断档已成结构性问题。县级党委采取调任和下派中间层来充实乡镇领导班子，但作用发挥不明显，难以弥补乡镇中坚力量不足的问题。在一些分口工作中，分管领导、中层干部和一线干部皆以"90后"为主导，呈现出在某些场合、某些方面工作吃力的情况。同时，近年来县级年轻公务员到乡镇基层锻炼的方式、频率增多，乡镇班子的干部职务分工上，组织、宣传口下派的年轻干部多，各业务口则偏好有经验的本土干部。本土和下派干部之间的晋升路线存在明显差异，这也导致干部心态受到影响。

湖南省某镇的班子成员有7位，实际在岗的有6位，除书记是"70后"外，其余干部年龄都在35岁以下。该镇党委书记1978年生，学历不高，已经在不同乡镇干了10年党委书记，其班子成员预测书记还会继续在乡镇干下去。"我们书记经验很丰富，工作能力强，我们都很认可他，但是他年纪大了，他经常和我们调侃自己是'老牛拉车'，让年轻人抓紧时间和机会晋升。"

超过35岁晋升无望，过了30岁还在乡镇，就算是老干部，也要做好长待乡镇的打算，这是乡镇年轻干部的普遍共识。湖北某乡镇镇长1989年生，和他访谈时，他反复提到自己时运不济，几年前因身份问题考上了省编办但没去成，只能留在乡镇。在基层工作的年轻干部无法从乡镇工作和乡镇老干部的成长路径中获得正向反馈与激励，因此在一些资源相对匮乏的地区，待在乡镇的年轻人缺乏长远预期，具有极高的不稳定性，"有机会就调走了"。上述现象也在重新塑造乡镇年轻干部的职业伦理。

二是干部晋升唯学历化趋势凸显，基层工作经验丰富的干部不受重视，材料型、业务型干部更受欢迎。

针对乡镇领导班子的年龄和学历构成，上级组织部门制定了明确的标准，导致乡镇领导班子选拔时容易遭遇硬性指标的门槛限制。在部分乡镇，存在乡镇干部晋升唯学历化趋势，这导致在乡镇一线工作中成长起来的干部得不到足够的重视。陕西关中平原东部某乡镇的书记是某知名985大学的博士，属于人才引进，"来的时候认为自己还很不错，学历高，开大会时，很想干一番大事业。下村与村干部打交道，很多实际问题解决不了，干了一段时间，就认清现实了，发现很多事情不是自己可以改变的，态度也发生了变化，说要跟村干部多学习"。

写材料和做业务工作的重要性凸显，导致乡镇干部的提拔晋升呈现出有失公允的情况，上级对擅长写材料的干部的重视也在改变年轻干部的成长路径，年轻干部逐渐出现脱离基层和脱离群众的苗头。那些长期在一线做群众工作、服务群众的干部，承担的工作压力和责任不减，但提拔和晋升的机会有限。湖北某乡镇一位1998年出生的组织委员因为比较年轻，曾在党政办写了一年多的材料，当时全县要求乡镇班子成员中必须有一名35岁以下本科学历的女性，她就被提拔上来了。

然而，基层大量的工作都需要群众工作经验丰富的干部出面处理。如陕西关中平原东部某乡镇干部指出，"村里的工作需要经验积累，年轻干部下去，根本说不动。"年轻干部的工作能力与基层工作的现实需求存在明显脱节，一定程度上影响了乡村工作的顺利开展。

三是上级下派和挂职干部增多，流动较为频繁，不利于班子分工的稳定和工作的接续。

随着市县两级挂职锻炼、下派培养的干部逐渐增多，乡镇领导班子的流动性加快。但是，受制于下派干部和县级组织部门锻炼青年干部的考量，下派人员始终存在融入问题，部分下派干部刚熟悉完乡镇情况就调走了，造成班子中部分工作的不稳定性。同时，下派干部有限的工作周期、缺乏乡镇工作经历、脱离于乡村社会生活，导致下派干部难以有力统筹和领导分管工作，他们既无法结合乡村实情做到创新，也难以切实回应老百姓的诉求。

乡村工作的开展需要干部掌握地方性知识，"老乡镇"的优势正在于此。长期扎根本土的乡镇干部不仅对乡镇和本乡镇的村民十分熟悉，而且具有地方社会网络和长远预期，这些社会资本、关系网络与情感积累有助于乡镇工作的开展。同时，本地干部也能够积累适应本地的基层工作经验，并通过传帮带的方式将这些经验传递给年轻干部。本地干部减少，尤其是年轻的本地干部的流动性加大，将导致乡镇无法积累可传递的工作经验和维系乡镇工作的稳定性，同时，年轻干部也缺乏工作的长远预期，影响其工作的投入度。如辽宁省西部某乡镇共有近50名干部，其中仅有六七名干部是本地人，且年龄多在50岁左右，年轻的本地后备干部严重缺乏。

四是缺乏激励"老乡镇"继续发挥余热的制度和条件，往往只能靠情感动员他们来参与一些"老大难"工作，也存在让老干部寒心的现象。

部分地区将乡镇人大主席和退居二线的副书记、副镇长，仍旧纳入领导班子工作团队中，作为重要的"老乡镇"干部资源。但是，乡镇领导班子无法通过权威实现工作对内对下的调度，而是通过私人关系，比如结交"哥们儿"的方式推进工作。

理顺"老乡镇"与分管领导之间的关系、"老乡镇"的待遇和责任担当等问题，对于激发"老乡镇"为领导班子出谋划策、解决棘手问题的积极性具有重要意义。湖北中部某乡镇党委让临近退休的副书记（已经不在班子成员队伍）来包保征地拆迁工作，而实际的领导小组工作方案中却没有通过文件明确其职务。在工作开展中，该干部由于工作方式方法的问题被上级纪委约谈，这极大地挫伤了老干部的工作热情，同时也给领导班子队伍带来了一定的冲击。陕西关中平原东部某乡镇，部分"老乡镇"进不了班子，本人就不再有干工作的热情，"上班的目的是社交"，退休心态明显，53、54岁提前离岗。他们其实也有继续发光发热的想法，但是并没有合适的渠道和平台，这也造成老干部"人还在上班，但是做不了任何贡献，工作热情被消耗"。

（三）乡镇财政状况不佳，束缚了班子成员干事创业的手脚

当前，乡镇缺乏良好的财政资源基础，靠上级成为获得财源的重要方式。东中西部乡镇财政基础的差异，也导致乡镇的行为产生了一些趋势，如工作重心偏移、资源浪费、透支造亮点等。

第一，乡镇经济发展职能存在地区差异，东部乡镇注重社会治理和服务，西部乡镇还需兼顾经济发展职能，乡镇工作的基本面貌存在地域差异。东部地区由于市场主体活跃，乡镇政府已剥离经济发展功能，其主要职能在社会治理和公共服务等方面，财政全面兜底；中西部地区乡镇仍面临招商引资的发展压力和财政匮乏的困境，"向上争取项目"和"向外找项目"成为乡镇领导干部的心头大事，这也意味着中西部乡镇的财政资源，要往配套产业项目发展上有所倾斜，导致"三个坛子两个盖子"财政运转形式的存在。

第二，财力差异导致东中西部乡镇的行为有所不同，东部乡镇多线开花、务虚创新较多，中西部乡镇注重利用有限资源集中打造亮点。受地方财政收入和转移支付规模的影响，东部发

达地区乡镇财政实力更加雄厚，确保乡镇运转的能力更强，财务运转更加规范。但是，充足的财政资源也导致各口各条线积极推动创新，出现了高成本高能耗的状态。中西部地区乡镇财政匮乏，高度依赖上级转移支付，基本只能做到保运转，勉强做到保民生，部分地区乡镇事业编制的工资发放存在困难，资金的挪用和顶替使用现象时有发生，这也导致乡镇财政规范化存在一定隐患。

第三，部分乡镇盲目追求政绩，超越财政负荷大搞亮点。虽然大部分中西部乡镇是"吃饭财政"，仅能够保运转，但是乡镇党委书记仍想集中资源打造政绩。此类乡镇将有限的财政资源投入在一些短期政绩、形象工程上，导致资源浪费、背离项目初衷等问题。

第四，部分乡镇核心领导干部想方设法创收，曲解了一些政策的本意，造成了意外后果。中西部乡镇除了转移支付外，只有土地增减挂钩项目带来的补贴。一些乡镇领导把创收注意力放在农民闲置宅基地上，过度推行宅基地复垦政策，通过增减挂钩获取补贴。也有乡镇围绕村集体闲置公共建设用地（如废旧学校、废旧村办企业厂房、村委会旧址等）大做文章，强力推行复垦工作，引起村干部和群众的不满。

第五，上级政府的口头许诺导致乡镇领导干事热情下降。为促进地方发展，县级政府需要动员乡镇干部干事创业，但是由于上级财政资源不足，上级承诺的资金有时无法兑现，挫伤了乡镇领导的干事热情。辽宁某乡镇干部指出，上级部门提出人居环境整治排名靠前会有40万元的资金，但是到了年底"得了第一也没给，现在干什么都没劲，越干越被动"。

第六，财政匮乏地区的乡镇工作推动高度依赖科层体制的压力传导。基层问责泛化，大量工作依靠问责机制推动，尤其是需要资源支持的工作，导致治理体制刚性化，影响乡镇干部干事创业的积极性。

（四）乡镇行政事务增加，服务群众受到影响

当前，乡镇的工作任务重、资源少、人力不足，导致部分乡镇干部应付上级工作或被动完成上级工作，并产生了一些消极行为。

第一，行政工作成为主要工作，对上的业务工作有形式主义的趋势。当前乡镇的工作任务，多以县里布置的中心工作为主，而且条线部门的工作有中心工作化的趋势。中心工作的泛化导致乡镇工作压力较大，工作主次之分变得模糊。对于乡镇领导班子而言，各口的工作都重要。党委书记需要协调和统筹各口的工作，厘清轻重缓急，班子之间的相互理解、配合尤为重要。但是实际情况是，面对持续下沉并不断增加的条线工作，乡镇疲于应付，与之相对应的是，自上而下的工作在基层落实过程中变成了形式主义工作。

第二，乡镇领导班子对上的注意力更重，影响了做群众工

作。由于任务和工作重心都与上级重要工作相关，乡镇领导班子对基层社会的具体问题投入的时间和精力被压缩，导致乡镇解决群众实际需求不足，乡镇干部悬浮于群众和基层社会之上。领导干部以"不出事，守底线"的思维来看待群众工作，而且领导开展群众工作的方式，从直接下村入户、走进群众变为了"找村干部"，与群众的直接互动变少。"有空才下村""有任务才下村"成为乡镇干部工作的常态。

第三，发展性工作成为乡镇的重要工作，但是资源不足和精力有限导致乡镇领导班子无心无力谋划。乡镇领导班子虽然高度关注县里的重要工作，但是本身并没有多少资源能够整合，没有多少空间去谋划发展。这种情况导致乡镇重要资源都集中到县的中心工作落实，领导班子难以围绕乡镇的条件和目标来做发展、增量、亮点和政绩，导致乡镇领导班子在分管的工作中，创新的空间较小。同时，有限的资源被整合到亮点工作当中，引发资源分配的不均衡和村庄发展差异的增大。

第四，资源统筹能力有限，导致乡镇领导干部基层动员能力不足。由于乡镇缺乏配置公共资源的权力，一些乡村社会公共服务类项目多由县级部门主导实施，乡镇需要全程配合落地，协调实施，这需要乡镇投入人力、物力和财力，但是项目预算中并没有乡镇和行政村的配套管理费和后续维护费，这也导致项目落地过程中乡镇缺乏资源调配的统筹能力，无法有效动员乡村社会。

（五）乡镇领导长期处于高压状态，队伍出现疲态，干事热情减退

当前，就工作状态和整体情绪来看，乡镇领导班子由于事多、权小、责大，工作状态呈现出高速率和强压力，导致班子队伍呈现出疲劳感。

第一，在高压的责任和艰巨的工作任务面前，主要领导精神紧张，工作状态不正常。党政同责、一岗双责的强化，使得书记对乡镇全盘工作有主体责任，各种突发和不确定性事件一旦发酵，就会被追查属地责任。书记向分管领导加压，乡镇领导班子尤其是少数核心领导干部，精神高度紧张。"领导时时放心不下"的焦虑心态和紧张情绪在县乡层面蔓延，这一心态逐渐演化为对基层工作要求和标准的提升，导致不少乡镇干部出现畏难心态，只愿意当一般干部。责任与压力的集中，也导致一些中坚层级的站所干部不敢拍板，不敢做决定，大事小事都向分管领导和书记报告，这也是一种推卸责任、缺乏担当的表现。同时，在日常的行政事务上，来自上级的考核、排名、检查、督办整改使乡镇需要花费大量时间和精力来应对，导致乡镇干部整体精神紧张。

第二，有些一把手束手束脚，以"不出事"作为行动的出发点。工作压力和责任强化以及资源统筹能力有限，导致部分乡镇领导干部的行为趋于保守。尤其是一些稳健型的书记，在任期间不求大的创新和突破，而是追求平稳，导致分口工作不

敢放手去创新，整个班子呈现出闯劲不够、思维不活跃的情况。而稳健型书记与少数想干事、有闯劲的干部之间存在磨合衔接和有效领导的矛盾，这也消耗了班子的战斗力。

第三，领导班子迫于工作压力，共同应付和差异化认真应付成为乡镇工作的"新常态"，工作热情逐渐被消耗。首先，乡镇难免遇到一些需要应付的工作，但是这种应付的事情做多了、频繁了，会损耗乡镇领导班子的工作热情。其次，由于工作热情被消耗，在精力有限的情况下，乡镇领导只在某些重要方面重点关注，选择性地认真应付。

（六）乡镇干部队伍陷于繁忙的工作节奏，工作无意义感增强

乡镇工作千头万绪，在规范化要求和纪检监察的纪律不断提高的背景下，乡镇的待遇和晋升激励并不足以为领导干部提供可预期的回报，这使乡镇普通干部的工作无意义感增强，这种无意义感主要来自以下几个方面。

一是工作压力大，但无晋升预期。晋升是人事激励的重要手段，在资源相对匮乏的地方，物质激励相对有限，人事晋升激励制度能够有效弥补物质激励的不足。但是，在有些乡镇，出现了乡镇干部晋升规则模糊、晋升条件不确定、晋升路径不稳定等晋升秩序被破坏的情况。这意味着乡镇出现"压力大、激励小"的现实困境。

二是工作任务重，但无资源支持。资源支持表现在两个方

面：一方面是干部工作待遇和福利上的基本保障；另一方面是工作开展和政策落地中的资金支持。在一些资源匮乏的中西部乡镇，上述两方面都较难得到有效保障。

三是日常精力投入多，但无工作价值感。基层干部对基层工作的认识和体验，从有崇高敬意，陷入重复的麻木，再到疲劳和无意义感。在以往，文牍工作和群众工作的类型化，还能够根据干部的条件分流部分干部。一些干部在群众工作中与群众打交道，能够获得价值感和社会威望，尤其是群众的口碑和称赞等即时性的正向反馈。现在，乡镇行政事务增多，群众工作也需要按照行政事务留痕、迎检，工作完成后缺乏价值感。

（七）一些地方基层干部存在"躺平"现象，影响了治理工作的正常运转，损害了基层政府和党组织的权威性与公信力

一些基层干部在工作中存在以心态惰性、行动倦怠为特征的"躺平"现象，具体表现为：其一，领导负责下的思想"躺平"。基层工作从部署、实施到检查、整改，通常由一名副科级以上的领导干部全权负责，普通干部在工作推进中，主要扮演着"业务员"的角色，听从领导的安排，承担着收集材料、报送文件、制作台账等任务。这些工作任务既不需要干部发挥主观能动性与创新性，也不需要干部主动发现问题并迎难而上，只需要按照既定要求完成即可。久而久之，导致部分干部出现"等、靠、要"思想。

其二，形式主义下的心态"躺平"。日常工作中，基层干部需要在填写表格、撰写汇报、整理台账等文本化工作上花费大量时间。一些年轻干部在这类工作中耗费了精力，逐渐丧失了对基层工作的热情，出现"未老先衰"的"躺平"心态。形式主义造就的心态"躺平"，还延伸至基层干部的下乡环节。在下乡工作中，基层干部除了帮助村委完善各类台账以应对上级检查之外，便是在村委玩手机、聊家常"熬"时间，并通过"打卡式下乡"完成规定的下乡次数。然而，当群众主动上门要求基层干部帮助时，干部又会以没有时间、无法处理为由，予以应付。

其三，问责机制下的行动"躺平"。"凡事问责"成为当前基层工作的新常态。但是，问责泛化与不当问责导致部分基层干部在工作落实过程中出现"看着干""绕着干""躲着干"的情况。部分基层干部往往只愿意处理职责范围内的事与领导交办的事，遇到突发情况与群众提出的迫切需求，他们第一时间想到的是可能面临的问责。

部分基层干部在工作过程中思想、心态与行动的惰性，将减损基层工作的成效，进而影响国家政策与制度贯彻落实的最终效果。首先，日常工作流于形式。基层工作需要基层干部下乡入户进行深入了解，如此才能获得一手信息。基层干部需要填写报送的信息与摸排走访的内容与日俱增，他们在日常工作开展过程中的惰性与"躺平"心态会使日常工作流于形式。例如，湖北某镇乡镇干部在下乡走访的过程中，完成拍摄入户照片的任务后，便前往下一户农民家中，与农民交谈的平均时间只有短短两三分钟。

其次，中心工作难以推进。基层政府需要完成诸如秸秆禁烧、人居环境整治与乡村振兴等中心工作。干部工作惰性会导致中心工作推进迟缓，在具体落实中心工作的过程中，一些基层干部秉持"能拖就拖、能推就推"的观念，导致中心工作完成时间延后，造成一些意外后果。安徽省某镇基层干部在秸秆禁烧工作中，未按照要求联系企业回收秸秆，导致农民在秋收后无法处理田地里的秸秆，从而将秸秆焚烧，造成了一定的环境污染。干部工作惰性也会导致中心工作成效减弱，比如部分农村的人居环境整治工作只在上级部门检查期间才按政策标准集中进行，其余时间仍然保持着"脏乱差"的情形。干部工作惰性还会导致中心工作形式化完成，如脱贫攻坚成果同乡村振兴有效衔接工作，要求第一书记定期按时完成脱贫户、监测户与一般户的走访、摸排工作。但是，某村的第一书记自6月以来便未曾到岗工作，而乡镇纪委也予以包庇，未对其追究与上报。同时，其余村中的第一书记也随着脱贫攻坚任务的完成而懈怠，采取拍照打卡的方式走访贫困户群体，应对自上而下的考核任务。

最后，底线工作无法压实。保障人民群众生命安全和身体健康始终是基层工作的重要任务，然而部分基层干部的工作惰性却导致底线工作难以压实开展。某镇的一个主路口频繁发生车祸，造成多次人员伤亡。该镇多次要求分管领导向上汇报情况，争取交通与路政资金，在路口设置警示标语与减速带，却由于领导干部责任意识较弱，导致工作推进缓慢。湖北某镇在夏秋两季期间，需要防范森林火情，该镇的干部将这项工作交由村干部完成，村干部再将其摊派给各村的小组长，而小组长最后只能通过宣传、拍照等方式，应对该项工作的考核，却无法约束村民燃烧生活垃圾的行为，存在明显的山林防火安全隐患。

二、结论与建议

总体来看，当前乡镇领导干部干事创业的心态，是基层干部队伍普遍问题的一种呈现，反映了近些年来基层体制运行过程中存在的一些结构性问题。为此，国家宏观政策的制定和优化，既要考虑到短期问题的阶段性，也要考虑到结构性困境的长期性，同时还要兼顾基层治理现代化转型的总体要求、基层治理实践的普遍规律，以及人民群众的急难愁盼。因而，本文从回归乡镇职能基本定位、加强干部队伍管理的制度建设、优化基层政治生态、强化基层干部思想建设以及规范化建构基层治理体系等方面提出以下对策建议。

（一）明确乡镇在当前基层体制中的重要角色和职能，强化乡镇守土有责与稳定一方的重要角色

一是通过制度建设来明确县乡关系，明确乡镇在落实国家

战略、省市地方政策中的角色和权责，为不作为、乱作为等行为确立底线。乡镇负担过重，乡镇领导干部工作压力大、疲劳过度，应避免地方和县级政府给乡镇带来不必要的压力，切实为基层减负。

二是突出党委书记在乡镇主责中的担当作用，既要强化书记的领导能力，也要从制度上约束书记。要突出县级主管部门对乡镇工作谋划的建议权，加强县级决策的统筹和部署作用，乡镇重大事项决策须向县级报备、审核。同时，县级党委政府要加强对条线部门项目资源分配的监管。乡镇的重大事项必须严格酝酿、论证、公开、公示，尤其是要征求群众、村集体、市场主体的意见。

三是规范基层行政督查行为，减少上级对乡镇工作的过多干预。督查的目的是发现问题、解决问题，县域的行政督查要有度，要理解乡镇工作中的难处，并为其协调资源，提供支持。

（二）加强基层干部队伍组织建设，完善基层干部传帮带机制，引导年轻干部成长成才，建设老中青结合的干部队伍

一是做好乡镇干部队伍老中青梯队传帮带，有序培养青年后备干部。乡镇干部队伍是从实践中成长起来的，培养后备干部不是一句空话，而是需要老中年乡镇干部的传帮带，在实践中磨炼和提升工作能力。确立中老年干部帮包、帮扶青年干部的工作机制，明确引导和培养责任，将年轻干部成长纳入制度化和规范化的组织管理体系中。在日常工作和生活中，关心青年干部，鼓励年轻干部参与重要工作、中心工作，主动挑大梁、出点子，直面工作中的问题。

二是探索青年干部轮岗的工作制度。青年干部的工作经历，是走上乡镇领导岗位的重要资源和能力基础。因而，乡镇培养的是多面手，不是专一人才。从整体来看，乡镇年轻干部需要有结合国家战略谋划政策落地的能力、处理日常行政事务的能力，也需要有走进群众、开展群众工作的能力，这需要年轻干部在不同战线、不同岗位、不同工作中锻炼。新晋公务员的分流，应制造岗位流动，让他们在实践中成长为多面能手。同时，为乡镇年轻干部创造学习机会，尤其是要到省市两级业务部门学习相关政策和理解省市两级的政策思路，方便他们更好地谋划乡镇工作。要为乡镇领导干部提供流动到县级部门历练的机会，贯通上下之间的干部流动，拓宽乡镇干部的工作思路，提升乡镇干部的政策理解能力和政策阐释能力。

三是允许年轻干部创造性落实政策，允许试错，给予他们宽松的干事环境。年轻干部的心态是乡镇干事创业面貌的整体反映，不能束缚年轻干部的工作激情和想象力。要鼓励年轻人成长、担当，帮助年轻人树立长远的人生规划，培养其事业心，使其成为现代化事业的接班人。基层是一片广阔天地，要培养年轻人爱基层、扎根基层的感情。引导年轻干部树立务实心态，在担当实干中获得人生价值。

（三）完善和优化基层干部队伍的管理制度，奖惩明晰，为乡镇干部营造良好的干事创业环境

一是鼓励基层干部在工作中大胆创新，给干事创业的干部提供有力帮助，营造积极干事创业的氛围。县级组织部门和乡镇核心领导，要保护和鼓励那些有干事创业积极性的乡镇干部，为其担当、护航，允许其试错。塑造风清气正、积极向上的工作环境。要从制度上制造县域干部"能上也能下"的氛围，以实际工作业绩和服务群众能力来考量基层干部的选拔，扭转用人导向，提供发展预期。

二是严抓县域的政治作风建设。合理设置县乡两级属地考核指标体系，重整体考核，在考核指标设定过程中，突出各乡镇的差异性发展方向，尊重实际工作的特点。

三是将乡镇行政工作与群众工作有机衔接起来，吸纳群众参与到乡村公共政策和事务中，走好新时代群众工作路线。乡镇的角色在于服务群众，不能将乡镇的行政事务与群众工作剥离开，而是要探索行政事务与群众工作的结合，把民意和群众需求纳入行政过程中来，及时回应和解决群众需求。这是乡镇为民服务基本宗旨得以落地的可行路径。要推进乡镇公务公开，让群众有序参与乡镇的政策决策、政策执行过程。尤其是一些群众反映急迫的事情，乡镇领导干部应召开座谈会、现场办公会，深入一线推动问题解决，不能推诿和糊弄老百姓。探索乡镇领

导干部在一线开展群众工作的多元渠道，提升干部回应和处理群众问题的能力和效率。

（四）切实关心乡镇干部的生活、工作状态，强化思想建设，引导其树立正确的政绩观、人生观

一是强化乡镇党委政府为民服务的基本宗旨，将群众意见、群众利益和群众需求放在履职尽责的中心位置。引导乡镇领导干部树立正确的政绩观，明确领导干部考核导向，把"为官一任、造福百姓"作为信念，将联系和服务群众、解决群众需求落实在日常工作之中。

二是树立正确的评价导向。树立业务干部、群众工作干部优先提拔的干部管理导向，将实践检验出来的德才兼备的干部，优先提拔到乡镇领导班子。在干部队伍的管理和考核过程中，增加群众民意测评和打分的比重，注重工作实效的价值反馈。领导干部和组织部门要对一线干部多关心、多座谈，了解一线干部的想法和心态、难处和困惑，为其答疑解惑，给予鼓励，树立干事创业的良好风尚。

三是加强乡镇干部队伍的思想政治建设，引导他们树立正确观念，帮助他们舒缓工作压力和情绪，调解工作中遇到的困难。完善相关制度和政策，切实保护好基层干部队伍。在生活、工作、思想上鼓励乡镇干部，给予他们组织关怀，塑造和强化其党性，提升其思想境界。

（五）以基层治理体系与治理能力现代化建设为基础，强化乡镇政府治理的规范化、制度化，谨防乡镇干部依规避责和过度消耗体制资源

一是加强乡镇政府的政治建设、组织建设和制度建设，促进乡镇政府治理规范化、制度化。当前强化基层治理体系现代化的关键在于推进乡镇治理能力建设。乡镇治理需要考虑基层实际情况，要具有灵活性，乡镇一线干部是发挥这种灵活性的主体。同时，应当通过相应的制度建设来推进基层干部合理、合规、合法地使用权力。

二是在推进基层减负的同时，谨防乡镇干部出现消极避责行为。应加强对干部队伍的纪律管理，严守基层干部工作作风，防止消极避责行为的合理化和普遍化。

三是理顺乡、村关系。乡镇应通过各种策略动员和调动村干部与群众的热情及信任，避免乡村关系失衡和干群关系紧张。建立和完善群众意见征询制度，及时将民意反馈至乡镇政府，促进基层干群互动的常态化，畅通民意表达渠道，提升基层政府的回应效能。

下编

田野之声

09

乡规民约的形式主义问题

乡规民约作为乡土社会治理手段已传承千年，是一种重要的文化治理资源，具有乡村社会秩序整合与规训的作用。近年来，在国家的号召下，各村都已落实乡规民约的制定。乡规民约涵盖范围较广且形式多样，内容涉及治安、民风民俗、邻里关系、婚姻家庭以及环境保护等，成为村民自我管理、自我教育、自我服务的重要依据。然而，在推进乡村治理的实践中，乡规民约出现了形式主义问题，不仅耗费了国家治理资源，而且降低了基层干部的效能感和基层群众的满意度。因此，对乡规民约的"村情民意"进行细致调查，有助于"管中窥豹"，找寻乡规民约形式主义产生的根源，并为破解形式主义，增强乡规民约的治理效能提供更具针对性的政策建议。为此，西北农林科技大学黄河流域乡村振兴研究与评估中心课题组于2023年7~9月，围绕乡规民约内容实用性、村民有关乡规民约的参与度、乡规民约内容合理性以及乡规民约执行效果等，在全国范围内以问卷形式开展了大国村情民意调查，形成了如下分析报告。

一、乡规民约形式主义的问题表征

根据实地调查和数据分析，形成了以下几方面的基本判断。

第一，乡规民约与乡村发展脱嵌。一是乡村治理基础随时代发展悄然变化，使农村陷入治理转型困顿期。农村转型带来一系列文化碰撞，引发农村社会的价值危机、治理危机以及伦理危机；集体记忆衰退伴随公共文化衰落加剧文化断裂，使农村逐步由"熟人社会"转向"半熟人社会"甚至"陌生人社会"，带来传统乡村共同体的消散和"社区化"乡村的兴起。乡规民约赖以生存的基础发生了变化且暂时缺乏新的支撑，使其与乡村发展脱嵌。二是现代信息技术损蚀冲洗引起乡村礼俗秩序的消解，使得乡规民约功能发挥的范围变窄变弱。尽管乡规民约正在重构，然而逐步消失的传统乡土治理资源依旧令乡规民约受到影响，乡规民约转型期间与现代乡村交叠建构产生的张力，会使乡规民约延续性断裂，导致乡村建设与乡规民约间脱嵌。调研过程中，团队成员发现许多村庄在制定新时代乡规民约的过程中为融入当代精神，直接将社会主义核心价值观等官方内容进行摘抄，直接后果便是内容浮于表面，无法真正赋能乡村治理，如陕北某村的乡规民约中规定"积极落实'产业兴旺、生态宜居、乡风文明、治理有效、生活富裕'的战略方针"。该村直接引用相关内容，既没有进一步解释说明，也未曾提及如何具体落实。

第二，村民缺位使乡规民约脱节。一是乡规民约内容修订过程缺少村民这一治理主体的参与，使得乡规民约内容悬浮，难以代表村民真实意愿。本次调研过程中有村民反映未接到参加乡规民约制定会议的通知，甚至不清楚这是自身合法权益。二是乡规民约的执行与监督部分缺失令乡规民约生效较为困难。由于乡规民约在发挥治理效能的过程中欠缺完善的机制，导致其具体落实过程中效能的维持以及最终效果难以得到及时反馈，产生"迟滞"现象，加深了乡规民约与乡村的脱节程度。乡规民约形式主义便在具体执行过程中逐步深化，影响乡村治理的深度转型。

第三，村民主体性缺失使乡规民约的赋能受阻。一是乡规民约内容难以落地生效。乡规民约制定过程中村民缺位，使乡规民约难以契合村民真正的诉求，导致内容空泛化，且进一步营造出乡规民约"形式主义"的外在形象，造成村民更加不愿意参与到乡规民约中。二是村民主体意识缺失阻碍乡规民约赋能。村民作为乡村治理的重要主体，本应对村内大小事宜予以关注，并主动提出相应诉求，从自身视角出发为乡村治理贡献力量。但实际情况是，村民在治理过程中仍倾向于被管理者的身份，并以此参与村内事务。尽管乡规民约是村民自治的重要手段之一，但村民各方面要素异质性增强，以及长期以来将自身置于服从地位的模糊判断使他们放弃了乡规民约所赋予的相应权利。

二、基于共建共治共享思路的乡规民约形式主义破解路径

为有效破解乡规民约形式主义带来的一系列问题，基于"共建共治共享"的思路为乡规民约新时代转型建言献策，提出如下三方面建议。

（一）共建：健全多元参与的自治空间，实现乡规民约的有效接纳

重塑乡规民约需要改变单向度的治理模式，重视村民、村级组织与基层政府的上下联动，重塑"基层政府—村民—村级组织"共建机制。

1.拓宽乡规民约自治空间。

第一，转变理念，在乡规民约制定过程中政府应当将自身角色界定为"指导者"，将乡规民约的制定过程交由村级组织以及当地村民。基层政府仅需要进行宏观把控，确保乡规民约始终处于法律范围之内，从而做到真正的乡规民约从诞生之初就与乡村深入联系。第二，基层政府适当为村级组织赋权，避免村级组织因权能不足而形式化地处理乡规民约相关工作。赋权于村级组织有利于在乡规民约的制定中释放活力，如此，不仅可以释放乡村自治空间，也有利于乡规民约落地乡村，实现乡村自治转型。

2. 村级组织行使权力促进村民与乡规民约的深度对接。

第一，通过定期访问与交谈，打通与村民间的沟通渠道，并在推进乡规民约落实的过程中以信息公示的方式提高村民对村干部以及基层政府的信任度。此外，通过设置匿名反馈区等方式为村民营造平等交流的平台，激励村民参与相关事宜并真实反馈自身观点。第二，村级组织承认村民主体地位，并在日常事务管理过程中有意识地引导村民参与其中，逐步培养村民参与治理的热情，与此同时，村级组织在落实乡规民约过程中应以身作则，吸引村民参与，培养村民的主体意识，这样不仅能实现乡规民约对农村的低成本高效能治理，还可维护农村社会稳定，助力乡村转型。

3. 数字平台赋权链接乡规民约与乡村流动人口。

通过微博、微信、QQ等现代信息交流技术，确保乡村流动人口在缺场的情况下，也能有效参与村内乡规民约相关事务的处理。以现代技术的灵活运用带动乡规民约治理方式的变革，将传统办公场地转化为网络虚拟场域，实现乡村社会治理的空间延展，使村民由"缺场"转为"在场"，实现乡规民约主体性参与，方便发挥主体治理效能，一定程度上解决乡村人口凋敝带来的治理问题。

（二）共治：强化供需对接的实施机制，实现乡规民约有效运转

乡规民约的下沉是多主体交织参与的过程，其关键在于村民的积极参与以及各级干部的责任落实。

推动乡规民约制定过程的供需高效匹配。一是基层政府作为地区的主要负责人，须认真统筹，不仅以指导者身份给予村庄出台乡规民约充分的自治空间，还要促进其条例与法律及政策的适时对接。二是基层政府对乡规民约的具体内容和相关程序进行调适，建立健全乡规民约实施机制，**重塑乡规民约道德培育功能**。一方面，将执行机构与监督机构内成员重组，在村内吸纳人才成立不同的班子承担不同的事务。另一方面，注重提升机构内成员整体素质，尤其注重民主与法治思想的内化，同时提高干部的工作能力，只有各成员素质及其工作能力显著提高，才能在执行和监督乡规民约的具体过程中做到公正无私，认真负责。

激励村民持续性参与乡规民约。第一，乡规民约形式主义困境并非单方构造，而是多元主体博弈的结果，村民作为农村主体，必须抛弃旧观念，充分认识自身的主体地位，由消极顺从者转变为积极建构者。第二，基层政府相关部门也可组建乡规民约监督组，及时检查、指导乡规民约的内容修正，推动村级组织进一步赋能乡村，促使村民与上级部门建立良好的信任关系。第三，除提高村民自治主体地位，引导村民参与乡规民约落实全流程外，村级组织还需将沟通渠道清晰化，鼓励村民据实谏言，培育村民的主体意识。

优化乡规民约的监督管理机制。第一，基层政府适当减轻村级组织工作负担的同时,村级组织可通过民间组织等渠道分化功能,为乡规民约的执行与监督提供可靠人力,提高乡规民约治理水平与治理效率。第二,村级组织可运用经济手段,促进乡规民约执行方式和实施举措的多样化。其中,党员干部应自觉遵守乡规民约,合理运用乡规民约处理村内事务,以身作则,提高乡规民约治理参与度。第三,村级组织响应科学指导,协同基层政府一同建立和完善乡规民约的监督机制与审查机制,形成协同共治的良好格局。第四,纳入村民视角,在乡规民约的执行与监督过程中将村民视为主体并给予相应对待。

(三)共享:构筑乡规民约内生发展机制,实现乡规民约治理红利普惠可及

完善乡规民约内生发展机制,需要坚持共享普惠的原则,明确乡规民约价值及其内生性发展路径的关键所在。

1.乡规民约现代价值重构。

第一,乡村制定乡规民约过程中,通过听取法律从业者的相关建议,调整乡规民约具体内容,增强其科学性,避免具体条款与法律相悖的情形产生,如部分村庄在制定乡规民约时,会明确规定村民违反乡规民约条款时给予的经济处罚。但这种处罚方式不仅与法律法规相冲突且未必能够起到教化作用,所以应警惕过度设置数额触及村民自身合法权益导致村民质疑乡规民约合理性的问题。第二,乡规民约作为国家相关法律法规的有效补充，与国家法律间的良性互动可更好地维持乡村社会秩序，从而适应现代乡村环境，提高乡规民约可信度，增强其权威性。第三，乡规民约制定过程中可增加部分具体的教育性条款，让村民在践行乡规民约过程中主动接受正向引导，纠正自身错误行为，提高整体素质。

2. 乡规民约内源性发展。

第一，乡规民约诞生于当地特色传统文化资源，是一种内生资源。因此，在预防乡规民约形式主义化的过程中需要引入当地特色文化，丰富乡规民约的内涵与意蕴，发挥乡规民约的长尾效应。第二，乡规民约下沉村庄过程中，基层政府不仅亟须大力推动传统文化的继承与延续，而且应协同村级组织和村民在制定乡规民约过程中因地制宜，融合当地文化，推进乡规民约的更迭创新。第三，村级组织与村民在具体落实乡规民约时需要根据实际情况不断调整，盘活传统乡村文化，以文化浸润人心，从而推进乡规民约的内源性发展，产生乡村治理红利。

3. 乡规民约多主体积极治理格局的打造。

第一，各行动者共同发挥作用，摒除其在乡规民约落实过程中作为从属地位的消极思维模式，填补治理缺位，转向更为积极的主体地位思维模式。通过乡规民约的赋能激发自治活力，不仅可以形成多元主体参与的共建格局，还可化解乡规民约单向治理困局，形成全民参与的共治格局，推进有利于激活乡村内生发展动力的制度改革。第二,各部门还应加强乡规民约的效果评估,并加强农民主体性意识的培育,助推乡村治理稳态发展,实现乡规民约治理红利普惠共享以及长效发展。

10
就地城镇化中的复合型社区治理探析

与普遍存在人口外流的空心村不同,就地城镇化村居社区是人口流入与村居混合所构成的居住单元和社会交往单元。此种村居混合社区的生成是市场机制和行政机制等多重作用的结果,在此背景下,村居混合社区构成了本地化、流动性的非熟人社会网络。此种村居社会形态的转型给基层社会治理带来了新的挑战,原有的适配于农业型村落的行政化治理模式并不契合就地村居社区的治理需求,因而产生农村治理模式与村居社区社会治理需求之间的内在张力,主要体现在:单一行政化与弱社区服务之间的矛盾,小组作为治理单位缺失后村级治理的弥散以及流动性村居社会的复杂情境对熟人关系治理的冲击等。基于此,需要建构以基层党组织和行政组织为核心的政治连带网络,激活村居新型社会单元的参与功能,积极引入市场主体探索平台化治理模式,以提升村居社区治理的效能。

一、工业镇就地村改居社区的社会空间形态

兴安社区位于苏北 L 镇，由于 L 镇是全县重要的木材工业园区的属地乡镇，且本地的木材加工产业发源于兴安村，因而有大量外来人口流入，形成了就地工业化的基本形态。同时，兴安村先后与周边几个村庄合并，2017 年改为大兴社区，现有 3 个片区、22 个小组，共计 9000 余人，其中外来人口约 3000 人。

（一）兴安村改居社区的形成

农转工的产业发展给村庄社会形态带来了深刻变化，其最为直接的呈现为传统村落向村居社区的转型。

1. 日趋消亡的村组。

村组社会交往功能的式微，是从村组小聚居的空间形态和熟人社会圈被打破开始的。一是插空建房潮。早在 20 世纪 90 年代，由于本地板皮加工的兴起，相对可观的非农收入带动了兴安村民致富，因而产生了兴安村第一批建房潮。村民介绍："宅基地自己规划，有的宅基地大，有的宅基地小，这是历史遗留问题。以前无人管理，人们想建房就建。"在这一过程中，农民选择在自家承包地或自留地上建房的行为较为普遍，而且存在买卖宅基地和住房的现象。虽然 2015 年后严格实行农村土地审批制度，但之前所建的农房已成为既定现实，导致兴安村民普遍存在一户多宅的现象。插花式居住的形态导致村组原有的相对

独立的居住单元日趋混乱，村组与村组之间的界限也不复存在。

二是合村划片。原兴安村有8个小组，后来在兴安村为核心的基础上，不断并入其他村组。2003年，骆湾村合并到兴安村，组建兴安社区，归属L镇管辖。2005年8月，兴安社区划归众兴镇管辖。2013年2月，兴安社区扩增，冯庄村五个组合并到兴安社区；何庄村的东风组合并到兴安社区；曹码村两个组合并到兴安社区。如此一来，兴安村、骆湾村、冯庄村五个村民小组，曹码村两个村民小组以及何庄村东风组组建成新的兴安社区，组建中共兴安社区总支委员会，归属众兴镇管辖。兴安村因为木业高新区的园区规划，2008年就开始扩张了。2020年7月，兴安社区划归L镇管辖，合并后的兴安社区，户籍人口9000多人，外来人口3000多人，共18个组。

2. 集中居住的住宅小区。

兴安社区集中居住的住宅小区有两类：一是早期由村集体开发的农民集中安置区，这种小区采取的是统规自建的方式，例如百富小区30余户，为原兴安村二组村民，将旧有宅基地集中搬迁后安置。每一户规划宅基地面积10米×10米，限高两层楼，前后并不附带庭院。此类小区在规划时并没有基础设施的功能配套，小区四周也未建围墙，属于开放式独栋连片住宅楼。这种小区在兴安社区并不多见，仅有数个。据访谈对象称，较早开发的安置小区，主要还是以原兴安村村民为主，占比高达七成。这种小区的村民大多互相认识，即使以前不是同一个小队的，但大家至少同是兴安村的。

这种小区采取安置房标准建设，即每一栋有负一楼停车位且楼层不超过 7 层的步梯房。兴安社区在开发此类小区时，将分配给农户后剩余的住宅对外销售，由于是小产权房，且开发成本较低，因而其售价具有较强的市场竞争力，每平方米比同期的商业住宅便宜 500~1000 元，因而本地人和外来人口都倾向于购买这种房屋。

二是商业开发的住宅小区。兴安社区住宅小区的兴起较早于 L 镇街小区，其从 2007 年开始就陆陆续续开发了不少楼盘，有的是村集体主导下开发的小产权住宅小区，有的则是国有商业用地的商品房小区。这些小区多是 7 层一栋的步梯房。其中，村集体开发的小产权住宅小区虽然是以拆迁安置小区的名义开发的，但其实质上是以给予福利的方式将少数房屋分给村民，大多数房屋则对外销售。

这种小区在兴安社区只有极少数，其销售价格较周边小区更高，且具备基本的小区物业管理能力。据村民称，由于紧靠某工业园，有很多外来务工人员和在本地做生意的人选择就近购买房屋居住，其中外来人口住户约占三成。而后来开发的其他小区，尤其是商品房小区，周边村庄人口和外来人口占比更高。住户之间很多不认识，也不怎么来往。

（二）村居混合社区的社会行动与交往

就地化的村居混合社区在社会行动和交往上的特征主要表现在以下几方面。

一是小组的联结和行动能力减弱，仅仅停留在白事互助方面。居住上的分离导致混居社区的小组虽然人还在村，但小组的功能已名存实亡。从调研中了解到，即使小组还存在"知客"统筹红白事，但红事的人情范围已经缩小到堂表亲戚，过去的邻居或者远亲已经不再走红事。白事的情况较红事好一点，在送葬上组民之间还是遵守着一定的公共习俗。由于小组居住空间被打破，且小组没有集体土地作为利益关联，组民之间的利益一致性诉求几乎不存在，社会交往呈现出高度的原子化。

二是流动人口增加了村居社会行动的复杂性。由于兴安社区位于两条道路交会口，以及较早时已存在小集贸街，这使得兴安成为周边村落的商贸中心。现今在兴安社区中心地段两旁的临街商铺超过200家，主要从事餐饮、服装、零售等业务，另有较多流动商贩。不同于原有兴安村的本地生活圈，现今的兴安社区有大量外来人口，构成了一个相对集中的商贸集市，且由于园区吸纳了较多外来务工人员，因而兴安成了一个混合的大村。社区干部说："现在算上流动人口到底有多少人，每个小区到底有多少住户，常住人口有多少，我们也摸不准，有的人住一段时间就离开了。"流动人口给村庄治理带来了一定的困难。

三是原子化导致村庄社会集体行动能力减弱，村民难以提出一致性的公共诉求。就地城镇化和上楼居住打乱了原本的村组熟人社会结构，使得原来熟知的农户分散在不同的小区和居住片区，导致村民的集体行动能力进一步减弱，最为直接的呈现即与村民相关的诉求难以形成一致性的表达。如村民所言，小区里缺乏公共停车位，但只有少数有需求的住户才会提出来，大部分住户会选择在小区内随便停车。兴安社区规模较大且具备一定的集体经济收入，但在基础设施建设方面呈现出较低水平，道路破损，路灯坏了也没有人管。村民并不会采取集体表达的方式提出意见，而是选择不过问或者通过打12345热线反映情况。

二、就地城镇化背景下村改居社区的治理挑战

（一）配合乡镇土地拆迁的中心工作

兴安社区依靠木材加工产业实现了由农业向初级加工业的转型，并在此基础上实现了就地城镇化。在30余年的木材加工产业拓展中，在农用地上建设厂房十分普遍。尤其在县里划定木材工业园区后，配合L镇搞好工业园区的土地征收，是兴安社区最为重要的工作。

兴安社区的拆迁工作主要采取分组责任包户的方法。村干部介绍："我们村里总共成立了4个小组，每组3~4个人，采取包户的工作方法。还有外村的村干部调过来，镇政府工作人员也帮我们做工作。参与拆迁的人，可以拿2000元奖金。"在拆迁的工作策略上，村干部采取先易后难的方式，同时也会对村民进行有效的劝解。例如，2018年2月，某集团垃圾焚烧发电厂项目，要在兴安社区冯庄片区建设，周围群众怕有污染不赞成，该集团特地组织100多名群众赴苏南某市参观垃圾发电厂。

拆迁过程中出现的问题，主要是拆迁赔偿，由于村干部有权决定赔偿的范围标准，因而部分村民对村干部尤其是村书记有意见。此外，拆迁涉及失地农民保险的收缴，由于兴安村的拆迁涉及村民与园区管委会，在失地农民保险方面，园区管委会作为土地征收后的招拍挂主体获得土地收益，并由村民和园区管委会共同承担保险金，其中园区管委会负责80%、村民自己缴纳20%。

（二）国土违建卫片执法的属地压力

兴安社区有大量板皮厂房建于土地审批制度出台以前，因此当地政府采取整改、关停的方式淘汰了一批落后小厂房，但仍然存在偷建厂房或厂房搬迁的现象，给国土执法带来了一定的压力，也导致村委会在处置厂房违建上需要做大量协调工作。

以兴安片区为例，兴安片区是做板皮的发源地，是全苏北地区的第一家。这些年陆陆续续建了不少板皮厂，鼎盛的时候多达400家。后来由于统一规划，一些小厂房被拆掉了，也有一些藏到树林里，卫片（卫星遥感影像图片）拍不到。目前全村还有200家左右的小厂房（不包括已经拆掉的），自己做木材生意的比较普遍。他们都是自己租地盖厂房，一般3~5亩，因为晒板皮需要场地。不过这些都是以前土地政策不严的时候盖的，近三年来，农户自己新建厂房属于违建，卫片拍到了就要整改。

（三）村庄建设与村民对公共服务的期望

1. 羸弱的基础设施。

在20世纪八九十年代，兴安村的集体经济发展状况较好，村里办了诸如板材厂等一批集体企业，且经营收益也较好。在2000年左右，村里的集体企业开始逐步破产，导致村集体资产锐减。同时，在土地开发过程中，村集体虽然主导了一些商品房的建造，但村集体收入的增加并没有带来村庄公共建设的提档升级。

村庄公共基础设施羸弱，还与时任村支部书记存在一定关系。作为兴安村支部书记，其在村庄治理中有较强的话语权。但他并未积极谋划村庄建设，导致兴安村基础设施建设一直停留在较低水平，未能满足村民的需求。

2. 缺位的商品房小区物业管理。

提高物业基本服务水平是当前兴安社区部分居民的集中诉

求，由于一些开发小区并不存在具备管理水平的物业公司，因而居民只能向社区居委会反映情况。

在兴安社区的诸多住宅小区中，物业方面存在的治理问题主要体现在以下几个方面。

一是部分小区没有物业公司入驻。在所有的住宅小区中，仅有两三个小区有物业公司，且物业公司基本上处于半瘫痪的运营管理状态。而没有物业公司管理的小区包括两类，一类是村集体统规自建的安置小区，这类小区一直没有物业公司，且由于居住的基本上是本村村民，小区也不是集中上楼、带围墙的小区，因而村民认为小区的物业应当由村集体来承担，和原来那种村组一样。另一类则是更加正式的集中小区，这种小区在居住形态和空间分布上更接近于商品房小区，因而部分居民认为需要引入物业公司，但这应该是开发商的责任，享受物业管理服务是住户应该有的权利。

二是低水平的物业管理无法满足现实的治理需求。按照属地管理原则，住宅小区的生活垃圾、绿化环境等也被纳入乡镇对社区治理的考核中来，而在村干部眼中，小区的物业管理本应该由业主委托给专门的物业公司，并按照市场化的模式来进行。如此一来，本属于市场化运作的小区物业服务与管理，被社区居委会以集体办物业的方式承载起来。在一些缺乏物业管理的小区，生活垃圾治理成了困扰村干部的问题，如要管理则需要向小区居民收取物业管理费并按照市场化的方式进行日常管理。如若不管理，小区卫生环境不合格也会被乡镇考核和督促整改。

三、村居社区治理的组织策略与行政泛化

作为就地城镇化所形成的村改居社区，兴安社区规模较大、人口多，且有大量流动人口以及临街商铺，村居治理事务繁多。而从所在区位以及经济发展形态而言，兴安社区仍带有典型的中西部地区的特征。这一点尤其体现在村居治理形态上，即农业型治理模式不能满足村居社区的治理挑战和现实需求。这也导致兴安社区的村居治理呈现出低水平的应付式治理，无法实现发展式的治理。

（一）基于责任分配的村干部包干制

1. 村两委干部及分工。

兴安社区共有11名两委成员，在职位设置上为7个村委、7个支委，交叉任职；有三个片区，骆湾片区（含原骆湾村4个小组）、复兴片区（含原何庄村1个小组、曹码村2个小组、冯庄村5个小组）、兴安片区（含原兴安村8个小组）。村两委干部及其分工如表10-1所示。

表 10-1　村两委干部及分工

村两委干部	职务	职责
余某	书记、主任	负责村支两委全面工作
张某	副书记、副主任	违建、12345 热线、土地招商引资
王某	副书记	负责党务、宣传——冯庄片区（路南）
孙某	会计	分管财务、民政、后勤保障工作
房某	计生主任	分管计生、林海公墓——骆湾片区（路南）
洪某	治保主任	分管治保、安全生产——兴安片区（路北）
王某	妇联主席	分管妇联、关工委、文化艺术团
张某	民兵营长	民兵、征收保障、纪律检查、党务
姜某	支委委员	分管党务、办公室
时某	环卫专干	分管环卫——兴安街道
王某	调解主任	分管民调、违控、信访

2.村干部群体特征。

本地村干部主要包括两类：一是兼业型村干部，这类村干部为中坚力量。村干部低工资待遇与本地高消费水平的现状，使得村干部产生了兼业行为。比如村支书每个月工资 3400 元（市委组织部有文件，乡镇财政发），"是私企过来的，他是业务经理，职务还在那边挂着，下班可以去企业看看。不然他不愿意来，有面子也需要吃饭，村里也走不开"。再比如会计，也是村委成员，每个月 2700 元，从企业过来；计生主任家里开有一家超市；妇女主任搞开发、开胶板厂，手里有财富攒着；民兵营长在板皮厂，一年收入 40 万~50 万元。

二是临退无忧有闲群体担任村干部。年轻人外流和村干部工资收入偏低，导致大部分年轻人不愿担任村干部。在兴安社区，有较高意愿担任村干部的人员主要集中于一些特殊群体，即年近或年过 60 岁，已经退休且家庭无负担的中老年人。这类群体由于子女已经成家立业，没有养育下一代的负担，有大量闲余时间。再加上本业也不再继续，生活上也不存在较大的经济负担，因而能够进入村两委继续发挥一定作用。担任村干部职务能够为他们提供一定的社会交往机会，且能够维持一定的社会身份。以副书记为例，他儿子开口罩工厂已经 5 年多，妻子是退休老师，工资高，他因为年纪大了，不再做副业，也没有负担，目前是全职村干部，每个月工资 2300 元。

3. 村干部工资待遇。

村干部工资主要包括基本工资和绩效工资，主职村干部的基本工资是每月 2040 元，绩效工资按照年底的综合考核等级进行分类：一等村书记的绩效工资是 1 万元，其他村干部为 6000 元；二等村书记的绩效工资是 8000 元，其他村干部为 4800 元；三等村书记的绩效工资是 6000 元，其他村干部为 2400 元；四等村书记的绩效工资是 4000 元，其他村干部为 2000 元。兴安村去年因为村主任、书记出了问题，由一等村变为了四等村，再加上村里也不再对征地补偿金（4 万元/亩）进行提留，因而没有在工资待遇上给予倾斜。

（二）精英吸纳式的村组行政化治理

专职化的小组长。

在兴安社区，小组长构成了村级治理的重要力量。在小组长人选方面，本村的小组长并不是由村民选出来的，而是由村两委直接任命，在人员选择上同样考虑本组人，并优先考虑当过小组长的人员。小组长的工资为村集体发放，每人每月 2040 元，因而在村干部眼中，小组长属于村集体聘用人员，其角色和身份与村干部聘请的其他类型工作人员一样。因此，兴安居委会对村民小组长采取与村干部同样的管理模式，并实行工作考核制，要求各村组的小组长按时坐班，并到居委会办公楼打卡。

小组长的职责分工则采取包片制度，小组长与村干部联合起来对村组包片，因而小组长并不一定负责管理自己所在的小组。事实上，部分小组由于搬迁安置和人员流动基本上趋于消亡。小组长只是通过电话或者微信群来进行日常沟通，所涉及的组内事务几乎只限于和户籍相关的事项。另外，小组长的一项重要职责是征地拆迁过程中做群众工作，因此其分配采取工作专班制，即各小组长统一由书记分配和安排，采取中心工作制的方法来做拆迁中的群众工作，这也就打乱了小组长的使用方式，实质上将小组长变为村两委干部。

以街东组为例，街东组共有 1200 多人，178 户。这个小组本来并不存在，但兴安村合并后重新划片时，将原来兴安村的八个组划成了河东、街东和街西三个片，河东是以前老兴安村的一、二、五组，还是按照原来的居住方式独家独户。街东和街西是安置小区和商铺以及商品房小区，也有一些后来买地自己建房的住户，人员更加集中，管理起来也更麻烦。况且街东已经没有拆迁的地了，所以街东组组长主要就是做一些日常工作，如通知事项、登记信息等，有时候还要帮助其他组做拆迁工作，不过统一由村里来安排。一名小组长则称："现在土地征收已经常态化了，我负责的何庄就主要在做拆迁工作，小组事务很少。小组有事就回来，没事就去拆迁点，不过大部分时候都在拆迁点。"

(三) 组织化的授权服务与平台治理

在兴安社区，虽然村两委班子有 11 名村干部，但仍旧无法满足繁杂的村级治理事务的需求。因而，一些承载具体治理任务的平台和组织得以产生，主要包括：负责村庄垃圾治理和小区基本物业的集体物业公司，移风易俗与操办红白事的知客理事会。

1. 专项治理职能的集体物业公司。

一是集体物业公司成立的目的在于村庄部分公共事务的管理。为了提高小区和村庄公共服务水平，兴安社区采取集体办物业的模式，对社区生活垃圾治理、水电路基础设施等事务进行统一管理。在村书记的授意下，兴安村成立了所有权归集体所有、由现任村书记担任法人的物业公司，村里的环卫工作不外包，而是委托给物业管理，物业按照企业模式运营。物业公司会开例会，村书记只参加涉及重要事项的会议并交代任务，日常管理则由经理统筹。

物业经理认为，集体办物业主要是考虑民生问题，是否赢利暂时未考虑，只要达到服务到位、收支平衡就行了。例如，物业集中清理小区垃圾，并花了一个星期的时间清理居民的旧东西，居民也基本能配合。目前，物业有7名工作人员，全部是后来聘请的，没有村干部。其中，经理负责统筹和调度，是全职工作。他之前在杭州一家物业公司工作，有自己的其他产业。管理小区的有4人，年龄在45~55岁，也都有自己的产业，属于过来帮忙的性质。因此，物业公司的7名成员都是兴安片区本地人，物业服务具备为村里做公益事业的属性。

二是物业公司采取"集体+市场"的运行模式。在运营方面，物业公司自己请环卫工人，也聘请了固定的水电工。在全村6个小区中，物业公司暂时接手了某小区2期（2名环卫+2名保安已入驻，还没开始收费。另外，之前有一个物业公司，没有精心经营，刚离场不到一周）。此外，集体办的物业公司还与园区企业进行对接，通过签订合同的方式承接园区企业的日常垃圾清运工作。

三是物业公司作为平台整合部分治理功能。在部分小区内，由于原有的物业管理公司未能充分履行其职责，致使小区居民强烈不满。村集体也在考虑让本村的物业公司接管这几个小区，村干部说："村里一些商品房住宅小区由一个不太正规的私人物业管理，聘了1~2人，有保安，管理不正规，居民有意见，村两委考虑由村里物业公司来统一管理。个别小区没有院子，生活垃圾由镇环卫清运，物业费他们也能接受，只要把工作做到位，都希望自家门前干净。"同时，物业公司重要的职责在于统筹全村的垃圾环卫工作，负责小区、园区、村里的空间（环卫统合在一起），后续考虑将公共道路破损修建、村组路灯以及沟渠清淤等工作全部纳入集体物业公司进行统筹。

在日常办公上，物业公司7名工作人员基本是全职的，村集体给他们提供了一个办公地点。环卫工人共有45名，其中30名为乡镇统一聘用人员，每个月工资600元，由财政统一支出，另外15名由村集体聘请，每个月900元。这45名环卫工人由村两委委托给物业公司统一管理，负责全村的（包括物业公司已入驻的小区）垃圾环卫工作。

2. 移风易俗与红白理事会。

兴安社区的移风易俗工作主要通过红白理事会进行。红白理事会于2018年年底成立，成员由各组的知客组成，理事会有7~8名成员。由于村庄平日就有几个人很活跃，经常帮忙主持仪式，于是后来村干部就让他们组织成立红白理事会。红白理事会完全由村里组织，成员没有报酬，主要负责上传下达移风易俗的行政要求，以此减轻村里的行政负担。

11

从边缘到核心：
女性在村庄治理中的崛起

笔者在浙北等地调研发现，当前农村地区村干部群体中出现了不少女性身影，甚至不少村庄的主职正书记也由女性担任。这与之前国家明确要求村干部配备中必须有一名女性不同，当前江浙等地基层社会中女性自发自觉地成为村干部队伍的主力。以笔者调研的某一乡镇为例，该镇10个行政村中，有4个行政村目前的村书记为女性。这不同于以往女性只是居于次位的情况，首先，从角色来看，不同于以往的"好婆婆""好儿媳""巾帼队伍"等组建形式，当前村庄治理和村庄政治中女性的参与度发生了质的变化，体现为不是简单地提高了村干部中女性的任职比例，而是女性成为村庄治理的"一把手"，处于核心和领导地位。其次，从功能来看，女性担任村书记意味着农村女性不仅仅可以在乡风文明建设、精神文明建设和生活治理等领域发挥作用，还可以在村庄政务工作和村务工作中发挥主导作用。

以工村的张书记为例，她早年在隔壁乡镇的丝绸厂里工作。

1995年，丝绸厂将其发展入党。入党以后张某并没有从事政务或党务工作，而是到市区开了一家门店做生意。1997年，工村要求村支部委员会必须有一名女性成员，而当时该村符合条件的党员只有张某一人，因此她顺利进入了村支委。当时村干部没有固定工资，村里需要她做的工作也不多。因此，她在村里开党员大会和乡里开大会的时候才会回村，平时都在外面开店做生意，也不需要经常回村。2013年，张某的公公在山上打山核桃时不幸去世，张某的婆婆一人在家生活难以为继，因此希望她能够回村照顾家庭。2015年，张某的丈夫辞去外面的工作，回村常住，张某也随之回村。2017年，前任村书记通过公务员考试前往乡政府工作，张某因此正式担任村书记一职。在村庄工作期间，张某既可以照顾家庭，又可以获得一定的收入。类似张某这样的女书记不在少数，当前农村女书记现象的兴起与以下几个因素有关。

第一，与当前的乡村治理内容转型有很大关系。当前农村的政务和村务工作主要有两类，分别是案牍类工作和服务类工作。案牍类工作主要是指在系统平台上进行各项政务信息的填报和搜集，因此村干部每天的工作内容中有大量的"指尖工作"。服务类工作主要是向村民提供各种政府服务、发放各种福利，例如走访农村高龄老人，通知宣传社保、医保费用缴纳，通知残障人士、困难群体领取相关补助等。以上工作更加注重对乡村基层社会信息统计、基础设施建设、环境保护、生活服务等相关政务的处理。这部分工作是近年来基层政府工作内容产生服务化转型的重要表现，占用了乡村干部一半以上的工作精力。相比于这些，村民的矛盾纠纷等问题也逐渐减少。随着江浙地带整体财政实力的增强，农村基础设施建设基本完备，尤其是经历了"五水共治""三改一拆"等大型乡村环境整治和基础设施建设的浙江地区，更是如此。浙北地区的乡村治理内容已经从汲取资源、筹工筹劳转为向农村分配资源和服务农民，在此背景下，女性的亲和、细致、耐心等性别优势更加适应当前的村庄治理内容。

第二，村庄内部利益空间有限，男性精英介入村庄治理的动力不足。据笔者统计，截至2023年，张书记所在乡镇总面积128平方千米，常住人口仅1000多人。人口密度过低，居住分散使村民之间的往来不再那么频繁，大部分村民进城工作，乡村成为留守型阵地。再加上村庄内部利益斗争空间压缩，引发的村庄派性斗争减少，村庄政治秩序相对平稳。因此，在村庄政治竞争中，并不需要很强的斗争能力和强大的资金实力以获得村民的支持。近年来，村庄内部政治不再像之前那样围绕外来资源的输入而展开。随着各项财务审计制度和纪律监察制度的完善，直接从乡村内部谋取利益的空间被极大地压缩。2016年之后，当地全面推行了组财村管与村财乡管制度，进一步规范了乡村财务收支。村庄治理已经从政治斗争转向了平稳的政务服务。

第三，村干部职业化的影响。2016年之前，浙北村干部没有固定工资，只拿误工补贴，即这个月干了多少天就发多少天的补贴。2016年之后，村干部职业化程度加深，村干部不再是一份兼职工作。村书记工资每年一共7万多元，其他村干部每年工资2万~4万元。而当地一个普通男性劳动力采摘加工山林农产品、打零工一年也可以挣得7万~10万元。加之当前农民生活成本和养育成本提高，年轻男性单单依靠村干部一职的工资难以担负起一个家庭的重担。而且村庄行政化事务和材料性工作不断增多，尤其是数字工作不断增多，在小程序、App以及各种系统平台上操作的工作增多，这对于村干部的年龄、学历、工作时长等要求较高，而女性在这些方面更占优势。女性在做全职村干部的同时，也可以兼顾照料老人、照顾小孩的家庭责任，在村庄内部实现了家庭和工作的兼顾。某乡镇领导谈道，女性对于上级政府下达的各项政务和材料工作会更容易接受，而男性则容易产生其他想法，因为女性对于家庭的经济责任和压力相比于男性较低。在家庭经济收入分工中，男性负责闯荡市场，女性回村大多为了照顾老人和孩子，她们更倾向于将村干部看作一份主职工作，一份能够在村庄获得体面收入的工作，男性村干部则有更强的经济发展和村庄发展的动力与思想准备。

第四，"书记组阁"制度减少了女性村干部的工作压力和阻力。浙江实施"一肩挑"政策以来，乡镇政府为了支持村书记的工作，实行"书记组阁"制度，规定村书记拥有对村支委班子成员的决定权。这样一来就减弱了村委班子成员间的制衡效果，就可以减轻女性村干部工作中的阻力和压力。

第五，总体来看，村书记女性化现象的兴起是伴随着整个乡村治理结构的转型而发生的。在留守型农村中，村级治理内容行政化和服务化为女性参与村级治理释放了可能性。经历了脱贫攻坚和正在进行乡村振兴战略的农村社会，基础设施建设与公共社会服务已经非常完善，浙江地区尤其如此。当前村级治理中的工作主要是服务性而非动员性，工作内容更加细微琐碎，例如询问老年人身体健康状况、上报村庄基础信息等，这些工作完全可以由女性统筹把握。值得注意的是，作为"亮点村"打造的村庄，其工程建造密度大、项目落地数额多、涉及利益交往密集，这类村庄的主职干部仍然以男性居多。因为在外做大生意的老板中男性居多，他们比女性拥有更多的经济实力和社会资源来应对村庄建设中的各种复杂情况。

12
中部乡镇的产业变迁与就业之路

工业化是城市化的基础，若没有一定的工业体系，便无法支撑一个现代城市的运转，更无法解决庞大的正规就业需求和家庭的生存与家计。对于中西部地区而言，工业化和产业化相比于沿海地区更为滞后，并且由于外来资本的推动，存在诸多不确定性。因而，中西部地区地域化的产业规模和经济体量，直接决定着当地的正规就业机会及收入水平。本文即从中部湖北省一个普通乡镇数十年的工业化历程来看乡村社会变迁和农转非农就业机会的变革，并试图从中看到普通农民家庭的命运与机遇。

一、1978—2000年：以土地为生的谋生之路

笔者在湖北省江汉平原地级市J市东部近郊乡镇L镇进行了社会观察。L镇地势平坦，北靠湖北第三大湖泊——长湖，距离S市市区6千米；农村户籍人口约8000人，有8个行政村；耕

地和水塘资源丰富，种地和养鱼、捕鱼是农民基本的谋生方式。

在20世纪80年代，市里给L镇规划了一部分菜篮子工程的园田。种子和化肥等由政府提供，农民承包园田种蔬菜，然后市级供销部门进行收购。这是本地非粮种植的开始，也给水稻种植的农民家庭增加了额外收入。同一时段，由于临近S市（工业城市，城镇职工多，对蔬菜、鱼类有一定的需求）市区，L镇也有做鱼贩生意起家的万元户。但大多数农民家庭仍然以种植水稻为生，停留在最基本的生活水平。

到了20世纪90年代，由于税费摊派的压力，水稻种植收益有限，难以为继，于是养鱼、养鳖和蔬菜种植开始兴起。但是，养鱼和蔬菜种植对于一家一户来说难以规模化，养鳖则有着较大的初次投入和产出风险。L镇的农民家庭仍然在艰难地摸索着谋生方式。在20世纪90年代中后期，农转非农的挣扎过后，大量五六十年代出生的劳动力，家里都有着数额不等的欠债（或是养鳖原始投入的借贷，或是如建房、上学、交提留等方面的欠款）。迫于生计，他们走出农村，就近打工。与周边乡镇不同的是，L镇并未出现大规模赴沿海打工潮，就近打工、进城投亲靠友谋求出路更为普遍。

二、2000—2010年：本地工业化与农转非农的就业机会

从2000年开始，L镇依赖沪渝高速在沙市门户互通的区位，

开始出现物流仓储和汽配、机械加工等行业。与此同时，市级工业园区规划到市区东部，配套了一些大的基建工程，包括道路、水电管网等，使得 L 镇高速路口的区位优势更加明显。市级园区的核心企业是某品牌冰箱，后来被另一品牌冰箱收购，成为该品牌在华中地区规模较大的生产基地。J 市依托该品牌工业园，不断招商引资，形成了一定的产业规模，并升级为市级经济开发区，后成功获批国家级承接沿海产业转移示范区。

市级工业园区位于 L 镇与市区连接的中间地带，因而随着园区的拓展，L 镇也被辐射到产业园区之内。2004 年以后，L 镇被纳入区级经济开发区，与市级产业园区形成连片。不过，L 镇在工业化过程中，只是被拆掉了分布最为散落的一个行政村，其他 7 个行政村则保留了原貌。同时，L 镇也在贯穿全镇的某国道沿线开辟了诸多点状园区，于是几乎村村都有工厂的格局开始形成。工厂的增多，直接给本地人提供了大量就业机会。

从 2003 年起，随着 L 镇及市级产业园区企业逐渐增多，工厂对普工的岗位需求激增。在养殖和打零工没有出路的情况下，20 世纪五六十年代出生的两代人成为本地最早进入工厂打工的人。当然，对于这两代有着"下水田"经历的农民而言，工厂打工在体力上基本能够适应，不太适应的反而是与工厂年轻管理人员之间的冲突、工厂标准化的规章制度以及上夜班的工作安排等。但是，工厂打工的工资收入远比打零工要稳定和丰厚，这使得这一群体能够安心在工厂上班。

L镇周边园区企业多是外地资本引入，虽然仅仅是加工厂，生产规模也不大，其生产和销售也只是辐射江汉平原周边，但这类企业本身很正规，所提供的流水线和生产岗位也更加稳定。于是进厂打工对于土生土长的L镇农民来说，更为体面和正式，而且这些工厂有五险保障，尤其是为员工购买城镇职工养老保险，解决了打工的后顾之忧，颇具吸引力。在2006年以后，L镇绝大部分"60后""70后"进入工厂务工。仍然在家的父辈多为"40后""50后"（超过企业用工年龄），他们则以土地（种菜、养鱼等）为生，子女辈"80后""90后"则成长在两代人的养育下。稳定的家庭收入也使得父辈在子女教育上肯投入，上高中、考大学，只要有一定的希望，就会非常支持。离土不离乡、就近工厂正规就业和全力配合的家庭代际分工，构成了这一时期L镇普通农村家庭的基本生存形态。

三、2010年至今：缓慢的产业转型与新一代产业工人

虽然本地工业化一直在推进，且工业园区规模不断扩大，但是本地的产业在全国的产业结构中仍处于劣势，至今仍缺乏龙头企业，且产业类型较为分散。L镇挂牌的S市区级开发区，龙头企业是一家精细化工类企业。后来在数次的安全、环保监管中，都受到了严重处罚。同时，一些低水平的食品加工、机械制造企业破产倒闭的也不少，这都给本地就业带来了一些波动。

不过，由于企业数量多，也维系了源源不断的就业岗位。就用工规模来看，仅L镇所在的区级经济开发区大大小小的企业，用工数量就维系在8万人左右。因而，数量庞大的外来产业工人也拉动了L镇的生活消费，加上高速路口支持的物流业，使L镇餐饮业尤为发达，进而使普通农村家庭的一些老年人可以在种时令蔬菜、水产养殖等方面发挥作用，增加家庭收入。

但是，正规就业仍然存在一些问题。在2010年以后，企业的正规化层次提升，对普通工人就业增加了门槛，如"70后"一部分农民并不懂得操作电脑，甚至也不懂得说普通话，一些生活习性也与工厂管理有冲突，导致本地"60后""70后"只能选择那些低端的生产型企业，好在正规企业也有一些事情需要基础工人来做。因而，"60后""70后"本地农民虽然被正式的生产线工作所淘汰，但仍然能在工厂中谋得一定的位置，例如保安、厂内保洁、装载和卸货、开叉车、安装设备、搬运等。这与生产线上的正式员工形成了一定的区别，但这一群体和这些工作类型往往成为小企业管理中的不确定因素，致伤致残的安全事故和不规范用工的利益纠纷时有发生。

此外，本地小企业在最初落地时，需要本地人协调和办理一些棘手的事情，这为20世纪90年代中后期下岗潮中的本地中专生、淘汰的民办教师提供了再就业的体面机会。例如邀请下岗的"60后""70后"中专生、下岗的民办教师担任销售经理、生产主管，以对接本地销售网点和管理好本地员工、与乡镇政府打交道。但是，企业并不允许本地人把持生产和销售环节，于是很少有本地人能够上升到企业管理中的核心位置。这种本地人与外地人之间的冲突一直存在于园区的小企业。不过本地人大多能坚持在厂里工作到退休，城镇职工养老保险也为这类群体提供了保障，而且管理岗位的工作也比流水线更为轻松。

在产业转型不温不火的同时，在工厂务工的本地人群体也进行了代际更替。2010年以后，"80后"逐渐成为本地进厂打工的核心群体。"80后"比起"60后""70后"，更不好管束，且维权意识更强。再加上本地企业众多、用工需求大，因而本地"80后""90后"年轻人在工厂上班颇为"傲娇"，一言不合就辞职、换下一个厂，这也导致用工成本增加，工资水平较湖北其他地级市要高一些。一些技术工种的年轻人，更是学到本领就打算跳槽，不断游走于不同的企业，甚至形成一些技术劳工群体相互介绍业务，承接一些企业外包的生产任务。这类年轻人反而更青睐灵活的就业方式。

近二十年的本地用工和劳工流动，导致企业劳工群体形成一套有着本地社会基础的组织秩序。企业底层员工之间还形成了一些潜规则，如本地的一些企业大多已有十多年的时间，管理层、中间层和底层员工已经形成完整的秩序和结构。企业的管理层一般受集团总部的管理，跨区域（一般分为集团总部—大区如华中—省市—企业）流动更为频繁。中间层是企业的生产和销售骨干，这类人一般是从底层做起来的本地人。而中间层和一线员工，由于都是本地人，因而形成各种圈子，相互之间也存在竞争，这导致企业的底层员工群体分化严重。企业的底层管理基本上只能维系正常秩序，难以激发一线员工的创新能力，技术迭代也较为艰难，生产效率只能通过严格的赏罚和规章制度管束来勉强保障。对于这些企业的管理人员来说，本地"00后"不愿意进厂务工是最大的问题。因为，对于本地"00后"而言，打工是他们最不屑的谋生方式。于是选择进厂打工的多是那些实在没有退路且不善于表达、家里也不能提供其他就业机会的农家子弟。

此外，最初进厂打工、早已退离企业的本地"50后""60后"老年人仍然对自己工作了十多年的厂子有着关心，或者是担心："哪天这些厂都搬走了，或者倒闭了，年轻人靠什么吃饭？田也没有种的了……"或许，这一问题不仅仅在L镇存在。

13
乡村电视直播的"治乱"与"适老"

一、治理盲区

对农村广播电视的治理原本是为了抑制第三方乱收费的问题，然而"一刀切"禁止网络电视的治理方式似乎断了老百姓收看电视直播的途径。

我们先从卫星电视到网络电视的演变说起。卫星电视的信号接收器叫卫星锅，俗称"小锅盖"或"小耳朵"。常见的收看电视直播（卫视台）的方式中，有一种是使用卫星锅作为接收器，便宜好用，操作方便，其缺点也显而易见，信号很容易受到天气影响，调频对于老年人也不容易。卫星锅在宽带没有普及时曾流行很久，那时的卫星锅上印着"户户通"和"CCTV"一串大字，一般两百元左右，可以收到很多电视节目。这种方便实惠的东西深受老百姓喜爱，几乎每家每户都有一个——卫星锅是他们接触外界信息的方式。

这种方便实惠的东西在乡村渐渐消失了，它的消失是市场和政策双重要素影响的结果。几年前，三大运营商纷纷抢夺农村这块阵地，推出宽带下乡服务，由于 Wi-Fi 的吸引加之优惠力度很大，村民普遍安装宽带。电视信号接收方式从卫星接收改为宽带接收。彼时网络电视的电视直播未被禁止，因此即使收看电视直播背后的原理改变了，从表面也看不出来。村民出于实用主义原则，觉得只要还能看就行。以上是卫星锅为市场所挤压的原因，而政策方面则是国家出于安全考虑，禁止个人违法安装卫星锅，并对非法安装卫星锅进行整顿。两面夹击下，人们舍弃卫星锅，转而使用网络电视收看电视直播。卫星电视被取代后，农村老人看电视就越来越难。

　　时代浪潮滚滚向前，技术更新换代是当然的。如果能满足人们的文化需求自然好，然而网络电视似乎不是为中老年人而生的，他们看电视需要费一番周折。从前的广播电视简洁明了，用村民的话来说就是"开了就会用"。而现在网络电视杂乱的页面就连年轻人也需要仔细甄别才可顺利看上电视，更不用说每个设备间不一样的会员费。例如电视如果要看会员节目则需要开通电视品牌的影视 VIP，一年好几百元。但设备和平台会员是不共通的，若想看某平台独播的剧，仍然要开通平台会员，更匪夷所思的是有些平台的电视版会员和手机版会员竟然分别收费。加之广电总局发布的《国家广播电视总局办公厅关于规范电视直播频道业务秩序的通知》中明令禁止网络电视直播，令本就缺乏信息接收渠道的老年人处境雪上加霜。

电视直播治理似乎少了一份温情。禁止网络电视直播的出发点是禁止电视品牌方伙同运营商层层收费的乱象。但是一刀切断了电视直播，也没有提供官方的引导给百姓。当人们响应号召换掉卫星锅，装上了网络电视，却发现无电视可看。人们兴冲冲地走上技术之路，走到半路却发现"桥"被拆了，他们就处在了两头不靠岸的境地里。

简言之，电视直播乱象要不要治理？要。但一刀切断掉网络电视直播的方式也不可取。我们回溯电视发展并不是要求退回某个时代，只是希望在技术治理时对老人多一份关怀。电视直播是公共文化服务的一环，对其进行治理应该考虑农村老人的实际需求。

二、技术鸿沟遇上老龄化

技术鸿沟分为接入沟和使用沟。国家对于乡村基础设施的投入加之市场的补充使得技术在接入层面不存在明显差别，但在使用层面则出现了更大的分化。使用沟的分化具备明显的年龄分层。人们不是没有智能设备，也不是买不起智能设备，而是面临拥有智能设备但不会使用的问题。第七次全国人口普查中，我国60岁以上人口占比已接近20%，人口老龄化已成趋势，如何帮助老年人更加适应网络社会是我们亟须解决的问题。

出生在网络时代的年轻人，和网络有天然亲和性。相比于老年人的不知所措，卫星电视变网络电视反而让年轻人如鱼得水，他们成为掌管电视的神，老人想看电视都需要年轻人帮忙调好。除了电视本身的功能，他们甚至将网络电视的功能发挥到最大化，用来刷短视频、玩游戏、唱歌。这些跟电视不沾边的冗余功能让电视成为一个庞大而缓慢的怪物，其主要功能看剧在巨大的页面中只占一小部分，其他功能则反客为主，在主页面争奇斗艳。

电视似乎要超越其"显示"功能，试图发展成一个"电脑"。如果这样，无疑是捡了芝麻丢了西瓜的行为，更不用说如今的电视甚至连充当显示屏这一基本功能都做不好。看电视要等待一个个广告，躲过诱导你开会员的页面。主页丰富多彩，细看却都看不了。现今很多软件都推出了老年版，包含了放大字体、精简页面等功能。电视品牌和运营商应该在商业化的同时考虑一下老年人的需求，精简繁复的页面和复杂的操作，共同创造一个更加适合老年人的社会。

三、公共文化建设：基础性是重点

为什么我们要强调电视直播治理需要多一份对老年人的关怀，多一份对乡村的关怀？首先，乡村无疑是公共文化建设的基础，基础不牢，何以提公共文化服务体系升级。其次，年轻人可以通过其他渠道获取权威信息,但对于老年人来说,几乎只有电视这一种方式。农村地区的老年人群体在公共文化这一服务体系中是弱势中的弱势,为他们提供的服务要考虑到他们的特殊性,让他们能看、会看,而不是追求更高清、更智能。建设"户户通"工程是为了让偏远地区的人们也能看上电视,这一以基础为本的思想仍需谨记。追求高清智能固然数据上好看,但也要考虑人民是否享受到了这一实惠。乡村目前面临的问题仍然是看不上电视直播,不会看电视,基础性服务建设仍是乡村公共文化建设中的重点。

禁止网络电视直播后应提供一个实惠且实用的代偿方案解决老百姓看电视的问题,否则就是放弃了这一群体,将宣传阵地拱手相让。不看电视,他们接收信息的方式就是短视频,短视频顾名思义短,不及长视频提供的信息丰富。另外就是信息连续性不强,片段信息居多。再者短视频质量参差不齐,算法根据你看过的视频给你推荐,长此以往会形成信息茧房。难道他们只能在信息世界的角落里获得一些"边角料"吗?他们也有权利获得高质量的公共文化服务。

14
农业型村庄文化建设的路径

2023年阴历腊月二十九，湖北长达半月的雨雪天气宣告结束，鄂西山区的天空放晴。下午3点，在当地的文化广场，首届"村晚"即将开演，广场上已经摆好了凳子，村民们陆续从不同方向聚集到小广场，充满期待地等待"村晚"开始。

继"村BA""村超"火爆全网后，"村晚"出圈。在"村晚"IP持续火热的背景下，笔者的老家鄂西山区也在腊月二十九这一天举办了村庄首届"村晚"。笔者参与观察了本次"村晚"的组织和演出过程。本次"村晚"共有15个节目，包括9个舞蹈节目、3个歌曲独唱、1个小品、1个朗诵节目、1个本地民俗花鼓节目。参与"村晚"表演的人员中，既有70来岁的老大爷，也有七八岁的小朋友，主持人由本村大学生担任。笔者观察到，参与"村晚"的演员主体是村庄中不同年龄的妇女和不同学龄的学生。其中，舞蹈节目占主导，这些节目中，有近几年来在全国各地大热的广场舞，其参与人数众多，可以瞬间把气氛拉满；也有火遍全网的"科目三"，音乐响起时，大家都不约而同地舞蹈起来；还有由村广场舞队自编自导的舞蹈串烧，融合了当前时尚的鬼步舞元素。另外，为凸显地方特色，"村晚"节目中还特别安排了本地的花鼓戏与花鼓子歌，表演者是邻村的锣鼓队。花鼓戏是鄂西地区广泛流传的民间戏曲，是在"跳""舞""敲""打"中说唱的民间艺术，广受当地村民喜爱，乐器响起，人人都能哼上几句，有很好的群众基础，因此花鼓戏自然成为本场"村晚"的高潮。此外，小品、朗诵等节目都在宣传和彰显正能量和主旋律。笔者还注意到，与其他活动不同的是，这台"村晚"没有安排领导席，参与"村晚"的县乡干部直接搬着凳子坐在群众中间，真正做到了与民同乐、官民一家亲。

一、中西部农业型村庄如何推进乡村振兴

2024年中央一号文件提出，"坚持农民唱主角，促进'村BA'、'村超'、'村晚'等群众性文体活动健康发展"，这是中央首次将"村晚"等纳入一号文件中，足见以"村晚"为代表的文体活动对于推进乡村振兴的重要价值与意义。对于中西部农业型村庄来说，村庄文化建设尤其应当成为乡村振兴和基层工作的重点，这是由当前中西部村庄的社会基础和社会结构决定的。伴随着务工潮和城镇化的推进，中西部地区乡村人口流动加速。与之相对应的是，老人、妇女和儿童成为乡村社会的主体，乡

村空间日益剥离生产功能，乡村社会的生活性、消费性和娱乐性凸显，农民对基础设施和公共文化的需求不断提升。在此基本定位下，基层工作应以保障基本的生活秩序和创造良好的社会文化氛围为重心，让老百姓安居乐业。"村晚""村运会"等文化体育活动则能丰富在村村民的精神文化生活和公共娱乐生活。文体活动的开展能够成为中西部地区村庄文化振兴和乡村建设的重要载体，并成为提升村庄凝聚力、强化村庄公共性的契机。因此中西部农业型村庄应以文化建设作为乡村振兴的抓手。

二、村庄文化建设为什么重要

正如笔者所在村庄的村支书所说，"一个村庄就像一个家庭一样，需要一些'事件'来激活，一个家庭几年没有大事，就会死气沉沉，一个村庄也是一样"。以"村晚"为代表的公共文化活动可以发挥多重功能。

第一，从"小家"到"大家"，再现公共生活。社会的变迁改变着人们的生活方式，日趋个体化的社会中，农民的生活更多局限在自己的小家和家族内部。村庄公共活动的开展能够营造更大范围内的社会氛围，让农民关掉电视、放下手机、走出家门，参与到集体活动和公共生活当中。尤其是中西部农业型村庄，城镇化、外出务工等带来人口迁徙与流动，导致人与人之间关系的陌生和情感的淡漠。借助"村晚"等公共性文化活动，村民可以重新熟悉起来，重建乡村熟人社会关系网络。此外，在大部分人口流出的地区，村社集体在农民的生产生活中逐渐"隐身"，也难以发挥将村民凝聚起来的公共性价值，公共文化活动的开展则有助于集体的重现和回归，这对于激活村社集体具有重要意义。

第二，群众高度参与，建设以农民为主体的乡村。"村晚"是农民自编、自导、自演的乡村文艺晚会，参与对象是村民。尽管中西部地区人口外流，但是村庄内仍然存在大量可以被组织和动员起来的群众力量。以笔者观察到的"村晚"为例，"村晚"的演员主要是长期居住在村庄中的妇女和老人，他们几乎撑起了一整台"村晚"。她们组织起广场舞队、歌唱队、锣鼓队，积极参与到本次"村晚"的筹备、组织和参演过程中，以妇女和老人为代表的在村群体在丰富乡村文化生活中发挥的作用不容忽视。

第三，干群紧密互动，村级组织的动员能力提升。"村晚"的主角是农民，那么如何将分散的村民组织起来？作为基层组织的村支两委应当发挥组织动员村民的重要作用。"村晚"舞台虽小，但五脏俱全，它涉及最初的创作、彩排到最后演出，无论是活动组织、现场策划，还是后勤保障，一台"村晚"从最初准备到最后上台是一项相当复杂的组织工作，考验着村支两委的组织能力和动员能力。"村晚"能不能顺利举办和持续开展，一定程度上取决于村干部在村庄的群众基础。同时，村干部在组织动员群众的过程中,可以实现干群之间的密切互动,这对于重建干群关系具有重要意义。

三、我们需要什么样的"村晚"

衣食足而文化兴。"村晚"的举办,在丰富村民文化生活的同时,还能发挥重建村庄公共性的作用。公共活动的开展,既能让村民之间再次熟悉起来,也能够让干群之间重建关联,对于中西部地区的乡村文化振兴具有重要的推广价值。

但与此同时,也要注意,在"村晚"常态化的背景下,文体活动的开展要避免走向行政化的陷阱。"村晚"应该是办给村民看的,而不是办给领导干部看的。"村晚"在注重表演性的同时,也要兼具参与性和群众性。因此,"村晚"应当是作为农民社交、娱乐和展示的"村晚",而非作为行政任务而不得不举办的"村晚"。基于此,"村晚"不一定要高大上,而是要能够真正动员村民自发自愿地参与进来,实现从群众中来到群众中去。如笔者在"村晚"现场听到的,"累了一天,也笑了一天",要真正让这个办在村民家门口的联欢活动服务于群众。

|15|
农村大龄男青年娶妻高额彩礼问题

一、农村大龄男青年娶妻难

近年来,农村大龄男青年的婚恋问题备受社会各界关注,常常见诸报端和网络媒体的"光棍村"便是这一问题的真实写照。农村的观念虽然已经比较开放,但传统观念的力量依旧存在,一名大龄男青年或女青年在村里是否按时结婚生子,不仅是邻居们茶余饭后的谈资,还是父母的一块心病。虽然,"不孝有三,无后为大"的传统孝道观念在农村社会正在不断减弱,但农村男青年超过30周岁还没结婚这件事,依旧会造成家庭关系紧张,甚至引发父子间的冲突与矛盾,父亲会认为儿子没出息,儿子会怪父亲没本事。

这里的大龄男青年主要是以笔者家乡的文化和习俗来衡量的,通常是指25周岁及以上还没有对象的男青年,按照村里的衡量标准，这一群体将进入大龄男青年行列，其婚恋问题也是父母及其亲戚在逢年过节时关注的重点。对于村里常年在外打工的男青年而言，如果超过25周岁还没有对象，超过30周岁还没有结婚，父母就会很焦虑，几乎每年过年回家都会面临灵魂三问："有对象了没？打算啥时候结婚？准备什么时候要小孩？"面对这样的考问，有的青年比较努力，积极应对，有的则比较消极沉沦，但无论怎样，他们的父母都会替他们花费不少心思，希望自己的儿子能够早点遇到合适的人，解决自己的婚姻大事，不要让邻居们嘲笑。

但是，从整体上看，农村大龄男青年的婚恋问题主要遭受的是性别结构失衡带来的婚姻挤压，同时，伴随着农村人口流动加剧、高额彩礼负担、买房买车压力和婚恋观念变化等因素带来的消极影响，农村大龄男青年在合适的年龄找到合适的对象变得愈发困难。笔者在自己家乡观察时，发现很多村里的年轻女性，基本上以外嫁为主，很少选择村里的待婚男青年为结婚对象，久而久之，留守在村里的男青年就被动地成了大家嘴里的"光棍"。

为了摆脱"光棍"的帽子，不知从何时起，村里的大龄男青年迎娶二婚女性的现象多了起来，如小北，结婚时已经33岁，小北与妻子是在广州打工时认识的，其妻子有过短暂的婚姻，但尚未有小孩，嫁给小北时虽然没有要太多彩礼，但其妻子父母开始并不同意这门婚事，后来因为妻子怀孕，其父母因拗不过女儿，才勉强同意这段婚姻；小杨，年过40，这在村里已经算得上是大龄剩男了，结婚基本没有可能，但因为他近几年在外面做了点小生意，赚了一些钱，因而会有人不断给他介绍对象，他最后选择了一名带有儿子的二婚女性，但仍支付了20万元的彩礼。此外，村里的小黑、大壮和小贝也超过了30周岁，算得上大家眼里的大龄男青年了，分别于2022年、2023年陆续完婚，均是迎娶二婚女性。

二、县城结婚压力大，嫁妆也由男方出

某些地区还出现了"儿子结婚、父母背债"的问题。以华北地区某县为例，该县作为一个农业县，本地男劳动力主要外出务工赚钱，女性则留守在县城带孩子、照顾家庭。本地县城是整个区域内的平原地区，县城以外的乡镇都是山地。山区的地势特征一定程度上造成了本地的男方家庭需要在县城拥有一套商品房，即使乡镇有商品房的也要在县城再买一套商品房。2010年左右，偏远山区乡镇的农民开始在县城买房，当时房价较低，这些乡镇的农村城市购房率在90%以上，无形中带动了本地婚姻市场中的买房率，因为近郊乡镇农民家庭也需要在县城买房才能娶到媳妇，本地媳妇觉得"结了婚当然要住楼房，不能再住农村砖瓦房"，即使距离县城一千米也必须在县城有房子。

随着本地房价的增长，近郊农村婚姻支出陡然增加，也导致

整个县城彩礼和房子的婚姻要求处于高水平态势。当地结婚的总费用包括了彩礼、一车一房、酒席开支等，总费用在六七十万元，这些支出已经超出了普通家庭的承受范围，向亲戚借钱已经成为常态。在该县，儿子娶不到媳妇往往被认为是父母的责任，整个村庄的人都会说"你咋那么没本事，连给儿子娶媳妇都做不到"，而不会说是儿子的责任，因此借钱往往是父母借钱给儿子娶媳妇，还债也是父母来还，借的钱儿子一般不管还。

此外，值得一提的是，本地区结婚也出现了一种新现象，并逐渐成为人们的共识，即男方承担婚礼的一切费用，包括女方所出的嫁妆也是由男方付费后由女方带回新的小家庭。总的来说，高价彩礼依然是目前年轻人结婚的主要障碍之一，身边有很多例子都是因为最后一步彩礼而谈崩，最后不得不分开。尤其是嫁妆也要男方出，更加重了县城男性结婚难的问题。

三、农村高额彩礼和婚姻综合成本现状

农村地区的高额彩礼现象，已经严重偏离了彩礼文化的本质内涵，影响了农民的婚姻生活幸福与社会的平稳有序发展。高额彩礼问题受到社会各界的高度关注，引发了广泛讨论与批评。中央一号文件连续多年针对高额彩礼、大操大办等突出问题，提出综合治理要求。《最高法关于审理涉彩礼纠纷案件适用法律若干问题的规定》于 2024 年 2 月 1 日起正式施行，为解决彩礼问

题引发的民事纠纷提供法律依据。

课题组持续关注农村高额彩礼问题，通过与基层干部、农民群众的座谈与访谈发现，全国农村地区的彩礼金额虽因地域差异而有所不同，但整体上均呈现高额化特征。笔者将从农村彩礼金额和婚姻综合成本现状、高额彩礼问题形成原因及整治措施建议等三个方面展开叙述。

1. 农村彩礼金额持续攀升。

农村彩礼金额的攀升现象具有持续性特征。在过去 10 余年间，全国各地区农村彩礼金额呈现持续攀升趋势。例如，豫西农村彩礼金额已经从 2010 年之前的 8 万元，持续上涨至当前的 20 万元左右。在经济发达地区，农村彩礼金额已经跨越 30 万元门槛。例如，在浙东南农村，当地农民普遍接受 35 万~38 万元的彩礼金额，而富裕家庭的彩礼金额更是突破了百万元门槛。在这种风气的影响下，当地彩礼金额进一步攀升。同时，贫困地区农村彩礼金额并未因当地人均收入较低而停止攀升，反而也随全国彩礼的增长而持续攀升。在陇东南农村，彩礼金额普遍达到了 20 万元水平；在宁夏南部山区的农村，彩礼金额增长迅猛，已经达到 25 万元水平。

农村彩礼金额的持续攀升并不会自然停止。从各地区农民反馈中课题组了解到，乡村社会已经难以自发形成有效的干预机制来遏制彩礼金额的继续攀升。同时，村庄"面子竞争"等大操大办行为，还会助推当地彩礼金额的继续上涨。因此，倘若缺乏政府的有力介入与积极干预，农村彩礼金额的持续攀升将会愈演愈烈。

2. 婚姻综合成本累加递增。

农村婚姻综合成本的递增过程具有累加性特征。婚姻综合成本既包含具有婚俗性质的礼仪消费，例如，"五金""改口费""下轿钱""端茶钱"等，还包含支持新人婚后生活的物质消费，例如，婚房、婚车、装修、家电等。礼仪消费与物质消费之间的关系，并不具有排他性，而是具有累加性。例如，在皖南农村的订婚过程中，男方既要给女方1万元保证金、4万元"五金"，还要给女方父母及其亲属5万元"改口费"，还要按照当地习俗支付近20万元彩礼，以及在县城购买一套房产，总计接近100万元；在晋东南农村，男方不仅要给女方16.8万元彩礼、3万元"三金"、2万元"背轿钱"、2万元"出门钱"和1万元"改口费"，还要贷款购买80万元的房产和20万元的汽车，总计已经超过了100万元。由此可见，社会的进步并未促使部分婚俗礼仪消失，相反这些礼仪消费会与不断升级的社会物质消费累加，推动婚姻综合成本持续递增。

在备婚过程中，汽车消费和房产消费的升级尤为明显。在关中农村，一辆8万元左右的燃油汽车是2020年前后结婚的标配。随着新能源汽车的普及，15万~20万元的新能源汽车已经成为当地备婚的刚需品。房产的升级则体现在对婚房面积和地理区位的选择。随着人们对生活质量和教育质量的日趋重视，现在结婚追求的是宽敞舒适、学区优质且物业服务齐全的商品房。然而，这些追求无疑增加了农民家庭的婚姻综合成本，导致农民经济负担愈发沉重。

四、农村高额彩礼问题形成原因

1.消费主义文化物化婚俗礼仪。

彩礼文化作为一种婚俗礼仪，其仪式属性相较于经济属性更为显著。然而，随着市场经济的发展，彩礼文化的仪式属性遭遇冲击，产生了以下两个方面的后果。一方面，彩礼的货币化支付形式，为其持续攀升提供了便利条件，使得原本富含文化内涵的仪式，被简单化为支付相应的货币。这无疑削弱了彩礼作为传统习俗的仪式属性，反而凸显了彩礼的经济属性。另一方面，资本市场形塑的消费主义文化，对婚姻的各个环节进行物质化包装，似乎高昂的彩礼、豪华的婚礼仪式与富裕的物质基础，才是决定婚后生活幸福水平的主要指标，这无疑曲解了婚姻的本质与意义。

2.村庄社会难以约束彩礼上涨。

在传统乡村社会，存在着一套基于村庄公共性而形成的社会秩序，它也维持着婚俗礼仪的基本秩序。随着打工经济的兴起和劳动力人口的跨区域流动，以往用以维持婚俗礼仪秩序的社会秩序逐渐瓦解。这种变化导致社会制约机制失效，从而无法有效约束彩礼金额的持续上涨和无序的社会竞争，进而引发农村彩礼的无序上涨。在豫南农村，当地村干部指出："一些先富起来的农民，为了博得好名声，出手很大方。彩礼给30多万元甚至40多万元。周边村民跟着学，村里的彩礼金额很快就涨起来了。"

3. 基层政府难以遏制彩礼攀升。

尽管中央一号文件已经连续多年要求开展高额彩礼问题的综合治理，但承担治理任务的基层政府往往将彩礼问题视作农民家庭的私事，缺乏主动干预的意愿。因此，采取的措施，局限于宣传引导和被动治理。只有当农民向政府反映相关问题时，基层政府才会介入解决。然而，其解决方式最终仍然倾向于私下调解。这种被动、单一的治理方式，既缺乏对收取高额彩礼行为的警示性，也难以遏制彩礼金额的继续攀升，更会固化一种错误观念，即政府无权干预彩礼收取行为。这不仅无法根治高额彩礼顽疾，反而可能助长不良风气的蔓延。

五、整治措施及建议

高额彩礼问题不仅制造了农民群众对婚姻的焦虑情绪，还引发了恐婚、不婚、婚姻风险、经济纠纷、家庭负债、农村光棍等一系列农村社会问题，影响农村社会经济的平稳有序发展。高额彩礼的形成是一个复杂的文化变迁过程，因此，针对高额彩礼问题的整治工作是一项兼具系统性和艰巨性的重大工程。这要求党和政府以全局把握和有效参与的姿态，坚持堵疏结合、治本治标的工作思路，推动一场新时代的婚俗革命，具体整治措施及建议如下。

第一，夯实县级责任，推进乡镇赋权。明确县级政府在整治高额彩礼问题中的主体责任。高额彩礼整治工作的开展情况应纳入市对县工作考核评价指标体系，提高相关赋分数值，切实传导责任压力。工作成效应纳入全国文明城市、文明镇村创建内容，对整治不力的，取消其参与相关类别的选优评优资格。推动省级部门联合开展整治工作的抽查与暗访，及时向下反馈抽查与暗访结果，要求县级政府针对反馈问题，举一反三，自查自纠。县级政府部门应向乡镇适度赋权，推动人力、物力、财力下沉治理一线，增强乡镇工作能力。完善县乡制度关联，通过县级领导班子成员包乡（镇）联村、乡镇领导班子成员包村联户等方式，强化工作调度，协助乡镇、行政村查漏补缺，巩固提升工作成效。

第二，细化整治方案，出台奖惩激励措施。依据现行法律法规与制度政策，以县为单位制定高额彩礼整治工作方案，明确整治目标、整治领域、整治重点与责任分工，提出因地制宜、切实可行的标本兼治工作措施。县级政府可以因地制宜，围绕整治工作方案，建立奖惩措施，明确告知农民群众借婚姻索取财物违反了婚姻自由原则。依法打击买卖婚姻和其他干涉婚姻自由的行为。

第三，健全"三治"融合的治理体系，发挥社会治理效能。充分发挥"群众路线"优势，健全自治、法治、德治相结合的乡村治理体系，广泛动员村庄红白理事会、村庄五老人员等组织群体，推广文明积分、红黑榜做法，发挥文明家庭、五好家庭、零彩礼家庭等示范带动作用，加强正向引导。村规民约关键在执行，指导开展符合当地具体实际的村规民约修订工作，规范彩礼金额上限。吸纳婚庆机构及其从业人员，形成多方合力，共同推动整治工作有效落实。

第四，加强舆论引导，塑造正确婚姻观念。各级政府应当广泛与新兴媒体平台取得合作，加强普法宣传，普及新式婚俗文化，强化"零彩礼、低彩礼"舆论引导，塑造农民群众的正确婚姻观念。规范市场行为，打击企业借品牌宣传、品牌营销而物化婚姻观念的各类行为。规范网络舆论，集中整治新兴媒体通过短视频等肆意"煽动性别对立""夸大性别失衡""炒作婚恋话题"等问题，营造健康的舆论氛围。

第五，汲取中华优秀文化，构建新式婚俗文化。充分汲取中华优秀传统文化的有益元素，剔除"三媒六聘"等涉及财物交换的传统习俗，探索并推广涉及"零彩礼""简婚礼"等内容的新式婚俗文化，提倡婚俗文化应服务于婚后家庭生活的幸福与和谐。

16

参加酒席成为农民生活新负担

酒席是中国农村社会关系联结的一种重要方式，承载着习俗仪式、资源交换、情感交往等丰富的意涵。湘西苗族的小芳在春节前后参加了两场婚庆酒席，加上上一次春节后的两场婚庆酒席，一年下来就参加了四场婚庆酒席，她直言刚毕业工作不久，几场酒席的随送礼金让她"大出血"，负担实在有点重，但又不得不去，都是熟人，而且有些走动是必须保持的。村里杨三叔说小芳参加的酒席也只不过是春节期间集中办的婚庆酒席，没赶上一年当中其他性质的酒席，而且比起往年，这个春节的婚庆酒席还算少的，有的年头他能参加七八场甚至十几场酒席，压力更大，但这些都是礼俗传统，无论如何有些酒席还是要办起来的。为什么会出现春节期间婚庆酒席的集中？当地人明明意识到频繁的酒席活动和费用支出给他们带来了不小的压力，但大部分还是会接受酒席主人的宴请，究竟是割舍不断的人情往来还是理性的价值计算？以下是笔者对这几个问题的观察和几点浅显的思考。

一、春节期间婚庆酒席的集中化现象及其原因

春节前后一个月，甚至是前后十几二十天是湘西苗族农村举办婚庆酒席的高峰期，腊月中后期和正月前后十几天尤为明显。杨三叔说："每逢这个时候亲戚朋友酒席都堆到一块儿了，一年十几场酒席里有七八场是结婚庆生，七八场里有五六场是在过年前后那十几天办的，经常连着跑，去了那场酒席马上又赶下一场，有时候甚至一家子成员得分开去不同的酒席，以错开两场时间撞在一起的酒席。"由于地处山区，居民散居，加之地方民俗文化，集体婚礼和集中置办酒席在当地还没有成功实践，有时候就会出现好几个村子在同一天办酒席，客人跑了这家再跑那家，或者分开参加酒席以表人情礼节这样的情况。当地婚庆酒席集中办在了春节期间，笔者认为有如下几点原因。

首先是传统礼俗因素。当地婚庆十分重视黄道吉日，对结婚时间讲求应天应时宜嫁娶，在决定结婚之前要请村里专门的人卜算良辰吉日，取年末年初这个时段也代表着"有始有终"的含义。加之每年的腊月和正月有十几个宜嫁娶的好日子，当地人就经常在这个时段完成婚庆仪式，并置办酒席。

其次是受现代生活节奏的影响。由于地区经济发展差异，湘西大部分青壮年劳动力常年分散在浙江、广东地区务工，只有在

春节期间才回家乡，其余时间需要在外工作、学习。村里刚办完酒席的阿辉哥说："我和我对象是邻村的，从小就认识，一起在外边打工好几年了，很早就决定要结婚，但是两个人工作都很忙，年龄到了，家里人也催得紧，我们也就趁着春节，又和单位多请了几天假把酒席办了，年后也不会耽误工作。"当地适龄青年大多数在外工作、学习，大部分时间处在现代节奏快速、物质生活导向的文化环境中。对当地人来说，酒席是不可或缺的，这是一种仪式和承诺，但工作也很重要，这是改善生活的必要内容，双方协调下，就选择了在春节期间自己和亲友客人都有时间的时候筹办婚庆酒席。

最后是返乡人借酒席实现相逢、重聚的需要。一年都在外工作的小林在回家之前就向家里到处打听哪个亲戚朋友摆酒席，他想去吃酒。问了周边或上学或上班的同学朋友，大家内心其实都挺期待有一场能够聚起来的酒席，可以在集体的欢腾中消除亲友们长时间分离的陌生感和距离感。长年离乡在外的人们逐渐适应了城市的"陌生人社会"，回到家乡这样的"半熟人社会"之后想要恢复熟人关系网或重构家乡人情关系圈，就需要类似酒席这样的聚会，在走动和交流中增加他们与家乡的黏性。

二、当地酒席礼金概况

无论是红事白事，只要是酒席，就逃不开随送礼金的问题。

送多少礼，随多少钱，背后是复杂的人情关系秩序。亲缘远近、关系亲疏是酒席人情关系排序的重要规则。以下是笔者访谈时根据村里老人回忆得到的两张粗略的礼金清单，列成表格，以供参考。

表16-1是杨三叔父亲去世后的丧葬礼单。

表16-1 杨三叔父亲丧葬礼单

随礼人	礼金	礼品
杨三叔一家	筹办酒席费用2000元，三个出嫁的女儿各500元，共计3500元	出一半购买棺木的费用3000元，出酒席用米，花圈三个，木炭五担
杨四叔一家	赡养老人，筹办酒席	花圈一个，纸钱若干
杨五叔一家	出一半购买棺木的费用3000元	花圈一个，纸钱若干
杨大伯一家	人均300元，共计600元	花圈三个
杨大姑	800元	花圈一个
杨二姑	800元	花圈一个
其余亲友	200元到600元不等	花圈、纸钱等

去世的老人享年90岁，已没有什么同辈亲友悼念，主要是由他的6个儿女及其亲友悼念，而且主要是杨三叔、杨四叔、杨五叔。杨大伯年轻时与老人关系闹僵，一直没有缓解，丧葬礼金和礼品数量都不突出。其余兄弟姐妹以家庭为单位，数杨三叔最为年长，由他承担主要的丧葬工作。老人生前由杨四叔赡养，去世后从杨四叔家老屋出葬，可以说杨四叔是置办酒席的主家，单上礼金由杨四叔收取分配，丧葬最后余有两万元，其余兄弟姐

妹决定让杨四叔留下作为赡养老人的补偿。在当地，老人去世后，膝下儿女除了负责筹办丧宴招待前来吊丧的客人，还要送花圈，所以礼单上的杨大姑、杨二姑除礼金外也有送花圈。其余亲友是指与老人无直接亲缘关系但与其儿女关系甚密的朋友，包括工作、生意上的伙伴，或者是邻村熟悉的同辈，他们随送的礼金大多为200元。

表16-2是隔壁村吴姨向笔者讲述自己女儿年前结婚送嫁亲戚朋友随送的礼单，她称"当时男方给了十八万八的彩礼，送亲还了十二万八，留下的六万办酒席、买礼品，到最后彩礼是不可能剩下的，要是好好算，我们估计都往里添了好几千，主要用来买电视、冰箱、电脑、被褥，以及酒席上的米、油、菜、肉、烟、酒、瓜果"。姑姑、舅舅两边都没有送礼金，而是买了礼品被褥作为随礼。与姑舅相反的是，叔伯两家都是给的礼金，没有给礼品。吴姨女儿的大姐二姐既随了礼金，又随了被褥作为礼品。表中特别标注的未成家四妹和弟弟也要随600元礼金，笔者当时问了受访人，他们作为未成家的学生，还没有独立的经济来源，为什么也要出礼金？受访人是这么回答的："没成家也要在姐姐出嫁时随礼，代表着对姐姐的重视。当然礼金还是做父母的提前给的，出门的时候他们把钱递给姐姐就行。"

表 16-2　吴姨女儿出嫁随礼单

随礼人	礼金	礼品
吴姨及其丈夫	各1200元，共2400元	冰箱、被褥十套、桌椅、电脑、电视等
姑姑一家	无	被褥一套
舅舅一家	无	被褥一套
叔叔一家	600元	无
大伯一家	300元	无
大姐	600元	被褥一套、礼炮一件
二姐	600元	被褥一套、礼炮一件
四妹（未成家）	600元	无
弟弟（未成家）	600元	无
同学及朋友	200元到1200元不等	刺绣、相框等

表16-1、16-2虽然简陋，但也能对当地酒席随送礼金的规则窥探一二。第一，亲缘关系。亲疏依旧是农村礼金多少的主要标准。杨三叔父亲的葬礼，酒席规模七八桌，前来吊唁的有数百人，丧葬酒席的诸多事务主要由去世老人的直系亲属及其家庭承担，其中年长男性即杨三叔负主要责任，主要协助赡养老人的杨四叔筹办丧葬酒席，合力出钱买棺、置办酒席食物，又将五担木炭拿出来给夜里守夜的宾客取暖。在当地，虽然不要求长子赡养老人，但老人去世长子必须承担主要的丧葬责任。随送礼金，长子也要协同自己一家做好表率，将丧葬酒席上该有的礼俗要求都尽量满足，送好老人最后一程。杨三叔说："白事酒席是本家送自己的老人，责任在自己和兄弟姐妹，来的人

随的礼金也是希望能尽自己的一份力。"相比于杨三叔家的白事酒席，吴姨女儿家的婚庆酒席规模稍大，全场二三十桌，每桌十人，总计两三百人，都是亲戚朋友拖家带口地出现。吴姨女儿送嫁，也主要是吴姨将留下的那部分彩礼置换成实物电器及家具，如若不够还得另添。除此之外新娘兄弟姐妹也要承担随送酒席礼金的主要责任。由此可见，当地老人去世，置办酒席事宜和大部分礼金主要由与老人最为亲近的儿女负责；女儿出嫁的酒席费用也主要是亲友支出。

第二，亲缘关系之外的后赋人际关系网在农村人情圈中日益突出。杨三叔家的葬礼，除了老人儿女及其家庭承担了丧葬礼金外，其余亲友也随送了礼金、礼品，这和吴姨女儿结婚时同学及朋友随送礼金、礼品的性质是一样的，只不过礼金和礼品不受亲缘关系亲疏的影响，更多的是灵活、主观的感情深浅定位，这都是在传统家族、血缘亲疏关系之外的后赋人际关系，这种关系在农村各类性质酒席的人情圈中占据重要位置。

随送礼金是一种附加的仪式价值，吴姨女儿出嫁时未成家的四妹和弟弟并不能依靠自己拿出送给姐姐的那份礼金，但还是要拿着父母提前准备好的红包塞到姐姐手里，如果姐姐出嫁时兄弟姐妹不能拿出点什么，这个仪式似乎就不够完整，兄弟姐妹间的感情也会被质疑不够深厚。所以，即使弟弟妹妹没有能力拿出礼金，父母也要帮他们准备好，以保证最亲密的关系在重要的婚庆时刻能得到肯定和强化，这充分体现了礼金的仪式价值。

三、农村酒席的人情往来与理性计算

酒席一般会在婚丧嫁娶、新生大寿、节日礼庆、升学庆贺等重要节日点或事件上筹办，主人宴请来宾以表谢意，虽然没有明确要求客人来时随礼，但客人秉承"不能空手来"的文化传统，还是会随送礼金，并且会根据关系亲疏决定随送多少礼金，那么参加数场酒席之后，客人终将会感受到礼金支出的负担，那既然已经感受到了参加酒席的压力，为什么大部分人还是不会拒绝酒席主人的宴请呢？其背后到底是传统礼俗社会的人情比较还是有其他因素推动？杨三叔是这样回答的："都是熟人，没有那么复杂的算计比较。无论是白事还是喜事，办一场酒席并不是我们想的随多少钱、送多少礼这么简单，那不是还有置办酒席过程中的人力劳动没算吗？按道理讲，一直待在家里的叔伯姑婶们作为本家人肯定人情最重，随礼最多，但是大家都没出去工作，手里肯定没多少钱随送礼金，可他们置办东西、摆放礼品、接送客人、跑前跑后打理各种事情，出的力可不比出钱的分量轻，而且忙乱的时候也只能依靠关系亲近的人，要是大家真的全都送礼送钱不干活儿，那酒席怎么可能办得下去？"从中我们可以看到，当地人把在酒席当中的实际劳务也看作一种人情往来，并且这种人情往来一定程度上是可以弥补随送礼金的不足的。

而参加了几场婚庆酒席的小芳则认为她随送的每一份礼金，既是亲朋好友间关系亲疏的度量工具，也决定了未来主客身份置换（如小芳自己结婚筹办酒席）时别人随多少礼金。她说："虽然大家都没有明确表明我现在随送多少礼金给朋友，等我结婚的时候朋友就一定要随送多少礼金给我，但是这种事情就好像是约定好了的一样，我给多少她就还多少，而且如果以后礼金贬值，我的朋友还得送还更多的礼金。所以我现在吃酒席的支出差不多就等于以后我自己结婚的时候朋友们的支出，送的每一份礼金其实都是花未来自己的钱，每一份礼金都是大家根据彼此的关系计算好了的。"小芳认为她的每一份礼金在人际关系及未来自己结婚时收取的礼金面前都是计算好了的，有来有往，有去有回，礼金价值并不会折损或提升多少。

综合杨三叔和小芳的观点表明，酒席本质上还是一场关于物质资源、人际关系、情感价值的交换，衡量这种交换价值的尺度既有非物质的人情重量，也有现代意义上的理性计算。

四、小结

酒席文化一直是中国礼俗社会人情往来中一项重要的内容，不过在城市化、商业化、传统社会向现代社会转型的过程中，酒席文化逐渐有了现代文化的特征，一场酒席背后暗含着传统与现代文化因素的融合。

农村酒席集中在春节期间举办,从中可以看出传统礼俗与现代生活节奏的适应。不同性质的农村酒席随送多少礼金的衡量标准既有非物质的人力劳动,又有物质的货币礼金计算,反映了农村酒席依旧注重农村集体活动的人情往来,但也出现了现代意义上的理性计算。

17
被禁锢的孩子：
儿童社会化新困境

教育的过程是人社会化的过程，而好的教育方式是孔子提倡的因材施教，是使人学习文化知识的同时，也能保留自身的个性。相似地，现代教育理念也倡导了寓教于乐的教育教学方式。而从现代化进程的视角看，个性的展示也是人现代化的重要表征。

过去对于孩子的形容多为天真烂漫、贪玩好动、"野"等词语。家长头疼的是孩子过分调皮捣蛋，整天玩闹，心思没有放在学习上。但在这样的一个成长过程中，家长和老师并不需要过多操心孩子的生理健康问题和心理健康问题。但现在的情况截然相反，孩子们不再"野"，安静、内向成为大部分孩子的常态，但此时的家长和老师开始注意孩子的健康问题。一线教师们基本形成了这样一种共识：现在孩子的天性是压抑的、难以释放的，他们的个性得不到充分展示。

一、"野"不起来会怎么样

当孩子们"野"不起来的时候，越来越多的问题也随之出现。

（一）身体发育问题

"野"孩子们大量的时间都在户外活动，这有许多显而易见的好处。户外活动促进了孩子们体质的改善，生病的情况也少见。大量的活动消耗了孩子们的精力，吃饭都不需要家长催促，玩饿了自己就会吃。但现在的孩子除了学校，就是待在家里，运动不充分，体质也得不到增强。而且孩子们长期伏案学习，以及长时间使用电子产品，这对于他们的骨骼发育、体态矫正和视力发育的负面影响是不可逆转的。

（二）心理健康问题

"贪玩是孩子的天性"，孩子玩闹不仅是天性释放的过程，也是舒缓心理压力、调节心理状态的重要方式。"体育好的孩子一般不会有心理问题。"某初中的教导主任如是说。适量的活动能够帮助孩子消耗精力，释放压力，玩累了，很多心理问题也就自然而然被遗忘了。而"野"不起来的孩子们，在心理健康方面已经开始表现出越来越多的不正常现象。例如，孩子课堂活跃度下降、思维迟钝、厌学问题低龄化、抑郁症等，或大或小的心理问题在校园内变得越来越常见，并且随着教育竞争扩张和教育内卷化愈演愈烈，孩子的学业压力也越来越大。在高强度的学习压力下，更需要通过一定的活动来调节心理状态，否则很容易引发厌学情绪。

（三）社会化问题

人是社会性的，社会化是个体一生的命题。在某种程度上，"野"也是一种社会化的历程。孩子们在"野"的过程中，能够与同伴群体发生关联和互动，进而习得群体内部的规则，适应群体活动的秩序。同时，"野"的过程也是与社会产生互动和交流的过程。孩子们在"野"的过程中，能够参与到不同于学校和家庭的社会生活之中，观察到社会中形形色色的人与物，形成个体对于社会的初步认知。"野"不起来的孩子生活在相对真空和与社会相对隔离的学校与家庭之中，缺乏社会生活体验，其社会化也因此难以实现。

二、为什么"野"不起来

学校、家庭、社会的初衷是不遗余力地保障孩子的健康成长，但措施越来越多，反而导致孩子的天性无法充分释放。

（一）学校对安全的过度强调

安全问题是底线问题，属于"一票否决"的事项。因此大部分学校为了避免安全问题的出现，直接对学生的行为进行制度上的限制，从根本上杜绝安全问题的出现。比较典型的做法是限制学生课间十分钟的活动范围，西北地区某县某小学直接规定，课间十分钟不允许学生到操场活动，因此一线教育有了"消失的课间十分钟"的说法。其实本质上还是学校规避责任和风险的策略。但学校对于安全的过度强调，反而是以学生的休息、互动、活动为代价的。

（二）家长把问题扩大化

学校采取避责行为的另一重要影响因素是家长。很多小学教师坦言，现在家长对学生的心理状态关注良多，但存在把问题扩大化的趋势。学生之间打闹是非常正常的现象，很多时候只是正常的玩闹，可能上节课闹别扭，下节课就和好了，与校园霸凌有本质区别。但家长总觉得自己的孩子在学校会受欺负。不少家长和学生的日常沟通更多关注的是学生在校是否被同学或老师欺负，而对于学生的学习情况则较少关注。一旦家长在主观上认为孩子受到欺负，就会向学校"要说法"，只要学生在学校范围内出现任何情况，都是学校和老师的责任和义务。

家长将问题扩大化的做法，最终也会影响学校对于学生的管理行为与措施。"消失的课间十分钟"是学校规避安全责任的无奈之举，也是避免与家长产生更多责任划分问题的策略。

（三）"附近"的消失

孩子"野"不起来的一个重要原因是客观上"无处可野"。具有熟人社会性质的社区是安全且充满信任的，例如原来的单位社区、农村社区。孩子们在社区内随便玩闹，不需要家长管束。家长也忙于生计，不会有太多时间管孩子。换言之，"附近"的存在是孩子们"野"起来的重要基础。

但"附近"的消失已成为现实的常态。人口的流动导致了社会的陌生化，这一点在城市社区尤其明显。即使居住在同一个物理空间，大部分人也是互不相识的。缺乏信任基础和交往机会，使得人与人之间无法建立起互动关系。这在孩子身上也是一样的，而得不到正常社会交往训练的孩子，也难以掌握社会交往互动的能力。在现实生活中，人际交往变成了一件有难度的事。

但与此相对的是网络化社会交往的便利性和可及性。智能手机、互联网已经成为生活的必需品，丰富多元的网络社交媒体、精密细致的大数据计算等都降低了网络社交的难度。一个从来没有上过学的老年人都能学会发布抖音短视频，遑论学习和模仿能力更强的孩子。

人是社会性的动物，社会交往是人的基本生存需求之一。但是网络社会交往的便利性与低成本性使得个体得以通过网络满足这一需求，这也在实际上降低了现实社会人际交往的需求。

需要特别指出的是，随着社会生育率的下降，无论是在家庭之内，还是在更大范围的社区之中，同龄人的减少是一个客观现实。同伴群体本身是个体社会化的一个重要单位，其缺位必然会给个体成长带来负面影响。此外，少子化的另一个影响还在于孩子在家庭中地位的上升，这影响了家长对于孩子安全问题的重视程度。因此，大部分孩子的生活空间就是学校和家庭，这两个相对独立的空间是完全不同于社会的，孩子们被隔绝在了真正的社会之外。在过去，孩子是自己上学、放学，路途中实际上短暂地参与和观察了社会，但现在接送都有家长或者保姆，短暂参与社会的机会也消失了。

三、找回附近

"附近"是个体生活的现实空间，强调的是与具体的社会以及具体社会中的他者建立联系。找回附近可能是让孩子们找回天性、健康成长，并顺利完成社会化的一种有效方式。

找回附近，帮助孩子建立与社会的关系，能够让孩子积极参与现实社会生活，减少孩子在网络社会生活的时间。

找回附近的另一个重要意义在于找回同伴群体。同伴群体间的互动和秩序是社会的拟态，孩子们之间的交往和互动能够促进个体社会秩序感的建立，形成对社会规则和社会道德的基本认知。

18
农村儿童娱乐方式的变迁

作为一个标准的"00后",笔者童年时期的游戏不外乎跳房子、扔沙包、木头人、翻花绳和跳皮筋等,回老家便跟着哥哥姐姐们嬉戏打闹、玩水捉泥鳅,长大一些接触到互联网就开始玩电脑游戏。春节回农村老家走亲访友期间,刚开始和侄女们都比较生疏,各自玩各自的,笔者听亲戚们唠家常,侄女们在房间里玩手机,形成了鲜明的"楚河汉界",为了破冰,笔者尝试和小侄女聊天,发现她的同伴们都不在附近,只能自己刷视频看。现在儿童的娱乐方式已经从群体户外游戏变成了独自玩手机,而这一现象在农村与城市都不少见,但相对于农村而言,城市至少还存在动物园、游乐园和电影院等一些娱乐设施,而农村如果没有一群可以玩的同伴,那拥有丰富内容的智能手机便是老人、年轻人和儿童的不二选择。

短视频上能够看到一些有关"童年回忆""儿时游戏"的内容,笔者的侄女也刷到过,对于已经经历过童年的笔者来说这些是美好的回忆，而对于正经历童年的儿童来说却是以旁观者的身份观看别人的童年，她们童年时光的主旋律则是智能手机上的各类热门短视频和游戏，她们自己的童年大多寄存在了智能手机中。当笔者尝试放下手机和侄女们一起玩些别的游戏时，她们都兴致盎然，丢下手机就跑过来参与。可见，如果不是没有更合适的娱乐方式，她们也不会玩手机。但是现如今一群儿童跑跑跳跳的游戏少了，更多的是使用数字设备进行网络学习、玩电子游戏、看短视频等。儿童更多时候被拘束在一块小小的"黑匣子"中，亲近大自然和与群体互动的时间大大减少了。

一、现代生活方式的变迁让手机成为农村儿童娱乐的"最佳"选择

随着时代的变迁与社会的发展，人们的生活水平不断提高，现代化的娱乐方式和类型也大大增加，但是门槛也相对提高了，娱乐方式向消费主义倾斜，任何现代化的娱乐方式如滑雪、轮滑、画画、音乐、街舞、旅游和插花等，都需要父母的精力与金钱，如此才能为孩子提供良好的游玩氛围，而这恰恰是农村家长们难以提供的，不仅娱乐设施离村里遥远，而且他们在外起早贪黑地打工，辛勤一年难得回趟老家，也想和亲友打牌、唠嗑放松一下，不一定有额外的精力再陪伴孩子游玩，而儿童也更乐意和年龄较为相近的同龄人玩耍。

但是，儿童难以有时间进行户外活动。上学期间是儿童聚得最齐的时候，学业压力却让他们没有那么多时间出来玩耍，以往儿童可以互动社交，但嬉戏玩闹的课间十分钟现在也变得安静了；农村基础设施的推进，在促进农村出行、用水、用电便利的同时，也使得公共生活空间被分割，变得碎片化。以上种种原因，让熟人社会原子化的变化不断加深，同时外出务工让相当一部分亲友分散在天南海北，个体也因此愈加独立，导致儿童同龄人相聚无法像以前那么容易。

而智能手机的出现相当便利地解决了儿童娱乐的问题，还能让他们安安静静地待在家中，这对于家长来说不仅省时省力还安全。过去的跳房子、抓石子、扔沙包和打水漂等"老"游戏不仅需要一定的人数，而且也要求安全合适的场地空间和游玩道具，而手机、平板和电脑的出现大大降低了儿童游戏的门槛，再加上其便利性、丰富性，便强有力地将我们儿时的游戏取而代之。据统计，截至 2023 年 6 月，我国网民规模达 10.79 亿人，其中 10 岁以下网民和 10~19 岁网民占比分别为 3.8% 和 13.9%，青少年网民数量近 2 亿。全国互联网普及率 76.4%，其中未成年人触网低龄化趋势明显，10 岁以前首次"触网"的未成年人占比达 52%，较上年提高 7.4%，而且城市未成年人的首次"触网"年龄整体早于乡村。

二、不能忽视童年时代的游戏对农村儿童心智的塑造作用

游戏作为一种不带任何功利性质的审美活动和创造活动，对儿童童年时期的心智塑造和身心健康起到了重要作用。相比于智能手机、平板和电脑上的电子游戏，儿童群体在自然环境下的游戏不仅可操作性和创造性更强，对儿童的行为规范、美育培养和身体锻炼的作用也更加突出。首先是规则意识的培养。在游戏开始前，儿童会被告知一定的游戏规则，并在游戏过程中践行，能够初步培养儿童对规则的认知。其次，身心素质的健全。儿童精力旺盛，所开展的游戏大多数需要不断跑动，像经典的"老鹰抓小鸡""贴烧饼""丢手绢""捉迷藏"等户外游戏，不仅能够充分释放儿童的精力，而且在儿童接触自然的过程中还能促进他们的四肢发展及身心健康。而如今户外游戏式微，儿童智能手机使用频率大大增加，近视率与抑郁率不断上升，据统计，2023年我国儿童青少年近视率已高达53.6%，青少年抑郁症患病率已达15%~20%，接近于成人。再次，心智能力的锻炼。儿童在户外游戏过程中斗智斗勇，反应力与思考力都能在游戏过程中得到训练。最后，想象力和美育的提升。儿童在自然环境中经常会开展想象性游戏，他们会自主构建游戏情景，这有利于想象力的培养。同时游戏过程是美育的重要载体，儿童能从中感知美、认识美并创造美。

如果无法和同伴们一起开展户外游戏，那么农村儿童退而

求其次的游戏方式就是玩手机，因此无论是时下热门的竞技游戏、益智游戏、经营休闲游戏还是听音乐、刷短视频等都能在一定程度上满足儿童的娱乐需求。然而，农村的儿童大多数由老一辈帮忙照看，很多老人也不熟悉智能手机的操作，难以意识到需要开启青少年或者儿童模式，直接就把手机交给了儿童，导致互联网错综复杂的信息和观念不断地影响着儿童，儿童在被动地接受互联网信息的过程中，自我的三观与认知极易受到影响，自身的主体性也容易在被动地玩手机的过程中被各种信息裹挟，判断力和思考力下降从而容易盲目跟风。

  总之，儿童自制力本身就弱，如果没有丰富有趣的游戏活动或兴趣爱好，在数字科技的影响下，他们更容易沉迷于数字设备，科技需要不断加强人文关怀，为儿童提供更加清朗健康的网络环境和正能量引导，减少成瘾性机制的设立。家长们也需要更加关注儿童的身心健康，尽可能地为孩子提供健康多样的娱乐方式，帮助儿童培养有益的兴趣爱好，促进儿童茁壮成长。而青年人又是社会的主要群体，也更应多关怀儿童，为儿童起到良好的引导作用。一代代的接力棒不断向下传，小时候哥哥姐姐们带着我们一起玩，长大了过年走亲访友的过程中和日常生活中我们也不妨像哥哥姐姐们从小陪我们一样，尝试放下手机，多和孩子们玩玩闹闹，陪伴他们成长。

| 19 |
离乡与返乡：
农村家庭的流动与回归

2024年春节假期延续的时间较之以往长了许多，就城市流动摊贩的开工时间看，初七一些工地上的摊贩仍然零零散散，因为前些年的疫情，2024年返乡呈现出一种返乡早、离乡迟的特点。春节前后因回乡产生的流动，是中国农村惯有的现象。每次回乡过完大年初一之后，会生出一种怅然若失的感觉，离别的情绪开始蔓延，聚合在一起的家庭在未来半个月到一个月时间里再次去往不同的地方，哪怕是新婚不久的夫妻。笔者的家乡在中国中部某省的一个小村庄，从小到大的记忆里，一家人总是在不同的地方奔波，或许正因如此，春节的团圆才显得弥足珍贵。

农村家庭自改革开放后呈现出流动与分散的趋势，以三代家庭关系为例，父辈、子辈、孙辈在不同的时期呈现出几种不同的形态，家庭的流动与内部成员的分散趋势也呈现出不同的特点。

一、流动的开始

父辈为"40后""50后",家庭形态为父辈与子辈生活在一起,家庭分工为父辈留守在农村,子代外出打工(子代考上大学是极少数),春节或有重大事情才返乡。

(一)孙辈的出生带来的短暂聚集

此种形态下,孙辈的出生会改变这一基本格局,并随着孙辈年龄的变化而不断变化,当孙辈刚出生或临近出生时,子代返乡,回村后在乡医院生孩子,出了院回村坐月子,出月子后父亲返回打工的地方,母亲留村带孩子至孩子一岁或断奶后返回父亲所在地打工或做个体(少部分夫妻两人在不同的地方打工),有些会晚些,等孩子上学后返回父亲所在地打工或做个体(少部分夫妻两人在不同的地方打工)。母亲离乡时,家里有能力的会将孩子带走,但大部分是孩子由留在农村的父辈带,一般是爷爷奶奶,奶奶负责照顾孩子,爷爷就近做一些杂活儿、小生意,一般是建筑零工、田地散工、经营小吃摊、废品回收等,工作范围不出省。

"我的孩子生孩子了,那肯定要帮忙带,哪家不带孙子孙女啊!"访谈的时候,多个受访者表示,带孩子是每个婆婆都会做的,要是有两个儿子都生孙子孙女了,只能帮忙带一个,那另一个的奶粉钱、衣服钱等也要出点儿。谈起这个的时候,受访者说：" 农村可不比城市，城里婆婆帮忙带是情分，不帮忙带那也没法，但村里不一样，生了孙子孙女都要带的，不带的话也会出钱。"带孩子成为农村婆婆的一种"义务"，将孙辈养大被这一辈人视作责任。

（二）孙辈的辍学与升学带来的再次分散

等孙辈辍学或继续念书，家庭形态会再次发生变化。第一种情况占比较大，即孙辈辍学后或高考落榜后外出打工，进厂的较多，家庭内部的父辈、子辈、孙辈分居在不同的地方，春节返乡聚集，子辈返乡频率较高，孙辈返乡频率较低。在访谈的时候，有的受访者表示："回家一趟也要花不少钱，自己也挣不了多少，也没混出什么，回家了爸妈还得贴钱，干脆就不回家。"第二种情况是，孙辈继续念书，考上本科或专科，子辈继续打工，父辈留守农村，家庭内部三代同样分别生活在不同的地方，子辈与孙辈返乡频率都较高。

总而言之，父辈为"40后""50后"，呈现出来的总体特点是，孙辈辍学或高考前，一个家庭分别居住在两个不同的地方，春节聚集在一起或暑假将孩子接到父母生活的地方，实现短暂的团聚，聚少离多是家庭的常态；孙辈辍学或高考后，一个家庭的父辈、子辈、孙辈分别居住在不同的地方，春节返乡团聚，同样聚少离多，即总特点是聚少离多，留守儿童和留守老人是这一时期突出的社会现象。

（三）流动与分散为家庭带来的遗憾与痛苦

中国乡村在快速转型的同时出现了一些现代化发展带来的挑战。"打工经济的兴起，留守儿童和留守老人成为新的社会现象"这短短的一句话在访谈中具象化为遗憾或痛苦的回忆和现状。

令笔者印象深刻的一个受访者说，他在上了高二之后，和父母的相处时间才多起来，小时候也不是每年能见到家长，据他回忆，他高中的时候叛逆得不行，时常和父母顶嘴，当时他的想法就是"你们凭什么管我，又没有陪伴过我"，尤其是在学习成绩上，当时他觉得平时父母也不怎么管他，凭什么到出成绩的时候要求成绩。他说这些的时候，表情比较放松，并说现在长大了也懂事了，明白当时父母难以陪伴的两难之情，当被问及小时候的留守经历给他带来的改变时，他带着一点笃定地说："我以后生孩子了，要一直带在身边！"

笔者访谈的另一名"60后"对留守老人有着深深的焦虑，据他所言，在城里逐渐有了稳定的生活之后，想把老人接到城里照顾，但老人不愿意，每次接到城里不出两个月就想回老家，但是把老人放老家也不放心，尤其是雨天、冬天的时候，地滑又无人照顾，老人腿脚不方便，稍微磕碰可能都要休养很长时间，但为了挣钱，也不能时常陪伴在老人身边。受访者表示尽管现在可以打电话、视频、看监控，但终究没有陪在身边来得放心，尤其是有一次老人的电话一直打不通，他就打电话托村里的人去看看怎么回事，还好最后是虚惊一场，但在这种无法陪伴且对危险未知的情况下，总是有一种焦虑的情绪。

二、倾巢而出的打工家庭

随着时间的推移，"40后""50后"逐渐退出家庭形态在农村养老或已经离世，其孙辈也有了下一代，即子辈也成了新的父辈，农村家庭的流动呈现出新的特点。父辈为"60后"，子辈为"80后"的家庭分工为父辈子辈均外出打工，春节或有重大事情才返乡，农村开始呈现出空巢现象，而孙辈的出生同样会改变家庭形态，该时期通常在子辈打工生活的地方生孩子，这种情况下，在孩子出生以前，部分父辈留在村里，部分父辈外出打工，父辈与子辈打工的地方通常不在一起，一家人分居两地，此阶段返乡频率较高。

当子辈有孩子之后则家庭形态发生新的变化，即当子辈怀孕后，父辈中的女性到子辈打工的地方照顾孕妇，而父辈中的男性仍留在原地打工，孩子出生后，父辈会到子辈打工居住的地方生活，此后父辈、子辈、孙辈居住在子辈打工的地方，一家人都居住在一起，家庭分工呈现出奶奶带孩子、爷爷爸爸妈妈都工作的特点，此阶段返乡频率下降。经济状况良好的情况下，会在此地买房，农村的房子也会重新修建，一般先后顺序是先农村后城市，不过农村的房子即便建起来，居住时间也不长。总而言之，父辈、子辈在孙辈出生后生活在一起，春节返乡。

三、向城市转移的农村家庭

父辈为"70后"，其家庭形态和家庭分工与父辈为"60后"的差别不大，把他们区别开来的是他们的子辈，也就是"80后"和"90后"，他们在结婚、教育孩子这方面有区别，在城市买房成为新趋势，但家庭成员仍然呈现分散的状态。部分"90后"尤其是"95后"要求结婚后在县城或其他城市有一套房子，而部分不要求买房的"90后"，他们的孩子基本在县城上学，不论是租房还是买房。孩子上学后家庭形态发生新变化，奶奶或母亲至少一位进城陪读，另一位去工作。据笔者访谈了解，不陪读算少数，尤其在县城买房的家庭，为了孩子念书，基本有一个劳动力负责照顾孩子，尤其在升学阶段，如初中升高中、高三冲刺阶段等。爷爷和爸爸也分别在不同的地方打工，在孩子高考前，家庭成员分布零散，可能在不同的两到三个地方。

无论是在县城买房还是租房，过了孩子陪读的年纪，房子的利用率大大下降，笔者访谈发现，在县城购房的人，在孩子高考后，父母会回归到在外打工、做生意的生活，而县城房子只在暑假、寒假或特殊情况下才入住，其余时间基本闲置，也不出租，部分会借给亲戚使用。当笔者问起为什么孩子高考完不租出去，增加一点家庭收入时，受访者说："家里租房子便宜，也租不了多少钱，到时候还把房子弄得乱七八糟，反正大家基本是空着也不会租出去。"

四、不愿结婚的新一代

父辈为"80后"的子辈，是正值青年时期的"95后""00后"，据笔者数次返乡来看，上了大学的孩子基本没有结婚，而少部分结婚的人，都在农村盖了房子，部分人在城市也买了房。但除了春节，这些房子基本处于无人居住的状态，家庭成员都在外打工、做生意，新一代的年轻人，即便有了孩子，也很少居住在农村里。谈到房子的时候，有受访者反映："现在结婚，村里都盖了房也不行，城里也得买一套，城里没房都结不了婚！"从笔者访谈和观察的实际情况来看，县城的房子利用率并不高，有些买了房结婚也不住，多数住村里的房子，过了年直接去外地打工了，城里的房子直到孩子上学前都是空置的。

房子，尤其是村里的房子，对于农村人来说有着非常重要的意义，尽管在现代社会，农村有劳动能力的人都会在外谋生，很少居住在农村的家中，尤其是年轻一辈的"00后""10后""20后"，基本跟随父母生活在外地，但农村的家对于农村人来说就是"根"一样的存在，所谓"乡土情怀"就是这般。

五、农村家庭的未来趋势如何

家庭，对于中国人而言，具有温暖的意义，而改革开放后，中国农村家庭的成员就一直处于分散状态，从分散在城市与农村到分散在不同的城市，直到2024年，仍然是分散的状态，就以笔者"00后"这一代为例，他们在外读书或工作，他们的父母仍然在外工作，爷爷奶奶部分回乡，部分仍在外工作，部分和父母在一起，但也不总是分散的，至少在笔者高考之前，一家人还是聚集在一起生活的。

在现代社会流动性的冲击下，农村家庭经历了一家人聚集在农村生活——分散在城市与留守在农村——聚集在城市/城镇生活的过程，即从聚集到分散再到聚集，这个过程是农村家庭在现代化冲击下的发展过程，从聚集在农村到聚集在城市，至少从一家人是否生活在一起这个标准来看，农村家庭逐渐有了稳定的趋势，与之相伴的是农村的空巢化问题，随着在农村居住时间的减少，"乡土气息"也不断减少，从笔者自幼的记忆与访谈的情况来看，跟随父母打工而随迁的子女大部分只在寒暑假的时候回老家，并且也不是年年都回，试想在2024年出生的一代，20年后返乡的频率是多少？对农村的眷念有多少？农村如何注入新的力量是未来的考验。

访谈的时候，还有一种体验最深刻，那就是亲缘关系的断裂，出了三代之后的关系基本上不认识的情况，有受访者说：

"好几年没回家,几个表哥生了孩子,可是都没怎么见过这些表侄女表侄,听说大的都上小学了,也没怎么见过,可能以后见面的机会也不多。"说到这里,受访者有些遗憾,"小时候和表哥还经常一起玩呢"。也有长辈说:"就我们现在这些亲戚还走动走动,你们年轻人都不咋走亲戚了,不认识怎么走呢?你们现在都是和同学、同事拜年。"

总之,"年年返乡"意味着我们"年年离乡",不论农村家庭在现代化的浪潮下如何寻找一种稳定,但最终仍旧呈现出一种流动的状态,在外奔波是每个离乡之人的真实写照,愈是流动与分散,就愈追求一份稳定与团结。但总的来说,农村家庭现在已经有了趋于稳定的趋势,相信在未来,每个家庭都能够不再流动,也希望每个家庭成员都不再四处奔波。